인성과 직업윤리

오기성 이치균 손혜신 공저

양 성 원

머리말

오늘날 컴퓨터와 통신의 결합에 의한 정보기술의 발전은 시간과 공간의 제약을 뛰어넘어 전 세계를 하나로 네트워크화함으로써 정보사회의 실현을 가능하게 하고 있다. 그리고 이러한 획기적인 변화는 지식, 기술, 창의력 등이 중요시되는 지식기반사회로 이행을 가속화하고 있다. 이에 따라 지식기반사회에서 필요로 하는 인재들의 핵심 역량으로 창의성과 인성을 모두 갖춘, 또는 이러한 요소가 융합된 역량의 중요성이 기업체와 첨단연구 분야에서부터 시작하여 교육계에도 확산되고 있다. 특히 융 · 복합시대, 네트워크 사회가 도래하면서 다양한 분야의 사람들과 협력하면서 일할 수 있는 집단적 창의성의 중요성이 새롭게 부각되고 있다.

이러한 사회에서 창의적 인재가 갖추어야 할 중요한 역량은 기존 지식을 토대로 다르게 생각하고, 새롭게 결합하고, 창조해 내는 능력이라고 할 수 있다. 그리고 여기에 집단적 창의성을 발시킬 수 있는 구성원들의 바람직한 인성과, 아울러 집단적 창의성이 직장이나 집단, 특정 공동체의 행복에 기여할 수 있도록 하는 윤리적 능력이 강조된다.

이러한 관점을 직업의 세계에 비추어보면, 집단적 창의성은 직장에서 자신들이 습득한 지식을 활용하여 부가가치를 능동적으로 창출하며 기존의 사고의 틀에서 벗어나 새로운 발상으로 자신의 일하는 방식을 개선하고 혁신하는 능력이다. 반면 이러한 집단적 창의성이 올바르게 만개할 수 있도록 하는 윤리적 준칙으로서 직업윤리가 존재한다. 인간들 사이의 관계를 규제하는 삶 일반의 윤리가 존재하듯이 인간이 선택하는 직업에도 윤리가 필요한 것이다. 동양철학의 용어를 빌어 표현하자면, 체(體)의 관점에서 직업윤리와 일반윤리는 본질에 있어서 서로 다르지 않지만, 용(用)의 관점에서 보면 같은 것이 아니다. 다시 말해 직업을 통하여 실행하게 되는 실천윤리는 각기 다를 수 있는 것이다. 인간 생활 일반을 위한 덕목과 윤리적 능력은 근로윤리와 공동체 윤리의 바탕이 되는 한편, 체(體), 도덕성(Moralität)의 개념과 관련을 갖는다. 예컨대, 정직, 성실, 책임, 절제(이상 개인적 덕목), 배려, 관용, 정의, 협동(이상 인간관계의 덕목) 등의 덕목은 시공간을 초월하여 우리가 체득하고 실천해야 할 윤리적 덕목이다. 반면, 이러한 덕목에 기반하면서도 직장생활이라는 특수성 차원에서 강조되는 덕목으로서 근면한 태도, 정직한 행동, 성실한 자세(근로윤리 측면), 봉사(서비스), 책임, 준법, 직장예절, 성예절(공동체 윤리 측면)은 보편적인 인간의 삶의 윤리에 기반하면서도 시 · 공간적 차원에서 상대성을 갖는 직장생활의 특화된 윤리인 것이다.

이러한 관점을 기초로 이 글은 인간의 삶에 있어 필요한 윤리 일반에 대한 논의를 기초로 직업윤리의 의미와 중요성을 살펴보고자 하였다. 그리고 직업윤리의 실제 부분으로서 근로윤리와 공동체 윤리와 관련한 주요 덕목을 살펴보았다. 직장생활에서 필수적으로 요구되는 실무적 측면도 간과하지 않으려 했지만, 무엇보다 윤리적 측면에서 직업과 직장생활의 의미, 태도적 측면에서 근면과 정직, 성실의 문제, 그리고 공동체로서 직장 생활을 원활하게 하기 위한 덕목으로서 서비스 정신, 책임, 준법, 직장예절, 성예절 등에 주요 관심을 두었다. 그러나 직업생활에 필요한 덕목이 주요 내용으로 구성되는 과정에서 '할아버지가 들려주는 권선징악의 이야기,' 훈화가 되지 않도록 하는 한편, 대학생들이 자신들을 돌아볼 수 있는 다양한 활동자료와 함께 윤리적 측면에서 근로윤리적 측면과 공동체 윤리적 측면의 덕목을 다루고자 하였다.

한편으로 쉽사리 취업하기 어려운 것이 오늘의 대한민국의 현실이지만, 다른 한편으로 여러 노력 끝에 직장이라는 곳에 생활하게 될 경우 단순히 생계의 수단이 아니라 자신만이 지니고 있는 고귀한 역량과 인간됨됨이를 질적으로 향상시키는데 이 글이 조금이나마 기여하기를 바란다. 아울러 부족함이 많은 이 글을 흔쾌히 출판해주신 양성원 관계자분들 모두에게 고마움을 전한다.

2017년 2월

저자 일동

차 례

제1부 직업윤리의 기초

제 2 부 직업윤리의 실제

1

직업윤리의 기초

우리들의 직업 활동은 수많은 사람들과 관계를 맺고 상호작용을 하는 것이기 때문에, 직업인들은 자신의 직업 활동을 수행함에 있어 사람과 사람 사이에 지켜야 할 윤리적 규범을 따라야 한다. 왜냐하면 '윤리'는 사람과 사람의 관계에서 우리가 마땅히 지켜야 할 사회적 규범이기 때문이다. 이와 같은 직업윤리는 우리들의 공동체적인 삶에 있어서 매우 중요한 역할을 한다.

학습목표

일반 목표

원만한 직업 생활을 위해 지켜야 할 올바른 직업윤리를 함양한다.

세부 목표

1. 윤리의 의미를 정확히 이해하고 말할 수 있다.
2. 직업의 의미를 정확히 이해하고 설명할 수 있다.
3. 직업 생활에 필요한 직업윤리의 중요성을 파악하고 말할 수 있다.

주요용어

윤리, 직업, 직업윤리

I 윤리의 의미

도덕은 그것이 견디기 힘들 때 더 희열을 준다. - 루키아노스(Lucianus)

원하건 원치 않건 인간은 다른 사람들과 연관을 맺지 않을 수 없다. 인간은 생업 활동을 하면서, 그리고 지식과 예술작품을 나누면서 연결되어 있고, 무엇보다도 도덕적 의무로 연결되어 있다. - 톨스토이(Lev Nikolayevich Tolstoy)

1. 사 례

옛날 이다아라는 어느 왕국에 가이게스(Gyges)라는 매우 충직한 목동이 살고 있었다. 그는 어느 날 들판에서 양떼를 돌보고 있는 중에 갑자기 큰 폭풍우를 만나게 된다. 그는 폭풍우를 피하려고 이리저리 궁리하던 중에 우연히 작은 동굴을 발견하고 그곳으로 들어간다. 동굴 속은 입구의 작은 구멍과는 달리 넓은 벌판이 있었고, 그곳에는 죽은 사람들의 시체가 널려 있었다. 그는 죽은 사람의 몸에서 이상하게 생긴 반지를 빼내어서 지상으로 올라온다. 가이게스는 이 반지를 끼고 여러 사람들이 모인 장소에서 그 반지를 움직이자 다른 사람들이 자신의 모습을 알아보지 못한다는 것을 알게 된다. 가이게스는 이 반지가 자신의 형체를 숨겨주는 마술반지임을 알아차리고는 그때부터 사악한 사람으로 변한다. 그는 이 마술반지를 이용해서 국왕을 살해하고 왕비를 빼앗고 결국 그 나라의 국왕이 된다.

이 이야기는 원래 그리이스의 신화인데 클라우콘(Claucon)이 소크라테스를 논박하기 위해 이 신화를 이용한다. 소크라테스는 정의가 부정의보다 우월하고 도덕적인 사람은 결국 자기 이익을 가져온다는 도덕의 정당화를 주장한다. 이 논변에 대해 클라우콘은 덕이 그 자체로 보상을 가져오는지 보여달라고 요구하며 다음과 같이 반박한다.

만일 두 개의 마술반지가 있어서 하나는 정의로운 사람이 끼고 다른 하나는 부정의한 사람이 낀다고 상상해 보자. 그가 시장에서 자기 마음 내키는 대로 물건을 가질 수 있고, 자기가 선택한 아무 여자와 잠자리를 같이 할 수 있고, 죄인들을 풀어줄 수 있고, 마음대로 사람을 죽일 수 있고, 요컨대 신과 동등한 힘을 가진 존재가 된다면, 정의 때문에 그만둘 것이라고는 아무도 믿지 않을 것이다. 그렇게 하는데 있어서 정의로운 사람은 부정의한 사람과 다르게 행동하지 않을 것이며 결국 같은 방향으로 갈 것이다.

마술반지의 신화가 지배하는 사회는 법과 원칙이 지켜지지 않고 부정부패가 팽배하는 부정의한 사회이다. 마술반지의 신화를 믿는 사람은 남이 가지지 못한 특별한 권능이나 재주를 지니고 있다고 생각하는 사람들이다. 그들이 믿는 마술반지는 돈, 권력, 배경, 재주 등과 같은 것들일 수 있다. 그들은 법이니 도덕이니 하는 것을 마술반지를 가지지 못한 사람들이나 지키는 것쯤으로 생각한다. 그래서 자신들은 법과 도덕을 무시하는 것이 오히려 자신의 이득을 지키는데 유리하다고 믿는다. 이런 사회에서 법을 지키고 양심대로 살려는 사람들은 어리석은 사람이고 낙오자의 딱지를 면하기 어렵다(도성달, 1997: 184-185).

1997년 말 우리는 IMF로부터 구제금융을 받게 되었다. 이렇게 시작된 우리나라의 IMF체제는 국외적 요인과 국내적 요인이 있었다. 국제적 요인으로는 우루과이 라운드 협정이나 WTO체제의 출범 등 신자유주의적 국제 환경변화와 미국식 세계화를 지향하는 자본의 자유화에 커다란 요인이 있다. 이를테면 세계 시장변화에 따른 서양의 패권적 무한 경쟁체제 때문이다. 국내적 요인으로는 정부가 이러한 변화에 대한 인식 부족과 본질을 정확히 파악하여 신속히 대처하지 못한 요인, 그리고 국민적 의식과 사회적 부패현상이 그 주된 요인으로 분석되고 있다. 다시 말해 가이게스 신화를 믿게 된 우리 사회 내부의 비도덕성이 그 원인이라고 할 수 있다.

당초 경제를 살리자는 목적으로 외국에게서 많은 빚을 얻어왔다. 그러나 그 빚을 갚기보다는, 더욱 마구잡이로 많은 빚을 얻어 흥청망청 소비했던 것이다. 그러므로 제때에 갚을 능력이 없어졌다. 그리고 국제적인 신용도마저 떨어져 더 이상 싼 빚을 얻지 못하고 부도위기에 처하게 되어, 할 수 없이 IMF라는 국제금융기관으로부터 손을 벌리게 되었다. 당장이야 숨통이 트이겠지만, 결국 우리는 이제까지보다 더 많은 빚더미에 올라앉게 된 것이다(최병철, 1999: 57-59). 그리고 이를 극복하고자 우리 국민 모두가 일치 단결하여 허리띠를 졸라매고 이러한 고통과 역경을 이기고 일어나야만 하는 어려운 당면과제를 만난 것이라 할 수 있다. 이 때문에 무수한 기업이 도산해야 했고 200만 명 이상 대량 실업자가 발생하는 불상사가 속출할 수밖에 없는 현실이 되었던 것이다.

이러한 안타까운 현실의 직접적인 원인을 어디에서 찾아야 하는가? 그 일차적 원인은 무엇보다도 가이게스의 반지를 끼고 행동한 정치권이고 그 다음은 경제권에서 찾을 수 있다. 경제권 가운데에서도 속칭 재벌이라는 대기업에 책임이 있다고 하겠다. 따라서 우리가 IMF 한파를 얻어맞은 근본원인은 정치권과 재벌들의 야합에 따른 '정경유착'에서 찾아야 할 것이다. 정경유착은 곧 자신이 돈만 벌 수 있다면 온갖 수단과 방법을 다 동원하여 이것저것 가리지 않고 어떠한 중소기업이든지 다 집어삼키는 '문어발식 기업확장'과 이에 대한 정부의 '특혜금융'을 의미한다. 재벌은 기업확장과 무리한 투자 그리고 사적인 재산증식을 탐냈던 것이고, 정치권은 정권안보를 위한 정치자금이 필수적이었다. 그렇다고 뻔한 국고를 직접 챙길 수는 없는 상황이었다. 따라서 재벌들과 결탁하여 특혜금융을 베풀고, 그에 따른 보답으로 리베이트 조로 거액의 돈을 변칙적 방법과 탈법적 기교로서 막대한 정치자금을 챙긴 '먹이사슬' 관계가 이루어진 것이다. 이것이 경제파탄의 근본원인이 아니겠는가? 결국 '특혜금융'에 따른 자금과 정치권력에 흘러가는 준조세적 정치자금이 과다하게 지출되었기 때문인 것이다.

그것이 어떤 돈인가? 그것은 국민의 혈세요, 노동자의 땀이다. 우리가 갚아가는 빚도 국민 전체의 부담인 것이다. 가이게스의 반지를 낀 정치권과 경제권의 정경유착은 정치권이나 재벌들 모두의 사적인 물욕의 산물이다. 서구의 자본주의를 빙자한 황금만능주의 풍조와 자유 시장경제를 빙자한 물질지상주의와 이기주의적 개인주의 사상이 근본원인이었던 것이다.

인간의 욕심은 한이 없다. 특히 소유욕은 무한대로 뻗어가고 있다. 세계가 그렇고, 국가사회가 그렇다. 그렇더라도 남을 조금이라도 생각한다면 재벌들도 어느 정도 자신의 전문 주력 업종에만 충실히 하여 상품의 질을 높이고 거래의 신뢰를 회복해야 했다. 그러나 그들은 윤리나 도덕, 양심은 윤리강령에만 새겨놓은 채, 특혜 융자를 무기로 삼고 무한대로 기업을 확장하였고, 시장점유율의 확보에 집중함으로써 마침내 국가적 위기를 불러일으킨 원인을 제공했던 것이다.

2. 활 동

도덕지능(MQ: Moral Intelligent Quotient)이란 옳고 그름을 판단하고 자신의 윤리적 가치에 따라 행동할 수 있는 능력을 나타내는 지수를 말한다. 남과 더불어 살아가면서 지켜야 할 것은 무엇인지, 그 속에서 남과 나를 위해 어떤 선택을 하는 것이 옳은지 판단할 때 기준이 되어주는 것이 바로 도덕이다. 따라서 도덕지능은 인간이 가진 다른 재능을 가장 가치 있게 발휘할 수 있는 길잡이 역할을 하는 중요한 능력이다.

여기에서는 도덕지능이란 다양한 삶과 인간관계 속에서 타인을 배려하고 이해함으로써 더불어 살아가려는 윤리적 마음가짐과 실천적 지혜 및 인간 마음의 정의적 · 인지적 차원을 활용하여 무엇이 옳고 그른지를 생각하고 판단하는 능력으로 규정하고자 한다(정종진, 2009: 258-259; 김혜진 외, 2010: 160-161). 그리고 그 하위 구성요소를 공감능력, 양심, 관용, 친절, 자제력, 존중심, 공정성의 7개로 설정하여 도덕지능을 살펴볼 수 있는 검사지를 제시하고자 한다. 자신의 도덕지능은 어떤지 조사해보고, 그 결과들과 관련하여 동료들과 이야기를 나누어보자.

■ 도덕지능 검사지

하위 영역	문항번호 및 문항내용	① 전혀 아니다	② 아니다	③ 가끔 그렇다	④ 자주 그렇다	⑤ 항상 그렇다
공감 능력	남에게 좋은 일이 생기면 같이 즐거워한다.					
	누군가 고통스러워 할 경우 같이 마음 아파한다.					
	남이 슬퍼하는 것을 알아차리고 안쓰럽게 여긴다.					
	누군가 우는 것을 보면 괴로워한다.					
	누군가 괴로워하고 있으면 다가가 위로한다.					
	다른 사람의 마음과 기분을 이해한다는 것을 말과 행동으로 직접 보여준다.					
	상대방의 몸짓이나 얼굴 표정을 통해 그 사람의 기분을 쉽게 알아차린다.					
양심	잘못된 행동을 찾아내고 그것이 왜 나쁜지 설명할 수 있다.					
	올바르게 행동하는 방법을 안다.					
	잘못했을 때 비난을 받아들이고 남에게 잘못의 탓을 돌리지 않는다.					
	나쁜 짓이라고 생각하는 것을 하지 않는다.					
	다른 사람들이 보지 않더라도 옳은 행동을 하려고 노력한다.					
	옳다고 생각하는 것을 실천에 옮긴다.					
	잘못했거나 부적절한 행동을 했을 때 부끄러워하거나 죄의식을 느낀다.					
관용	다른 사람의 실수나 잘못을 너그럽게 이해한다.					
	사람을 차별하는 말이나 행동을 하지 않는다.					
	인종과 문화에 상관없이 사람들에게 친절하고 개방적이다.					

	외모, 나이, 성별 등에 관계없이 상대방의 장점을 보려고 노력한다.					
	자신과 다르다고 사람들을 놀리거나 무시하지 않는다.					
	자신과 다른 경험을 했다고 그를 배척하지 않는다.					
	괴롭힘을 당하거나 놀림을 받는 사람 편에 선다.					
친절	괴롭힘을 당하거나 낯설어 하는 사람을 돕고 위로해준다.					
	나에게 도움을 요청하는 사람이 있으면 거절하지 않고 친절하게 도와준다.					
	다른 사람을 모욕하고 위협하며 비웃지 않는다.					
	도움이 필요한 사람을 보면 내가 먼저 다가가 도와준다.					
	도움이 필요하거나 슬퍼하는 사람에게 친절하게 관심을 표한다.					
	다른 사람을 기쁘게 하는 행동을 즐긴다.					
	어려움에 처한 사람을 보면 기운을 북돋아주는 격려의 말을 한다.					
자제력	서 있는 줄에 끼어들거나 다른 사람의 가는 길을 가로막지 않는다.					
	어른의 도움 없이도 자신의 충동과 욕구를 조절할 수 있다.					
	흥분하고 실망했거나 화가 났을 때에도 금방 차분해진다.					
	때리거나 발로 차거나 밀어버리는 물리적인 공격은 하지 않는다.					
	잘 참고 기다린다.					
	화가 나거나 좌절했을 때에도 시간이 지나면 보통 상태로 회복된다.					
	화가 나거나 마음이 심란할 때에는 자신의 감정을 달랜다.					
존중심	나이와 종교, 문화, 성별에 관계없이 누구에게나 공손하게 대한다.					
	공손한 말투를 사용하고 건방진 대답이나 주제 넘는 말대꾸를 삼간다.					
	남의 방에 들어갈 때는 노크를 하는 것처럼 남의 사생활을 존중한다.					

	남에 대해 쑥덕거리거나 안 좋게 말하는 것을 삼간다.					
	몸가짐이 아주 바르고 예의바른 말들을 사용한다.					
	욕설을 삼가고 남에게 불쾌감을 주는 행동을 하지 않는다.					
	다른 사람이 말하는 도중에 끼어들지 않는다.					
공정성	부당하게 대접받는 사람을 돕는 것을 즐거워한다.					
	다른 사람들의 욕구를 만족시키기 위해 기꺼이 타협한다.					
	내가 가지고 있는 것을 원하는 사람들에게 공평하게 나누어준다.					
	문제를 평화롭고 정당하게 해결하려고 애쓴다.					
	다른 사람을 평등하고 정당하게 대우하기 위해 그들의 권리를 생각한다.					
	친구들이 싸울 때 양쪽 얘기를 모두 들어본다.					
	서로가 하고 싶은 일을 차례를 정해 교대로 한다.					

출처: 김혜진 외(2010), 청소년 도덕지능 검사도구 타당화, 열린교육연구, Vol.18 No.4, pp.160-161.

3. 내 용

1) 도덕(道德)과 윤리(倫理)

동양에서 도덕(道德)은 '도(道)'와 '덕(德)'으로 나누어 설명되기도 하고, '도'와 '덕'을 합쳐 하나의 개념으로 이해되기도 한다. '도'와 '덕'을 나누어 설명할 경우, '도'는 '길', '도로', '방법'의 의미로서 모든 인간이 당연히 가야 할 길(人之所當行之路)이고, 인간으로서 지켜야 할 공통된 도리(人之所共由者)로서 선악(善惡) · 정사(正邪)의 기본 원리가 된다. 인간이 지켜야 할 삶의 원리와 이치로서 도는 크게 다섯 가지 의미, 곧 도리와 방법, 규칙과 규범, 사회와 정치의 최고 원리, 사람으로서 따라야 할 최고, 최선의 원칙으로서 당위적 규범, 어떤 사상체계나 학파의 학설을 뜻한다. '덕'은 생(生)과 득(得)

의 의미를 지닌, '생긴다', '얻는다'는 뜻이 함축되어 '사람이 도를 실천함으로써 얻게 되는 마음의 상태'(行道而有得於心)를 나타낸다.

어원적으로 볼 때, '도덕'이란 사람으로서 마땅히 따라야 할 올바른 도리, 그에 준한 행위, 인륜의 태도라고 해석할 수 있다. 도와 덕이 결합된 도덕은 인간됨의 근본원리로서 길과 이 길의 실천을 통한 인격의 완성을 의미하기 때문에 바람직한 인간 삶의 이상에 관한 이론적 차원과 실천적 차원을 포함하는 개념이다.

도와 관련하여 공자(孔子)는 '아침에 도를 깨달으면 저녁에 죽어도 좋다'(『論語』 卷4 里仁: 朝聞道, 夕死 可矣)라고 말하여, 도의 깨달음과 실천이 인생의 궁극적 목적임을 암시하고 있다. 공자에게서 도는 사람의 일상생활과 분리될 수 없으며(『中庸』 13章: 道不遠人 人之爲道而遠人 不可以爲道), 인간이 이 도의 주체가 되어야 한다(『論語』 卷15 衛靈公: 人能弘道 非道弘人)는 점이 강조되고 있다. 한편 덕(德)에는 은혜, 얻음, 낳음의 뜻이 있다. 사전적 의미로 덕(德)이란 밝고, 크고, 옳고, 빛나고, 착하고, 아름답고, 부드럽고, 따스하여 사람으로서의 길을 행하는 마음이라고 쓰고 있다. 이와 같은 뜻은 모두 사람이 지켜야 할 길을 잘 실천해서 나의 인격으로 삼는 것을 말한다. 일상어에서 유덕(有德)한 사람은 수도자(修道者), 혹은 행도자(行道者)로서 도의 실천자, 곧 인간됨의 길을 실천하고 있는 사람을 말한다.

한편 동양사회에서 도덕과 같은 맥락으로 사용되는 윤리(倫理)의 개념은 어원적으로 도덕과 의미의 차이가 있다. 윤리란 말은 원래 『예기』(禮記)의 「학기」(學記)편에 처음 나오는 말로써 "윤(倫)"은 '류(類)' 혹은 '군(群)'의 의미로써 '무리', '집단'을 뜻하는 글자이며, "리(理)"는 '분(分)' 혹은 '치옥(治玉)'의 의미로써 '조리(條理)', 혹은 '다스린다(治)'는 뜻을 갖는다. 따라서 윤리(倫理)는 '인간의 무리(집단)를 다스리는 조리 또는 원리'로 해석된다(고대혁 외, 2014: 35-38).

서양어의 맥락에서 도덕(moral)은 일반적으로 전통적인 관습, 풍습과 관련된 라틴어 mos(복수: mores)인데, 이는 그리스어 ethos의 번역어이다. 도덕은 대체로 윤리(ethic)와 같은 뜻으로 쓰이고 있다. Greece의 ethos에서 영어의 ethics와 ethical이 유래되었고, 독일어의 ethik와 같은 뜻을 가지고 있는 sittilich, sittilichkeit도 윤리를 뜻하는 sitte에서 유래된 것으로 sitte와 동의어인 도덕(moral)은 mos에서 유래하였다. 도덕의 사전적 의미는 manner, custom, way of life 등으로 되어 있으며, 이 말은 규범적 타당성을 인정받은 행위의 모범, 곧 인간 공동체에서 상호 승인 과정을 거쳐 보편적 구속력이 있는 것으로 인정된 행위의 모범을 뜻하고, 행위 공동체의 가치 표상과 의미 표상을 반영하는 삶의 가치 형식을 나타내는 질서 형성물(Ordnungs-gebilde)로 해석되기도 한다.

그러나 우리는 일상생활을 영위할 때, '윤리'와 '도덕'을 구별하여 쓰는 일에 특별히 유의할 필요는 없다. 다만 관습상 어색하지 않게 이들을 사용하는 것으로 가능하다. 그러나 학문적 탐구의 경우에는 '윤리'와 '도덕'의 구분이 오히려 그 성격을 분명하게 하는 경우가 있다. A. Pieper(1991)는 G. Patzig(1971)와 N. Hoerster(1974)의 논의를 빌어 도덕과 윤리학의 구분을 다음과 같이 설명하고 있다.

> "일상적인 언어 사용법에 따라서 우리는 도덕적 규범, 도덕적 가치판단, 도덕적 제도의 총체를 '도덕'이라고 부른다. 이에 비해 우리는 도덕의 문제영역에 관한 철학적 탐구에 대해서(언어사적으로 '도덕'과 동의어인) '윤리학'이라는 표현을 사용한다"(G. Patzig, Ethik ohne Metaphysik, 3).
>
> "윤리학과 도덕이 항상 구분되는 것은 아니다. 서로의 영역이 중첩되는 부분이 있으며, 이로 인해 정확한 경계 설정은 거의 불가능하다. 그럼에도 불구하고 도덕과 윤리학을 구별하는 것이 무의미하지 않다. 우리는 철학에서 이미 어느 정도 익숙한 언어 사용법에 따라 '윤리학'을 '도덕철학'과 동일한 의미로 이해하고자 한다"(N. Hoerster, Texte zur Ethik, 9; 고대혁 외, 2014: 38).

위의 주장을 참고로 한다면 윤리학 및 윤리학적이라는 형용사는 '인간의 도덕적·윤리적 행위에 관한 철학적 학문'에 적용되는 학적 개념어로서 일상의 도덕과 구분되며, 오히려 윤리학은 도덕에 관한 철학, 곧 '도덕철학'과 동의어로 사용됨을 알 수 있다.

2) 법, 도덕 그리고 예절

사회규범에는 크게 법, 도덕, 예절 등이 있다. 법과 도덕, 예절은 사회구성원이라면 누구나 따라야 할 규범이다. 법이 외적 강제력을 지닌데 비해, 도덕은 내적 강제력을 지니고 있다는 점에서 그 성격이 다르다. 다시 말해 법은 그것을 지키지 않을 경우 법적 처벌을 받지만, 도덕은 그것을 지키지 않을 경우 양심의 가책과 사회적 비난을 받는다. 그런가 하면 "살인을 하지 말라"와 같이 도덕 중에서 사회질서 유지에 큰 영향을 미치는 것은 법으로 규정할 수 있다. 칸트에 의하면, 법과 도덕의 근본적인 차이점은 법이 최소한 '행위가 의무법칙과 합치한 것' 곧 '합법칙성'을 요구하는 반면, 도덕은 행위가 결과에 있어서, 외면적으로 의무에 맞는 것이 아니라, 동기에 있어서, 내면적으로, 의무에 맞을 것을 요구한다. 행위의 도덕성은 행위의 준칙, 곧 행위하는 주관이 스스로 정한 행위규칙이 법칙과 합치함에 있기 때문이다. 그래서 도덕은 단지 의무에 맞는 행위가 아니라 '의무로부터' 나온(의무이기 때문에 하는) 행위에 있다고 한다. 분명한 것은 법은 도덕에 반해서는 안된다는 것이다. 반도덕적인 법은 악법이라고 하며, 법으로서 존재기반을 상실하게 된다. 그리고 도덕적으로 악한 것을 전적으로 법으로 통제한다는 것은 타당하지 않다. 반사회적이지 않은 개인적인 문제는 법적인 문제가 될 수 없다. 한편으로 법으로 벌하지 않거나 위법이 아니라고 해서 도덕적으로 행해도 좋다고 볼 수는 없다. 법망은 인위적인 것이며 따라서 적용하는 데는 한계가 있을 수밖에 없다(이상철 · 김대군, 2001: 152-153).

예절은 함께 살아가는 사람들이 원만한 인간관계를 위해 약속해 놓은 생활방식을 의미한다. 예절은 인사하기, 공손한 말 사용하기, 식사하는 방식 등과 같이 개인 생활과 관련된 것과 관혼상제와 같이 공동체와 관련된 것을 포함하고 있다. 이처럼 예절은 사람들이 서로 합의한 약속이기 때문에 같은 사회에서는 대체로 통용되지만, 다른 사회에서는 전혀 다른 모습으로 표현되기도 한다. 반면 이러한 예절의 특징과 달리 도덕은 인간이 따라야 할 마땅한 도리로, 인간이 행해야 할 바른 길을 의미한다. 도덕은 사회와 문화를 초월하여 모든 인간에게 보편적으로 적용되는 자율적인 규범이다.

예절과 도덕은 동일한 것은 아니지만 밀접한 관련성을 갖는다. 예절은 사회나 문화에 따라 다르게 표현되기도 하지만, 그 이면에는 남을 존중하고 배려하는 보편적인 정신이 담겨 있다. 이러한 정신이 바로 도덕이다. 참다운 예절이란 남을 존중하고 배려하는 정신을 적절한 형식을 갖추어서 표현한 것이다. 그러므로 그 형식과 정신이 일치하는 예절의 실천이 바로 도덕적 실천이라고 할 수 있다.

도덕과 예절의 이러한 관계를 우리는 도덕(Moral)과 도덕성(Moralität) 개념을 통하여 보다 명확한 이해를 할 수 있다. 즉, 도덕성(Moralität) 개념을 앞서 도덕과 예절에 대한 논의에서 도덕과 관련시키며, 예절은 도덕(Moral)과 관련시켜 이해하는 방식이다.

무엇보다 도덕(Moral)은 관습이 오랜 세월이 흐르는 동안에 비판과 수정을 통해 세련된 것으로서 관습과 밀접하게 관련되어 있다. 때문에 관습이 시·공간 제약적이고 상대적이듯이 도덕(Moral)도 기본적으로 시·공간 제약적이고 상대적인 성격을 가진다. 도덕(Moral)이 인간공동체의 공동의 반성적인 사고의 산물이라고는 해도 도덕(Moral)은 관습의 제약과 상대성으로부터 완전히 자유롭지는 못하다.

그러나 도덕(Moral)이 관습과 마찬가지로 상대적인 성격을 가진다고 해서, 도덕이 전적으로 상대적인 면만을 지니는 것은 아니다. 도덕(Moral)은 관습과는 달리 보편적인 요소를 지니고 있다. 예절과 같이 대부분의 도덕 또는 도덕의 내용이 시대와 장소에 따라 상대적이기는 하지만, 그럼에도 불구하고 도덕은 또한 모든 시대 모든 곳에서 보편적으로 수용되는 공통의 규범내용과 보편적 도덕원리를 포함하고 있다. 이러한 도덕(Moral)의 보편적 측면을 도덕과 구별하여 도덕성(Moralität)이라고 정의할 수 있다(류지한, 2001).

Moral(도덕)의 추상형이라고 할 수 있는 Moralität 즉, 도덕성은 시·공간 제약적인 것이 아니라 보편적이고 불변적인 것이다. 일종의 반성적 도덕으로서 도덕성은 관습과는 달리 시대성과 사회성을 초월하여 모든 인간에게 보편적으로 적용되는 행위의 보편적 원리나 무제약적으로 선한 행위의 질을 의미한다.

한편, 관습이 삶의 조건이나 사회적 상황이 변하면 타당성을 잃고 비합리적인 것이 되듯이, 도덕도 시간이 지나고 인간공동체의 환경적 조건이 변함에 따라 타당성을 잃고 불합리한 것으로 된다. 이렇게 되면 도덕은 더 이상 도덕성(Moralität)의 요구를 충분히 구현하지 못하고 변화의 과정을 밟게 된다.

이런 점에서 보면 모든 도덕(Moral)이 언제나 도덕성의 요구를 충실히 반영하고 있는 것은 아니다. 어떤 시대 어떤 곳에서 도덕성의 요구를 충실히 반영하던 도덕(Moral)도 사회의 변화·발전 또는 외부의 영향에 의해서 어느 시점에선가부터 도덕성의 요구를 반영하지 못하고 부적절한 규범으로 변하여 관습 수준으로 전락하게 된다. 이 시점에서 도덕은 변화를 요청받게 된다.

따라서 도덕은 변하는 것이며, 또 변해야만 하는 것이다. 그리고 이 도덕의 변화의 준거는 불변적인 보편적 도덕성(Moralität)인 것이다. 도덕은 도덕성을 준거로 변화된 조건에 적합한 도덕으로 변화해야 한다. 도덕성(Moralität)은 도덕의 정당성의 근거이자 타당성의 원천이기 때문이다.

3) 반성적 규범과 인습적 규범

도덕이란 개념과 함께 다양한 의미를 지니는 용어가 도덕규범이다. 도덕규범은 개인과 사회의 바람직한 행위의 기준 혹은 준거로서 역할을 한다. 사회에는 다양한 형태의 도덕규범이 존재한다. 이러한 규범은 인간이 처한 현실에서 기존의 질서와 규칙을 중심으로 가치 있는 생활을 영위할 수 있도록 하는 최소 기준으로 역할을 하기도 하며, 다른 한편으론 인간이 스스로 자신이 처한 현실을 넘어 자신의 이상과 비전을 실현하기 위한 더 높고 넓은 지평을 지향하는 최대 기준으로서 역할을 하기도 한다. 이러한 관점에서 도덕규범을 인습적 규범과 반성적 규범으로 구분하여 살펴보고, 이를 앞서 살펴본 도덕과 예절 개념과 관련시켜 이해하면 도덕과 규범, 예절에 대한 인식을 보다 명료히 할 수 있다.

우리가 생을 영위하면서 일상생활에서 지키는 규범들은 그 사회의 역사적 · 문화적 전통과 함께 주어진 것도 있고, 외래문화와 함께 유입된 것도 있으며, 시대적 특수성과 함께 새로 나타난 것도 있다. 정직이나 협동과 같이 거의 어느 사회에서나 지켜지고 있는 보편적 규범도 있고, 조상 숭배나 경로 정신과 같이 오랜 역사를 통해 전승된 것도 있으며, 인권 존중이나 의사 존중과 같이 영속성을 띤 것도 있고, 인사법이나 의식과 같이 변화하는 것도 있다. 비록 새로 만들어진 규범이라고 해도 정도의 차이는 있으나 어느 정도 관습화되기 위한 시간을 가지고 형성된다. 이와 같이 집단 혹은 사회의 구성원들에 의해서 일종의 관습으로 형성되어 인간의 행위를 통제하는 규범, 즉 집단 혹은 사회의 성원들이 다 같이 생활의 규칙 혹은 원리로 지켜 가는 규범을 인습적 규범이라고 한다.

반성적 규범은 인습적 규범을 변용하거나 그것에서 추리하여 얻을 수도 있고 그와는 관계없이 개발해 낼 수도 있다. 이들 가운데 상당히 많은 것은 우리의 생활에서 찾을 수 있는 교훈에서 구하며 자신의 생활 경험을 통해 결정하기도 한다. 이처럼 자신의 도덕적 성숙이나 완성을 위하여 스스로 자신의 행동을 통제하는 반성적 규범은 사회적, 문화적, 역사적으로 주어진 객관적 규범이라기보다는 개인적, 주관적 규범이다. 단지 사회적 요구의 충족을 위해서가 아니라 자아의 실현을 위해, 자신의 인격적 특징을 결정하기 위해 자임한 규범이다. 예를 들면, 나는 이렇게 살겠다고 할 경우 인습적 규범만으로 그 실현이 어려울 때 스스로 규범을 정립하게 되는 것이다.

이 반성적 규범에 기초하여 어떤 인습적 규범을 다른 인습적 규범보다 우선적으로 선택하기도 하며, 어떤 상황에서 한 인습적 규범을 택하고 다른 것을 버리는 결정도 하게 된다. 물론 어떤 반성적 규범은 언제나 자신의 도덕 생활에서 중요하고 어떤 것은 특정한 사태에만 의미를 가지는 것도 있다. 또한 어떤 반성적 규범은 다른 반성적 규범을 위해 수단적인 것도 있고 서로 갈등하기도 한다. 어떤 것은 한동안 나에게 중요했으나 생활 경험의 변화에 따라 쇠퇴되어 없어지는 것도 있다. 반성적 규범이 없을 경우 인습적 규범 간에 서로 갈등하는 상황에서 자신의 행동 결정을 일관성을 가지고 하지 못하게 된다. 인습적 규범을 잘 지킨다고 해서 반드시 좋은 도덕 생활일 수 없고, 반성적 규범이 건전하게 형성되어 있어야 좋은 도덕 생활이 가능하다.

일상생활에서 접하게 되는 도덕적 상황에서는 두 가지 이상의 규범 간의 갈등이 있고 그 규범들 중 어느 것은 시대 상황에 맞지 않는 경우가 있게 된다. 이때 새로운 상황과 가치관에 적합한 규범이 선택되고 그렇지 못한 규범은 버리게 된다. 또한 사회규범의 경우 개념이 불분명하고 애매모호한 경우가 많다. 규범 자체가 행위 면에서 분명한 방향을 제시해 주지 않는다. 따라서 기존 규범의 적합성 여부를 잘 판단하여 선택하여야 하는데, 이때 반성적 사고가 필요하게 된다. 듀이(Dewey)는 그의 저서 『사고하는 방법』에서 반성적 사고를 가장 가치 있는 사고라고 말하였다. 반성적 사고는 가치 선택의 과정에서 겪게 되는 혼란과 주저 그리고 철회 등의 문제를 해결한다. 즉, 반성적 사고 과정은 암시 단계, 명료화 단계, 가설 단계, 추리 단계, 검증 단계를 거쳐 올바른 가치 선택의 길잡이가 되는 것이다.

인습적 규범과 반성적 규범의 관계는 절대적이 아니라 상대적인 것이다. 앞에서 말한 바와 같이 반성적 규범을 갖는 데는 어떤 항구적 원리가 있어야 하는데, 그 원리에 대해 사회에서 지켜지고 있는 관습이 중요한 요인으로 작용한다. 비록 반성적 규범이 개인적이며 주체적이라고 해도 이 규범은 그 사회에서 존중되는 관습적인 통념에서 출발한다고 할 수 있다(고대혁 외, 2014: 39-41).

4) 인간의 본성과 윤리적인 삶

우리는 살아가면서 삶의 의미에 대해 자주 생각하게 된다. 즉, 인간은 대부분 삶을 스스로 묻고 대답하면서 살아가는 존재인 것이다. 따라서 인간은 "어떻게 살아야 하는가?"를 묻고 고민하지 않을 수 없다. 만일 이러한 물음과 고민이 없다면 그는 동물처럼 본능적인 삶을 살아가고 있는 것이다. 단순히 묻고 고민할 수 있는 것이 아니라 이러한 물음과 고민은 인간에게 필수적이다. 인간은 태어날 때부터 이러한 물음을 제기하고 고민하도록 되어 있다. 그것은 인간의 속성이다.

"어떻게 살아야 하는가?"의 물음을 묻는 것이 인간의 속성이라는 사실은 인간의 본성에 관한 다른 사실을 알려준다. 왜냐하면 이 사실은 인간이 동물과는 달리 어떻게 살도록 결정되어 있지 않다는 것을 전제하기 때문이다. 즉, 인간은 인간이 어떻게 살아야 하는가를 선택할 자유가 있음을 전제한다(김우영, 2005). 인간에게 선택의 자유가 있다는 것이 전제되지 않는다면 이 물음은 무의미한 것이 될 것이다. 인간은 자유로서 자신이 선택할 삶에 따라 살도록 되어 있기 때문에 "어떻게 살아야 하는가?"라는 물음이 인간에게 가능하고 그것을 묻지 않을 수 없다.

사르트르(Jean-Baptiste Sartre)에 의하면, 자유는 인간의 여러 존재양식들 가운데 하나가 아니라 인간의 존재양식 그 자체이다. 인간을 제외한 모든 존재를 사르트르는 '즉자존재'라고 부른다. 즉자존재는 우연적이며 부조리하다. 길거리에 굴러다니는 돌은 자기 자신이 무엇인지를 알지 못하며, 따라서 돌은 어떠한 생각도 없고, 그래서 그가 바라는 미래도 없다.

그러나 인간은 이러한 즉자존재가 아니다. 인간은 의식을 지닌 존재이다. 인간은 항상 '무엇인가에 대한 의식'이다. 의식은 항상 자기 자신을 의식하는 존재이다. 바로 이렇게 자기 자신을 의식하는 인간존재의 특성을 가리켜 사르트르는 인간을 즉자존재가 아니라, '대자존재'로 불렀다.

대자존재인 인간은 즉자존재인 돌멩이와는 달리, 항상 자기 자신을 의식하고 있다. 인간은 어느 한 순간도 자의식을 포기하지 않는다. 반면 돌멩이가 자의식이 있으리라고는 어느 누구도 상상할 수 없다. 이렇게 자의식이 있고 없고의 차이는 매우 중요하다. 돌멩이는 생각할 수 없기 때문에 자유로울 수 없지만, 인간은 자의식을 가진 존재이기 때문에 항상 현재의 자신에 만족하지 않는다. 인간에게서만 스스로 선택할 수 있는 미래와 변화가 있으며, 그래서 인간은 자유이다.

인간이 "어떻게 살아야 할 것인가?"를 스스로 묻지 않을 수 없다는 것은 결국 인간이 자유로우며, 이성적이고 자율적인 존재라는 것을 의미한다. 그런데 과연 어떻게 살아야 하는가? 이 문제는 "어떤 삶이 바람직한 삶인가?"의 문제로 환원될 수 있다. 바람직한 삶의 목표는 우리가 어떻게 살아야 하는가에 대한 지침이자 우리의 삶에 대한 평가의 기준이 되기 때문이다. 그러나 바람직한 삶이 무엇인가를 아는 것은 어렵다. 그것은 우리가 자유와 이성을 통해서 스스로 탐구해 나가야 할 과제로 주어져 있기 때문이다. 인간은 스스로 자신의 힘으로 이 문제를 탐구해 나가야 한다.

우리가 현재 바라는 삶에 있어 어떤 삶들은 바람직한 삶이 아닐 수 있다. 그러나 바람직한 삶은 우리가 바라는 삶과 완전히 무관할 수는 없다. 그것은 인간의 본성과 분리될 수 없을 것이기 때문이다. 어떤 삶이 바람직한 삶인가를 말하기 위해서는 먼저 우리는 바람직한 객관적 표준이 존재한다는 것을 받아들여야 한다. 어떤 표준이 없이는 어떤 삶이 바람직한 삶인지 어떻게 살아야 하는지 말할 수 없기 때문이다.

인간이 생존을 유지하고 풍요롭고 가치 있는 삶을 영위하기 위해서 사회적 관계에서의 적절한 질서가 요구된다는 것은 너무나 당연한 사실이다. 부모와 자식, 남편과 아내, 친구와 친구관계가 아니더라도 시장에서 상인과 소비자, 직장에서의 상사와 사원, 노와 사, 사회생활에 부딪히는 많은 사람들 사이의 관계는 갈등과 대립의 상태에 있을 수 있다. 이 상태가 지속된다면 우리의 삶은 위협받을 수밖에 없다. 이러한 갈등과 대립의 긴장을 해소하고, 평화와 협동을 추구하는 방법은 이러한 사회적 관계들이 적절한 질서를 확립하도록 하는 것이다. 그러나 그러한 질서는 갈등과 대립을 조정할 수 있는 어떤 표준에 근거해야 하고, 그 표준은 모든 사람들이 인정하고 수용할 수 있는 그런 것이어야 한다.

우리는 사회적 관계 질서로서의 그러한 표준을 윤리라고 부르기도 한다. 그러나 윤리는 인간들 사이의 관계에서만 요구되는 것은 아니다. 세계 내 존재하는 모든 존재들과의 관계에서도 적절한 관계가 요구된다. 따라서 윤리는 일차적으로 인간들 사이의 관계를 규제하지만 나아가 세계 내 존재하는 모든 존재에 대한 관계까지 규제하며, 그렇게 되도록 요청한다. 포괄적 의미에서의 윤리는 인간을 포함한 세계 내 모든 존재들과의 관계 질서를 의미할 수밖에 없다(오기성 외, 2011: 39-40).

II 직업의 의미

이 세상에 비천한 직업이란 없다. 다만 비천한 사람이 있을 뿐이다.
-링컨(Abraham Lincoln)

직업은 그 사람의 성품을 채색한다.-사무엘 존슨(Samuel Johnson)

자기가 할 일을 발견한 사람은 행복하다. 그로 하여금 다른 행복을 찾게 하지 말라. 그에게는 일이 있고 인생의 목적이 있기 때문이다.-토머스 칼라일(Thomas Carlyle)

1. 사 례

1) '실직'으로 깨닫는 직업의 의미란?

실직이란 누구에게나 커다란 충격이다. 해고는 사형선고나 마찬가지라고 극단적으로 비유하는 사람도 있다. 실직은 개인의 사회적 신분, 역할, 정체감을 송두리째 빼앗아 간다. 그는 신체는 존재하되 사회적으로 그 역할이 박탈된 가공의 인물이다. 따라서 실직자는 극도의 분노, 좌절 그리고 무기력감을 갖게 된다. 그리고 이러한 심리적 장애가 장기화하면 그는 정신병적 우울증, 불안증을 갖게 되어 자살까지 감행하는 수가 있다.

또 실직은 당사자 혼자의 문제로 끝나지 않는다. 많은 실직자가 부부갈등을 겪게 되어 가정이 해체되는 경우가 있다. 2016년 10월 현재 한국의 실업률은 3.4%, 청년 실업률은 8.5%로 외환위기 직후인 1999년 8.6% 이후 가장 높은 수준이다.

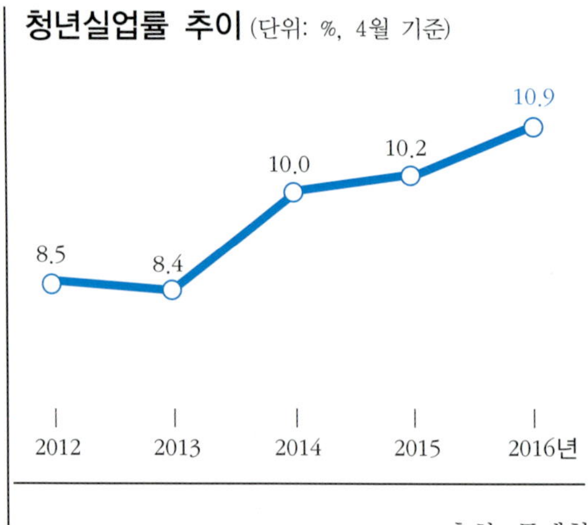

출처: 통계청

실직자는 크게 네 가지 유형으로 분류될 수 있다. 첫 번째 유형은 가정파탄형이다. 가정파탄형은 부부가 갈등을 갖게 되어 별거, 가출 또는 이혼을 하는 경우다. 실직자의 가정파탄은 평소에 부부간의 사이가 좋지 않은 경우에 발생한다. 남편의 실직이 가정파탄의 도화선이 된다.

두 번째 유형은 부인내조형이다. 실직자 중에서 가장 적응을 잘하고 또 운이 좋은 형이다. 평소에 부인에게 점수를 많이 따놓은 사람이나 실직을 했어도 경제적으로 조금도 어려움이 없는 경우에는 흔히 부인으로부터 내조를 받게 된다. 적극적으로 내조하는 부인은 실직한 남편이 기죽지 않도록 용돈도 듬뿍 주고 남편친구에게 자기 남편과 같이 시간을 보내달라고 간청한다. 남편을 가끔 노래방에도 데려가 실직의 스트레스를 발산시켜 준다.

세 번째 유형은 고군분투형이다. 고군분투형은 부인의 내조를 받지 않고 혼자서 외롭게 실직의 고통을 이겨나가는 사람이다. 대부분의 실직자들은 이 세 번째 유형에 속한다.

한국 샐러리맨들은 일 중독자였기 때문에 늦게까지 직장에서 일하고 귀가해서는 피곤해 잠에 곯아 떨어지는 경향이 많았다. 이 때문에 당연히 부인과 대화를 할 기회가 없었다. 많은 한국부부들은 각자 자기 일에는 신경쓰지만 배우자 일에는 간섭하지 않는 자기중심적 부부생활을 영위해왔다. 이러한 평소의 습관이 남편이 실직해 가정에 머물러 있는데도 그대로 지속되는 것이다.

실직자는 은근히 부인의 위로와 격려를 바라고 있지만, 부인은 남편과 대화를 해 본 경험이 없기 때문에 슬슬 눈치만 볼 뿐이다. 따라서 고군분투형 실직자는 혼자서 열심히 친구를 찾아나서고 쉼터를 찾아다니며 길거리를 헤맨다. 그야말로 혼자서 실직의 어려움을 이겨내려 안간힘을 쓴다. 그런데 이 고군분투형은 다음에 말하는 무기력형에 비해서는 아직은 생기가 발랄한 사람이다.

마지막 유형인 무기력형은 실직으로 인한 충격이 너무 크거나 또는 이 충격을 현명하게 대처하지 못해서 무기력해진 실직자를 말한다. 그는 더 이상 문밖 출입을 하지 않고 구들장을 베고 누워 하루 종일 방안에서 꼼짝하지 않는다. 그는 공상 백일몽으로 하루를 소비하는데, 그러다 보니 머리 속이 점점 더 복잡해져 저녁에는 불면증으로 고생한다. 불면증이 계속되면 잠을 청하기 위해 하루 저녁에 두 서너 병의 소주를 마시게 되는 경우도 있다고 한다.[1)]

1) "실직 아픔을 달래주려면", 한국경제신문, 1998. 9. 5; 이와 관련한 최근 통계로는 안용성, 지난달 청년 실업률 10.9% 역대 최고, 세계일보, 2016. 5. 11; 오종탁, 외환위기 때 연상시키는 실업률, 구조조정에 제조업 취업자 '뚝뚝', 아시아경제, 2016.11.9 등 참조.

2) 당신은 현재 직업에 만족하는가?

직장생활을 할 때 자신의 강점을 되도록 많이 활용하고 재교육(현직교육)을 꾸준히 받는다면 충분히 더 큰 만족을 얻을 수 있다. 천직이란 나에게 가장 만족스러운 직업을 말하는데, 만족을 얻는 만큼 물질적 보상보다는 일 자체에서 큰 보람을 얻는다.

이러한 맥락에서 생업, 전문직, 천직의 차이를 살펴보자. 생업은 사는데 필요한 돈을 벌기 위한 직업이다. 때문에 그 직업을 통해 다른 보상을 얻으려 하지 않는다. 생업은 여가활동이나 가족부양을 위한 수단일 뿐이며, 따라서 급료를 받지 못하면 당연히 일을 그만두게 된다. 전문직은 직업에 따른 개인적 투자를 많이 한다. 이것은 돈으로 성공을 평가하기도 하지만, 출세도 중요하게 여긴다. 승진하면 승급은 물론 명예와 권력이 함께 따른다. 법률회사에 근무하는 변호사는 동업자를 만나 개업하고, 교수는 조교수에서 부교수로 승진하고, 중간관리자는 부사장으로 출세하기를 꿈꾼다. 하지만 더 올라갈 자리가 없을 때 상실감과 소외감이 밀려들기 시작하고, 그때부터 만족과 의미를 얻을 수 있는 일을 찾아 나선다.

천직은 일 자체에 모든 정열을 쏟는 직업이다. 자기 직업을 천직으로 여기는 사람은 더 많은 사람의 행복과 더 중요하고 큰 것을 추구하기 때문에 종교적인 의미가 함축되어 있다. 천직은 부와 명예를 얻지 않아도 그 일을 하는 것만으로도 자기를 실현하는 것이다. 천직이란 열정 이외에 더 많은 사람들의 행복에 기여하는 것이다.

> 코테스빌 병원에 근무하는 한 청소부. 그는 교통사고로 혼수상태에 빠진 환자의 병실에서 환자용 변기를 치운 뒤 벽에 걸린 액자를 꼼꼼히 살펴보았습니다. 며칠 전에도 그랬습니다. 그는 그림을 내리고 달력을 걸었다가, 다시 모네의 다른 그림을 걸었습니다.
>
> "무엇을 하는 분인지 여쭤보아도 되겠습니까?"라는 질문에 그 청소부는 이렇게 답했지요.
>
> "제 직업이요? 저는 이 층을 담당하고 있는 청소부입니다. 매주 새로운 그림과 사진들을 가져오지요. 저는 이 층에 있는 모든 환자들의 건강을 책임지고 있는 사람이니까요. 선생님 친구 분은 병원에 온 뒤로 아직까지 깨어나지 못하시지만, 의식이 돌아오는 순간 이 아름다운 그림들을 볼 거라고 믿습니다"(M. E. Seligman, 2009: 248-249).

자기가 지금하고 있는 일, 이미 한 일을 마음으로부터 즐기는 사람은 행복하다고 한다. 자신의 일을 '천직'으로 만들며 살아가는 사람의 모습은 아름답다. 지금 당신은 어떤 일을 하고 있는가? 현재 하고 있는 일을 천직으로 여기고 있는가?

2. 활 동

1) 직업만족도 조사

A씨가 직장에 다니는 목적은 생활에 필요한 돈을 벌기 위해서이다. 만약 경제적으로 안정되어 있다면 지금 하고 있는 일을 그만두고 다른 일을 선택했을 것이다. 그에게 직업이란 숨쉬기나 잠자기와 같은 생존 활동이다. 이 사람은 직장에서 근무할 때면 퇴근 시간이 빨리 오기만을 기다릴 때도 적지 않다. 게다가 주말이나 휴일을 손꼽아 기다린다. 다시 태어난다면 그는 현재의 직업을 택하지 않을 것이고, 친구들이나 자녀들이 그 일을 하겠다고 하면 말릴 것이다. 그는 하루 빨리 이 직업을 그만두고 싶어 한다.

B씨는 기본적으로 현재의 일을 좋아하지만, 5년 후까지 계속 머물러 있지는 않을 생각이다. 대신 더 품위 있고 높은 지위로 올라갈 계획을 세우고 있다. 그가 최종 목표로 삼고 있는 직위는 서너 개쯤 있다. 때로는 지금 자신이 시간을 낭비하고 있다는 생각도 들지만, 더 나은 지위를 얻기 위해서는 현재 위치에서 최선을 다해야 한다는 사실도 잘 알고 있다. 그는 빨리 승진하고 싶다. 승진한다는 것은 곧 자신의 업무 능력을 인정받는 것이며 동료 직원들과의 경쟁에서 이겼다는 증거이기 때문이다.

C씨는 현재 자신의 삶에서 가장 중요한 일을 하고 있다. 그런 만큼 자신의 직업이 아주 마음에 든다. 직업은 곧 현재의 자신을 규정하는 중요한 요소이고, 자기 자신을 다른 사람들에게 알릴 수 있는 첫 번째 조건이기 때문이다. 그는 일거리를 집으로 가

져와 공휴일에도 일을 하는 게 좋다. 직장동료들과도 친구처럼 친밀한 관계를 유지하고, 직업과 관련된 단체나 동아리 활동도 활발하게 하는 편이다. 그는 자신의 일을 사랑하고, 그 일을 함으로써 사회에 기여하고 있다고 생각한다. 친구들이나 자녀들에게도 이 일을 하도록 권할 생각이다. 또한 본의 아니게 그만두어야 하는 불행한 사태만 벌어지지 않는다면 이 일에 자신의 평생을 바치고 싶다.

- 당신은 A씨와 얼마나 비슷한가?

  매우_____ 조금_____ 별로_____ 전혀_____
- 당신은 B씨와 얼마나 비슷한가?

  매우_____ 조금_____ 별로_____ 전혀_____
- 당신은 C씨와 얼마나 비슷한가?

  매우_____ 조금_____ 별로_____ 전혀_____

  (매우=3, 조금=2, 별로=1, 전혀=0)

직업 만족도를 1에서 7까지로 나누었을 때(1=아주 불만족, 2=불만족, 3=조금 불만족, 4=보통, 5=조금 만족, 6=만족, 7=아주 만족), 당신의 만족도는 얼마인가?

- C씨와 조금 혹은 많이 비슷하고 직업만족도가 5 이상이라면, 당신은 C씨처럼 자신의 직업을 천직으로 여기며 현재의 직업에 아주 만족하는 사람이다(M. E. Seligman, 2009: 254-255). 물론 중요한 것은 자신이 바라는 직업을 찾는 게 아니라 자신이 바라는 직업이 되도록 열심히 노력하는 자세이다(Robert Biswas-Diener & Ben Dean, 2009: 231-242).

2) 당신에게 맞는 직업은?-유형별 가치관과 직업 찾기

1) 나는 우리 역사에 대한 폭넓은 지식을 쌓고 싶다. ①…②…③…④…⑤
2) 나는 최고의 지위를 가진 사람이 되고 싶다. ①…②…③…④…⑤
3) 나는 아름다운 물건에 잘 끌린다. ①…②…③…④…⑤
4) 나는 예술작품보다 크고 화려한 집을 선호한다. ①…②…③…④…⑤
5) 나는 다른 사람보다 동정심이 많은 편이다. ①…②…③…④…⑤
6) 인생에는 돈, 권력보다 더 중요한 것이 있다고 생각한다. ①…②…③…④…⑤
7) 나는 새로운 것을 배울 수 있는 강연회 참석을 좋아한다. ①…②…③…④…⑤
8) 나는 가능하다면 보다 높은 지위에 오르고 싶다. ①…②…③…④…⑤
9) 나는 집의 내부 시설보다 주위의 환경을 더 중시한다. ①…②…③…④…⑤
10) 나는 값비싼 자동차를 갖고 싶다. ①…②…③…④…⑤
11) 나는 사람들에게 도움이 되는 어떤 일을 하고 싶다. ①…②…③…④…⑤
12) 나는 다른 사람을 바르게 살도록 인도하고 싶다. ①…②…③…④…⑤
13) 나는 새로운 내용의 책 구입을 좋아한다. ①…②…③…④…⑤
14) 나는 내가 한 집단을 책임지고 있다는 생각을 자주 한다. ①…②…③…④…⑤
15) 나는 음악, 미술 등 문화적인 식견을 쌓기를 좋아한다. ①…②…③…④…⑤
16) 나는 성격보다는 돈이 많은 배우자를 택하고 싶다. ①…②…③…④…⑤
17) 나는 아픈 사람을 간호하여 건강을 회복하도록 돕는 걸 좋아한다. ①…②…③…④…⑤
18) 나는 내세나 죽음에 관심이 많다. ①…②…③…④…⑤
19) 나는 지식을 쌓는 것을 중시한다. ①…②…③…④…⑤
20) 나는 변호사보다는 판사를 더 선호한다. ①…②…③…④…⑤
21) 나는 학교에서 음악, 미술교육을 더 많이 해야 한다고 본다. ①…②…③…④…⑤
22) 나는 유명회사 제품을 좋아한다. ①…②…③…④…⑤
23) 나는 슬픈 글을 쓰거나 읽으면 눈물을 잘 흘린다. ①…②…③…④…⑤
24) 나는 영혼의 세계를 믿는다. ①…②…③…④…⑤
25) 나는 인간 행동을 이해할 수 있는 책을 좋아한다. ①…②…③…④…⑤
26) 나는 평사원보다 사장이 되는 것을 좋아한다. ①…②…③…④…⑤
27) 나는 집안에 예술작품을 걸어두기를 좋아한다. ①…②…③…④…⑤
28) 나는 행복을 위해서는 경제적 뒷받침이 있어야 한다고 본다. ①…②…③…④…⑤
29) 나는 사람들을 돕는 직업을 갖고 싶다. ①…②…③…④…⑤
30) 나는 사람들이 죄를 지으면 반드시 벌을 받는다고 생각한다. ①…②…③…④…⑤
31) 나는 매일 새로운 것을 배우는 것이 좋다. ①…②…③…④…⑤

32) 나는 모임의 일원이 되기보다는 회장이 되는 편을 좋아한다. ①…②…③…④…⑤
33) 나는 아름다운 것이 없다면 세상은 끔찍할 것이라 생각한다. ①…②…③…④…⑤
34) 나는 배우가 되면 우선 부자가 된다는 점이 마음에 든다. ①…②…③…④…⑤
35) 나는 사람들에게 도움이 될 수 있는 책을 쓰는 것을 좋아한다. ①…②…③…④…⑤
36) 나는 깊이 생각하기를 좋아한다. ①…②…③…④…⑤
37) 나는 우주의 원리나 신의 존재 같은 것에 관심이 많다. ①…②…③…④…⑤
38) 나는 남다른 지도력을 가지고 있다. ①…②…③…④…⑤
39) 나는 아름다운 풍경을 보는 것을 즐긴다. ①…②…③…④…⑤
40) 나는 즐거운 직장보다 보수가 많은 직장을 선호한다. ①…②…③…④…⑤
41) 나는 문제를 가지고 있는 친구를 보면 도와주고 싶다. ①…②…③…④…⑤
42) 나는 기도하기를 좋아한다. ①…②…③…④…⑤
43) 나는 유식한 사람이 되고 싶다. ①…②…③…④…⑤
44) 나는 지시받는 것이 싫다. ①…②…③…④…⑤
45) 나는 내면보다 외면을 더 중시한다. ①…②…③…④…⑤
46) 나는 장래를 위해 투자할 많은 돈을 갖고 싶다. ①…②…③…④…⑤
47) 나는 여유가 있다면 가난한 사람들을 위해서 기부하고 싶다. ①…②…③…④…⑤
48) 나는 명상하기를 좋아한다. ①…②…③…④…⑤

유형별 가치관과 직업을 집계해 보면?

■ **집계표**

이론형		권력형		심미형		경제형		봉사형		종교형	
번호	점수	번호	점수	번호	점수	번호	점수	번호	점수	번호	점수
1		2		3		4		5		6	
7		8		9		10		11		12	
13		14		15		16		17		18	
19		20		21		22		23		24	
25		26		27		28		29		30	
31		32		33		34		35		36	
37		38		39		40		41		42	
43		44		45		46		47		48	
계		계		계		계		계		계	

■ 유형별 가치관과 직업

유 형	특 징	직 업
이론형	학문연구나 진리탐구를 좋아하는 형	교사/평론가/교수/학자/이론가/연구가
권력형	권력, 정치, 지배를 좋아하는 형	정치가/군인/고급관료
심미형	음악, 미술 등 예술에 심취하는 형	미술/조각/화가/디자이너/성악가/방송인
경제형	이익추구를 최고 가치로 여기는 형	사업가/경제인/상인
봉사형	남을 사랑하고 봉사하는 형	사회사업가/교사/종교인
종교형	종교적 가치나 영혼을 추구하는 형	목사/승려/신부/종교인

출처: Robert Biswas-Diener & Ben Dean, Positive Psychology Coaching, 서희연 역(서울: 아시아코치센터, 2009), pp.231-242.

3. 내 용

1) 직업의 의미

직업의 어원적 의미는 '직'(職)(맡을, 주장할, 벼슬 맡을, 공물 바칠, 떳떳할 직의 의미)과 '업'(業)(일, 일할, 씩씩할, 처음, 공경할 업의 의미)의 합성어이다. 여기서 '맡는다', '떳떳하다'라는 직의 의미를 학업이니, 대업을 위임받는다느니, 基業(기초를 다짐)한다느니, 혹은 불가(佛家)의 업(業)을 대신한다는 의미의 '業'자와 결합시켜 보면, 우리는 직업을 하늘이 맡긴 일, 떳떳한 일, 나누는 일, 전생(前生)의 허물을 차생(此生)에서 보속(補贖)한다는 뜻을 가치고 희생과 봉사를 다한다는 의미로 이해할 수 있다(직업윤리 교재간행위원회 편, 1999: 133).

영어권에서 직업을 의미하는 말로는 프랑스어에서 유래한 profession이 있다. 이는 노동력과 교환하는 임금에 중점을 두는 표현이라기보다는 그 일이 지니는 사회적 지위나 위상이 강조되는 문맥에서 주로 사용되는 말이다. 또한 vocation은 일반적으로 하나님으로부터 소명을 받아 행하는 일, 즉 다시 말해 종교적이거나 도덕적인 직업을 가리키고 있다. 이와 반대로 occupation과 이보다는 조금 더 속어적 표현인 job이 있다. 이 단어들은 단순히 생계유지를 위해 노동력을 파는 일이라는 지극히 단순한 뜻을 담고 있는데, 이 말 중에서도 job은 직업을 주로 경제력의 근원으로서만 생각하는 실용주의적인 미국식 사고방식을 그대로 담고 있는 표현으로 생각된다(박지병, 2000: 17–18).

반면 일(work)은 자신이나 타인에게 가치가 있는 재화나 용역을 창출해 내는 활동으로 정의된다. 산업사회에서 일은 타인에게 금전적인 가치가 있는 재화나 용역을 생산하는 것을 지칭한다. 간단히 말해 일은 고용주나 고객과 같은 타인들을 위해 행한 바에 대하여 금전적인 보상을 해주는 활동이라고 할 수 있다(송재범 · 김현수, 2001: 197). 그러나 일이 반드시 금전적인 보상과 관련되어 있는 것은 아니다. 가사노동과 같이 금전적 보상이 없는 활동이나 자원봉사 활동, 종교적 선교활동 등과 같이 금전적 보상의 중요성이 거의 없는 활동도 포함된다. 이 경우 타인에 대한 가치란 가족을 위한 일, 이타주의 또는 사회에 대한 서비스 등과 같은 추상적인 관념을 포함하는 것이다.

다른 한편 우리는 직업을 개인적 측면과 사회적 측면에서 조명함으로써 그 의미를 보다 명확히 이해할 수 있을 것으로 보인다. 개인적 측면에서 볼 때 대체로 성인들이 생계유지를 목적으로 수행하고 있는 일상적인 생산적 활동이라고 말함으로써 직업의 개념을 이해할 수 있을 것이다. 이렇게 한 개인이나 가족의 생계를 유지하기 위해 경제적 소득을 목적으로 수행하고 있는 일상적인 생산적 활동을 우리는 보통 생업(生業)이라 부른다.

이에 비해 사회적 측면에서 보면, 오늘날 우리는 사회구성원으로서 생활에 필요한 물건을 나누어서 생산하고 시장이라는 메커니즘을 통하여 그것을 취득하고 있음을 알고 있다. 그런 의미에서 인간은 다른 사람의 도움을 필요로 하는 사회적 존재이다. 모든 직업이 분업화되어 누구든 사회적 기능의 일부분을 분담하며, 그 대가로서 화폐를 획득하고 그것으로 생활유지를 위한 직접적 노동으로 끝날 수 없는 이유가 생긴다. 즉, 누구든 자신의 생계를 유지하기 위해서는 일정한 사회적 역할을 분담해야 하고, 이 분담된 역할이 충실히 수행될 때 사회는 유지되고 발전되며, 사회가 유지되고 발전되어야만 개인의 생계도 보장되기 때문이다. 우리가 직업을 천직이라고 부르는 이유가 여기에 있다. 천직은 직업에 대한 사회적 강조라고 할 수 있다(직업윤리 교재 간행위원회 편, 1999: 132-133). 개인적 차원에서의 직업이 보수를 통한 생계유지라고 하는 경제적 기능에 중점을 둔다면, 천직은 사람들이 여러 사회적 역할을 분담하면서 사회의 수요에 대응하여 사회에 유용하게 공헌하게 되는 것을 의미하는 사회적 기능과 연관성이 높은 개념이라고 할 수 있다. 앞서 예시된 바 있는 '코테스빌 병원에 근무하는 한 청소부'가 바로 직업을 천직으로 여기면서 사회에 유용하게 공헌하는 사회적 역할을 보여주는 사례라고 하겠다.

2) 대학생과 직업

삶의 발달단계를 고려할 때, 성인 초기의 일부 개인들은 자신들의 정체성을 확립하고 이를 평가하는 중요한 시기를 대학에서 보내게 된다. 특히 이 시기에 대학생들은 향후 자신들의 직업과 관련된 탐색, 준비, 간접적인 경험, 노동시장으로의 진입 시도 등을 하게 된다. 해외의 연구에서도 대학생들은 '의존적인 존재'에서 '독립적인 존재'로 성장을 추구한다는 점을 밝히고 있다. 또한 국내의 선행연구들은 성인 초기 대학생들이 자신들이 직업을 어떻게 바라보는지를 점차 이해하게 되고, 직업의 의미와 목적이 무엇인지를 보다 명확하게 인식하게 된다는 것을 지적하고 있다(박용호 · 박소연, 2016: 48).

직업세계로의 진입을 준비하고 탐색하는 대학생 시기에는 직업의 목적과 의미에 대한 명확한 인식을 통해 학생 스스로가 진로결정이나 진로에 대한 태도를 형성하게 된다(황매향 외, 2013). 현실적으로 본다면 대학생이 직업과 관련하여 경험하는 대부분은 구직행동에 국한될 가능성이 높다. 그러나 우리나라에서는 실제 미래의 직업을 찾고 직업세계로 진입하는 과정뿐만 아니라 이러한 구직행동에 직업을 찾기 위해 준비하는 일련의 자기개발의 활동(예를 들면, 어학능력 준비, 자격증 취득, 학점 관리 등)을 포함하여 논의하고 있다. 소위 말하는 '스펙(spec)쌓기'가 바로 그 예라고 하겠다.

일차적으로 대학생들에게 직업은 향후 본인들이 수행할 '생업(生業)'을 독립적으로 탐색하고 노동시장에 진입하기 위해 노력하는 일종의 발달과업으로서 의미를 갖는다. 그러나 대학생들이 경험하고 인식하게 되는 직업의 의미는 노동시장으로의 진입을 위한 일종의 발달과업의 성취 이상의 의미를 지닌다. 이러한 경향은 서구 대학생들을 대상으로 한 연구에서 확인되는데(Elangovan, Pinder, & McLean, 2010; Hall & Chandler, 2005; Scott, 2002; 박용호 · 박소연, 2016: 48-49), 이들 연구에서는 소명(calling)을 직업의 주된 의미로 인식한다는 점을 밝히고 있다. 이에 반해, 국내 연구들은 소명과 진로태도 사이에는 큰 관련성이 없다는 점을 지적하고 있다. 손보영 등(2013)의 연구에 의하면, 이는 직업과 관련하여 타인 지향적 목표와 종교적 영성에 가치를 두는 것이 우리나라 문화에서 보편화되지 않았기 때문이라는 점을 지적한다(손보영 외, 2013: 1189-1203). 실제 우리나라 대학생들이 인식하는 직업의 의미를 질적 연구법에 근거하여 분석한 황매향 등(2013)의 연구에서는 '경제적 보상을 얻기 위한 것', '즐거움과 만족을 가져다주는 것', '나를 알아가는 과정', '일에 큰 의미를 두지 않음', '명예/사회적 인정을 얻게 하는 것', '타인과의 관계를 만들어 주는 것', '성취감을 주는 것', '사회에 이바지 하는 것', 그리고 '사람답게 살게 해 주는 것' 등의 순으로 대학생들이 직업의 의미를 꼽고 있음을 밝힌 바 있다(황매양 외, 2013: 675-699; 박용호 · 박소연, 2016: 49). 결국 소명의 의미보다는 생존을 위한 경제적 수단, 즐거움을 추구하는 수단에 직업의 의미를 부여하는 경향이 높음을 알 수 있다.

3) 지식기반사회에서의 직업의 유형

1945년 광복 직후 미군정이 실시되던 시기에 미군부대에서 일할 타이피스트(타자원)를 채용한다는 소문에 많은 사람들이 앞다투어 모여들었다. 이때 타이피스트는 최고 인기 직업이었다. 광복 직후에는 자원과 물자가 부족해 거리 이곳저곳을 누비며 고물을 사들이는 고물상, 좌우대립 등 어수선한 정국을 틈타 일확천금을 노리는 광산개발업자도 주목받는 직업이었다. 또한 전통 옹기를 배나 수레 등에 싣고서 팔러 다니던 전통 옹기장수도 도공들이 만든 제품을 비바람 헤치며 옮긴 대가로 쏠쏠한 이익을 남기기도 했다. 지금도 그렇지만 광복 직후에도 초·중·고교 교사는 항상 정해진 일자에 현금으로 보수를 받을 수 있는 몇 안 되는 직업이자 존경받는 직업인으로 선망의 대상이었다.

1953년 한국전쟁 직후 서민들의 삶이 더욱 어려워졌을 때는 길거리의 엿장수나 불을 끄는 소방수 등도 생계를 이어가기 위한 괜찮은 일자리였다. 1956년 6월 첫 TV방송이 시작된 뒤에는 아나운서가 어린이들에게 선망의 대상이자 희소성도 높은 직업인으로 부상하기도 했다.

산업화를 위해 전 국민이 총력을 기울이던 1960년대는 여기저기 신작로들이 생겨나고 버스들이 하나 둘씩 늘면서 버스 안내양이라는 직업이 등장했다. 또한 영화 제작과 극장 수가 많아지며 극장 간판사도 주목을 받았다. 아울러 '수출입국' 속에서 주요 수출품이었던 가발 디자이너도 전문 직업인으로서 대접을 받았고, 대한항공이 일본 오사카 노선을 허가받은 1964년부터 등장한 스튜어디스나 자동차산업 성장 속에서 자동차 기계엔지니어 등이 유망 직업으로 떠올랐다. 이 시기 수출전문가들은 정부의 수출 드라이브 정책이 진전되면서 가장 각광받는 직업인으로 손꼽혔다.

1986년 아시안게임과 1988년 서울올림픽 개최 등을 전후로 국제 대회를 유치하는 데 기여한 스포츠 외교전문가와 외국인 방문객이 많아지면서 호텔의 국제판매전문가 등에 관심이 쏠리기도 했다. 또한 프로야구가 국민적 인기를 끌자 프로야구 선수들이 고액의 연봉을 받는 선망의 직업으로 떠올랐고, 스포츠 스타들이 잇따라 배출되면서 직업인으로서 운동선수에 대한 인식이 달라지기 시작했다.

이어 노태우 대통령이 1992년 9월 국가수반으로는 처음으로 중국을 방문한 뒤부터 양국간 인적 교류가 활발해지면서 중국 전문가도 각광받았다. 외환위기 이후에는 국제금융 전문가에도 눈길이 쏠렸다. 2004년 개통된 한국고속철도(KTX)의 등장으로 고속철도 승무원도 유망 직업이 됐으며, 최근에는 취미가 다양해지자 애완곤충 육성 연구가 등도 도전해 볼 만한 직업으로 추천되고 있다.

2008년 3월 취업 · 인사포털 인크루트는 인크루트 부설 경력개발연구소 연구원과 헤드헌터 · 인사 담당자 등 직업전문가 50명을 대상으로 '10대 유망 직업과 신종 직업'을 선정하여 발표했다. 임금 수준과 안전성, 고용창출, 유연성, 직업가치, 근무환경, 직업전문성 등 7개 평가항목으로 선정한 '2005년 10대 유망 직업'으로는 정보보안전문가가 1위를 차지했다. 인사컨설턴트(2위)와 생명공학 전문가(3위), 국제협상전문가(4위) 등이 상위에 자리매김하였다.

10대 유망직업의 키워드는 IT, HR(Human Resource), 의료이다. IT산업과 관련해서는 정보보안전문가에 이어 게임기획자가 7위에 올랐다. 또한 HR관련 직업은 10위권 중 3개나 포함되었다. 인사컨설턴트, 헤드헌터(5위), 커리어코치(6위) 등 기업과 개인이 직업환경 변화에 적응하는 데 촉매역할을 하는 '직업을 위한 직업'이 유망 직업에 선정됐다. 황우석 교수 신드롬에 힘입어 인간 장기복제나 장애를 치유할 수 있는 건강산업에 대한 관심이 높아지면서 유전자 조작, 줄기세포를 통한 장기이식 등을 연구하는 생명공학 전공자들도 상종가를 누리고 있다.

유망 신직종인 사이버경찰은 1위로 나타났다. 무엇보다도 인터넷 사용인구가 늘면서 익명성을 무기로 기승을 부리고 있는 사이버 범죄를 막고, 지킬 수 있는 '사이버 경찰'에 대한 수요가 크게 늘 것으로 전망된다. 반면 장기이식이 일반화되면서 의료진, 기증자, 수혜자 사이에서 이식과정을 원만하게 조정역할을 하는 장기이식코디네이터가 유망 신직종 2위로 선정됐다. 한국이 전 세계에서 가장 빠르게 고령사회로 진입함에 따라 실버산업 관련 직종이 주목받고 있는 것과 관련하여 노인의 식사와 병원길을 챙겨드리는 실버시터(Silversitter)가 주목받고 있다. 폐업 시 손실을 최대한 줄여 주는 폐업컨설턴트도 유망 신직종에 뽑혔다. 특히 경제난으로 문을 닫는 상점들이 늘어나면서 폐업 컨설팅 업체들은 최고의 호황을 누리고 있다. 사업을 정리하는 업체로부터 의뢰를 받아 매장 철거에서부터 재고 정리까지 폐업을 위한 모든 업무를 처리하는 폐업 컨설팅은 아직은 생소한 분야이지만 빠른 속도로 성장하고 있다. 폐업 컨설턴트들은 점포 정리과정에서 재고품을 사들여 되파는 사업도 병행한다. 7위에 오른 테마파크디자이너는 롤러코스터 같은 놀이기구부터 식당과 화장실, 휴지통이나 우체통까지 테마파크 안의 모든 건물과 물품의 디자인을 책임지는 업무를 맡는다. 애완견 디자이너와 도청방지 전문가가 공동 10위에 올랐다. 산업의 구조가 급격히 변함에 따라 유망 직종의 생명도 갈수록 짧아지고 있다.

2010년 10월 취업포털 커리어는 전문 경력 컨설턴트 42명을 대상으로 '2015년 10대 유망 직업'에 대해 조사하였다. 조사 결과 금융자산 운용가가 1위로 성정되었다고 밝혔다. 금융자산 운용가는 2년 전 실시한 같은 조사에서도 1위에 오른 바 있다.

〈표 Ⅱ-1〉 전문가가 선정한 10대 유망 직업

순 위	직 업
1	정보보안전문가
2	인사컨설턴트
3	생명공학전문가
4	국제협상전문가
5	헤드헌터
6	커리어코치
7	게임기획자
8	경영컨설턴트
9	브랜드매니저
10	변리사

〈표 Ⅱ-2〉 전문가가 선정한 10대 신종 직업

순 위	직 업
1	사이버경찰
2	장기이식코디네이터
3	다이어트프로그래머
4	실버시터
5	폐업컨설턴트
6	노인전문간호사
7	테마파크다자이너
8	푸드스타일리스트
9	파티플래너
10	애견옷디자이너
10	도청방지전문가

2위에는 컴퓨터 보안 전문가가 선정되었다. 온라인을 통한 거래가 활성화되고 개

인정보 유출이 사회문제가 되고 있기 때문으로 보인다. 3위에는 하이브리드 동력시스템 개발자가 올랐다. 화석 연료만을 기반으로 한 동력시스템은 조만간 한계에 봉착할 것이라는 전망과 부합하는 결과이다. 이어 경영 컨설턴트, 마케팅 전문가, 유비쿼터스 러닝 교수법 설계자, 태양광발전 연구원, 기후 전문가, 상담 전문가, 실버시터(요양 보호사) 등이 10위 안에 들었다. 이 가운데 하이브리드 동력시스템 개발자, 유비쿼터스 러닝 교수 설계자, 태양광발전 연구원, 기후 전문가 등은 2008년 조사에서 10위에 들지 못했지만 이번에 새로 포함됐다.

이번 조사는 국내 직업 전문기관의 자료를 토대로 추려낸 미래 유망직업 100개를 놓고 컨설턴트들이 급여 수준과 업무 성취도, 고용 안정성, 자기 발전성 등 10가지 기준에 대해 5점 척도로 평가하는 방식으로 진행되었다(오기성 외, 2014: 11–16).

〈표 Ⅱ-3〉 경력 컨설턴트가 선정한 10대 유망 직업

순 위	2015년 유망 직업
1	금융자산 운용가
2	컴퓨터보안 전문가
3	하이브리드 동력시스템 개발자
4	경영 컨설턴트
5	마케팅 전문가
6	유비쿼터스 러닝 교수법 설계자
7	태양광발전 연구원
8	기후 전문가
9	상담 전문가
10	실버시터(요양보호사)

반면 2010년 12월 6일 국무총리 산하 한국직업능력개발원은 최근 2년간 직업전문가 2,725명을 대상으로 '10년 후 한국의 직업세계 전망'을 조사하였다. 발전 가능성, 고용안정, 직업전문성, 보상, 근무여건, 고용현황, 고용평등 등 7개 항목을 평가한 이

번 조사에서 전문가들은 발전 가능성을 가장 중요한 항목으로 판단했다(직업능력개발원, 2010).

취업이 가장 잘 될 것 같은 직업으로는 간호사가 선정됐다. 생명과학 연구원, 간호인, 응용소프트웨어개발자(응용소프트웨어엔지니어), 자동조립라인 및 산업용 로봇조작원, 텔레마케터, 광고 및 홍보 전문가 등도 고용 전망이 밝았다. 외부 요인 탓으로 일자리를 잃지 않고 지속적으로 일할 수 있는 최고의 직업으로는 판·검사가 선정됐다. 경찰관, 치과 의사, 항공기 객실승무원, 의사, 소방관, 소년보호관 및 교도관, 변호사, 초등학교 교사 등도 '고용안정성'이 높을 것으로 예상됐다.

고수익을 올릴 수 있는 직업으로는 기업 임원이 선두를 차지했다. 자산운용가, 치과의사, 판·검사, 증권·외환 딜러, 의사, 변리사, 항공기 정비원, 투자·신용 분석가 등도 보상 측면에서 전망이 밝았다. 스트레스를 덜 받고 근무환경이 좋아질 것으로 예상된 직업으로는 전자제품 제조장치 조작원을 비롯해 임상 병리사, 펄프·종이 제조 관련 조작원, 전기제품 제조장치 조작원, 발전장치 조작원, 텔레마케터, 초등학교 교사 등이 뽑혔다.

전문성을 인정받을 수 있는 직업으로는 일반 의사가 다수를 차지했다. 다음으로는 치과의사, 대학 교수, 판사 및 검사, 기업고위임원, 변호사, 한의사, 상담 전문가 및 청소년 지도사 등의 순으로 나타났다. 성별이나 나이 등의 차별 없이 여성이나 고령자에게 평등한 기회가 보장되는 직업으로는 대학 교수가 가장 유망했다. 이어 초등학교 교사, 변리사, 치과의사, 일반의사, 변호사, 판·검사, 약사·한약사, 한의사 등의 순으로 고용평등 점수가 높았다.[2)]

가장 최근인 2016년 11월 4일 한국고용정보원은 「직업연구 특별세미나 : 4차 산업혁명, 우리는 준비돼 있는가?」를 개최했다. 이 세미나에서 이승규 한국과학기술기획평가원(KISTEP) 연구위원은 〈미래유망 기술에서 미래직업에 대한 길을 찾다 – KISTEP

2) 이상의 유망직종 관련 논의는 한국경제, 2008, 3. 31; 조선일보, 2005. 6. 20; 한국직업능력개발원, 10년 후 한국의 직업세계 전망 세미나 자료집(2010. 12. 6); 데일리경제, 2010. 12. 6; 뉴스엔 사회, 2010. 12. 6 참조.

10대 유망기술을 중심으로〉라는 주제로, KISTEP이 선정한 3대 분야 10대 미래유망기술을 소개했다. 이 연구위원은 미래사회의 미래유망기술이 한국 사회의 삶의 만족도와 신뢰 향상에 영향을 미친다고 설명했다.

〈표 Ⅱ-4〉 3대 분야 10대 미래유망기술

미래 트렌드	미래유망기술
초연결사회의 신뢰 기반	01. 빅데이터 기반 사기방지 기술 02. 온라인/모바일 금융거래 보안기술 03. 사물인터넷(IoT) 보안
근로와 여가의 균형	04. 사물정보기술(IoE) 05. 딥러닝 기반 디지털 어시스턴트 06. 여가용 가상현실(VR) 기술
건강하고 안전한 삶	07. 정신건강 진단/치료 기술 08. 소셜로봇(공감로봇기술) 09. 빅데이터 기반 감염병 예측/경보 시스템 10. 시스템 기반 미세먼지 대응 기술

또한 김한준 한국고용정보원 연구위원은 〈4차 산업혁명이 미래 직업세계에 미치는 영향〉이라는 주제로, 분야별 미래 유망직업을 소개했다. 미래의 유망직업을 표로 정리하면 다음과 같다.

〈표 Ⅱ-5〉 분야별 미래 유망직업

연번	분야	직업명	개요
1	첨단·과학기술·사업	스마트의류 개발자	의류에 디지털 센서, 초소형 컴퓨터 칩 등을 부착하는 등 디지털화된 의류를 개발한다. 외부 자극을 감지하고 반응할 수 있는 형태의 의복부터 넓게는 미래 일상생활에 필요한 각종 디지털 기능을 의류에 통합시킨 첨단의류를 개발한다.
2		착용로봇 개발자	사람이 입거나 장착할 수 있는 로봇을 개발한다.

연번	분야	직업명	개요
3	첨단·과학기술·사업	드론 운항 관리사	드론 운항의 잠재적 위험, 운항 시 장애물 등을 분석하고 운항의 안정성을 확보할 수 있는 업무를 수행한다.
4		스마트도로 설계자	외부 환경을 인지·판단해 자율주행자동차의 효율적 운행과 안전을 지원하는 지능화된 도로 기반인 스마트도로를 계획, 설계, 관리한다.
5		공유경제 컨설턴트	공유경제를 실현할 수 있는 아이템을 찾고 이를 토대로 공유경제 비즈니스 모델을 개발하여 실행하거나, 공유경제 비즈니스 모델에 관한 컨설팅, 강의 등을 실시한다.
6		사물인터넷 전문가	사물에 컴퓨터 칩과 통신 기능을 내장하여 인터넷에 연결하는 기술을 적용하는 서비스를 기획하고 제품을 개발한다.
7		빅데이터 전문가	빅데이터를 수집·저장 및 처리하고, 플랫폼을 개발·분석하여 의미 있는 결과를 제공한다.
8		인공지능 전문가	뇌구조에 대한 지식을 바탕으로 컴퓨터·로봇 등이 인간과 같이 사고하고 의사결정을 할 수 있도록 인공지능 알고리즘 또는 프로그램을 구현하는 기술을 개발한다.
9		가상현실 전문가	가상현실전문가는 각종 응용분야에서 다양한 세계를 생동감 있게 체험할 수 있도록 하는 시스템을 개발한다.
10		로봇윤리학자	자동화된 시스템에서 기계나 컴퓨터 혹은 인공지능이 판단을 내려야 할 때 어떤 윤리기준을 적용하는 것이 옳은지 연구하고 적용한다.
11		개인 간 대출 전문가	돈을 빌리려는 사람 혹은 소기업과 재테크를 원하는 투자자를 연결해준다. 대출을 원하거나 필요로 하는 상점의 판매시점관리(POS) 단말기의 매출을 분석하거나 개인의 SNS 등을 분석하여 상환능력을 점검하고 대출가능 금액을 결정한 후 일반 투자자들이 이 정보를 보고 투자를 할 수 있도록 유도한다.
12		스마트팜 구축자	시설 농가의 주인이 비닐하우스에 가지 않고 스마트폰 등으로 재배하는 작물의 상황과 비닐하우스의 환경(온도, 습도, Co2 양)을 모니터링 하고 필요한 경우에 스마트폰과 같은 기기를 통하여 비닐하우스의 환경을 조절할 수 있는 스마트팜을 개발하고 설치해준다.
13		엑셀러레이터 매니저	일정한 절차에 의해 선발된 초기 창업자들의 투자 외에 비즈니스모델 개발, 교육, 컨설팅, 멘토링, 공간 확보 지원 등의 전문보육을 담당한다.

연번	분야	직업명	개요
14	공공 안전 · 복지 · 삶의 질	사이버포렌식 전문가	사이버 범죄 증거확보를 위해 디지털기기를 복구하고 분석하여 법정 증거 제출을 위한 보고서를 작성한다. 분석절차 등에 대해 법정에서 증언을 하기도 한다. 기업에서는 기밀노출 등 사이버 범죄 예방을 위한 활동과 관련 감사업무를 수행하기도 한다.
15		범죄예방환경 전문가	범죄를 예방하기 위한 환경을 설계하기 위하여 사업 적용대상지의 범죄 및 무질서에 대한 자료 수집을 하고 범죄예방을 위한 건축물 또는 시설 및 공간 등의 물리적 환경을 설계한다.
16		의료 정보 분석사	보건의료 데이터를 분석하여 의료 동향 등을 파악하고 유의미한 정보를 생성하여 보고서 등을 작성한다.
17		크루즈 승무원	크루즈선을 이용하여 여행하는 승객의 안전 및 편의를 위해 서비스를 제공한다.
18		동물 매개 치유사	개, 고양이, 말, 새, 돌고래 등 도우미 동물들을 통해 몸과 마음에 상처가 있는 사람들이 동물과 상호작용을 하며 정신적·신체적·사회적 기능을 회복하고 심신의 재활 등을 할 수 있도록 돕는 일을 한다. 치유의 대상은 우울증, 대인관계 어려움을 느끼고 있는 사람부터 주의력결핍 과잉행동장애(ADHD) 환자까지 다양하다
19		도그워커	고객으로부터 의뢰받은 개를 산책시킨다. 고객의 집에 방문하여 개와 라포(rapport; 상호협조)를 형성하며 산책시킬 개의 건강, 체력, 특성 등을 파악한 후 산책계획을 설정하고 개와 산책이 끝난 후에 산책 중의 배변 여부나 특이사항 등을 견주에게 알려준다.
20		메이커스랩코디네이터	메이커스 랩(3D프린터 등 장비를 갖춘 디지털공방)과 같은 공간에서 이용자가 안전하게 장비를 이용할 수 있도록 지도하고 장비 유지관리 및 안전을 담당한다.
21		감정노동 상담사	감정노동을 수행하며 겪는 신체적, 정서적, 행동적 이상증상으로 고통을 호소하거나 심각한 스트레스 상황에 처한 노동자를 대상으로 심리검사, 상담프로그램 등을 활용하여 문제를 해결할 수 있도록 돕는다.

출처: 한국고용정보원 보도자료, 2016. 11. 4.

III 인성의 의미

고귀한 지혜를 가진 사람일지라도 자신에게 순수한 인격이 없다면, 어두운 그늘이 그를 둘러쌀 것이다. 그러나 천한 오막살이에 있을지라도, 교육된 인격은 순수하고 기품있는 만족된 인간의 위대함을 발산한다.

\- 페스탈로치(Johann Heinrich Pestalozzi)

사람들은 때로 인격과 명성을 혼동한다. 명성은 한 사람의 인상을 남이 마음대로 평하는 외부적 소리이지만 인격은 그 사람 안에 갖춘 마음의 자태이다.

\- 에머슨(Ralph Waldo Emerson)

1. 인성의 의미

인성 개념은 심리학적 및 철학적 관점에서 살펴볼 수 있다. 심리학적 측면에서 인성은 personality 개념을 먼저 생각할 수 있다. 이는 한편으로 전인(whole person)의 기능을, 다른 한편으로 한 개인을 다른 사람들과 구분시키는 그의 독특한 조직을 나타낸다. 그러나 이러한 개념 정의에는 두 가지 측면이 배제되어 있다. 그것은 상황에 따라 개인의 독특한 특성이 변화될 수 있다는 가능성과 개인의 도덕적 혹은 사회적 기능에 대한 평가를 함축하지 못한다는 것이다. 예컨대, 우리가 훌륭한 personality의 소유자라는 말을 할 경우 이때는 일반적으로 character라는 용어를 사용하게 된다. 이 개념은 한 개인의 지속적 가치들, 특히 선악시비에 관한 감각적 의식의 총합으로 보통 도덕 판단을 포함한다. 이러한 측면에서 올포트(G. Allport)는 character의 윤리적 개념을 시사하면서 character는 평가된 personality로, personality는 비평가된 character로 설명하고 있다(G. Allport, 1962; 김태훈, 1997: 277 재인용).

이렇듯 심리학적 관점에서 인성 개념은 가치중립적 용어로 사용되는 '성격'을 의미하지만, 철학적 관점에서 인성 개념은 가치지향적 용법으로 사용되는 '인격'에 비유된다. 여기서 말하는 가치지향적 용법이란 인성을 누구나 추구하거나 소유하기를 바라는 이상적인 평가적 인간의 모습을 한정하는 개념으로서 인격(character)을 사용하는 것을 의미한다. 달리 말하면 인성은 인간 본성의 약어로서 일반적으로 사람을 사람답게 하는 본질 또는 가치를 의미하는 것을 쓰인다. 이렇게 character 개념을 도덕, 윤리, 규범, 덕 등과 관련지어 사용하려는 경향은 아리스토텔레스 이후 서양 철학에서 많이 나타나고 있다.

한편 인성이 인간의 기질적 특성이나 심리적 특성이 아니라 오히려 인간의 마음이 구현해야 할 가치 또는 규범으로서 인간 모두에게 주어져 있다는 생각은 동양철학의 전통적 사고와 일치한다. 인간의 본성의 내면을 탐구하는 인성론은 동양철학 속의 하나의 중요한 부분을 차지하면서 꾸준히 이론적 체계화를 이루어왔다. 우주론은 인성론의 대전제였고, 인성론은 우주론의 인간에 대한 조명 속에서 이루어진 것으로서 양자는 긴밀한 연관 속에서 병립된 발전을 이루어왔다.

character로서 인성이 인간을 인간답게 만드는 본질 또는 가치로서 인간의 본성을 의미하는 인격으로 조망하고자 할 경우, 즉 심리학에서 인성을 평가된 personality로 보는 관점, 동양철학에서 인간이 구현해야 할 가치 또는 규범으로 볼 경우, 아리스토텔레스 등의 서양의 고전철학의 입장이나 동양의 인성론의 입장 모두 교육을 통해 지향점을 함께 키워나가야 한다는 전제를 지니고 있다고 하겠다.

반면 한국에서 인성교육에 대한 관심이 고조되면서 정부 차원의 집중적인 정책연구와 법적 제도화의 노력은 종래의 동서양 윤리학 및 교육학에 도움을 받기도 했지만, 무엇보다 서구 특히 미국의 도덕심리학과 인격교육 및 인성심리학에 큰 영향을 받았다고 할 수 있다. 예컨대, 도덕심리학에서의 도덕적 인성론(Blasi, 2005), 도덕지능론(M. Borba, 한혜진 역, 2004: 16; 정창우, 2015: 89-90), 긍정심리학의 인성 강점(M. Seligman & C. Peterson, 2004), 미국의 CEP(Character Education Partnership)의 인성교육에 대한 연구와 프로그램 개발(CEP, 2006: 2-5), 랩슬리와 나르바에스(Daniel K. Lapsley & Darcia Narvaez)의 인격교육 이론과 프로그램 및 사례연구(Samanta Wlters, 2004, 2006), 수행적 인성(performance character)과 도덕적 인성(moral character) 개념(Lickona & Davidson, 2005), 조셉슨 연구소의 여섯 가지 기둥(Six Pillars)의 윤리적 덕목(Samanta Wlters, 2004: 4-5) 등이 그 대표적 사례이다.

이러한 논의들은 대체로 인성교육이 학생들에게 중요한 핵심적이고 윤리적인 가치, 예컨대 배려, 정직, 공정, 책임감, 자아 및 타인에 대한 존중 등의 가치들을 가르치기 위한 학교와 지역, 주정부에 의한 의도적이고 적극적인 노력이라는 CEP의 정의를 수용한다. 특히 최근 논의에서 주목되는 것은 윤리적 가치와 수행적 가치 개념이다. 핵심적인 윤리적 가치(core ethical values)는 인격교육의 핵심적 특질(traits)이다. 반면 수행적 가치(performance values)는 하나의 기능들(skills)로서 여기에는 사회적 기술과 인식(의사소통, 적극적 경청, 관계맺음, 주장, 사회적 인식), 개인적 증진/자기관리와 인식(자기통제, 목표 설정, 이완기술, 자아인식, 정서적 인식), 문제해결/의사결정이 제시된다(CEP, 2006: 4). 이와 같은 맥락에서 버밍햄 대학의 주빌리 센터(The Jubilee Center for character & value)는 CEP의 인성교육론에 대한 기본적 입장을 수용하면서 인성을 구성하는 덕목을 크게 시민적 인성 덕목(봉사, 시민성 등), 도덕적 인성 덕목(감사, 정의, 겸손, 정직 등), 수행적 인성의 덕(결정, 창의성, 탄력회복성)으로 제시하였다(The Jubilee Center for character & value, 2004: 4).

이러한 미국의 인성교육에 대한 논의와 프로그램 개발은 한국의 인성교육의 발전에 의미있는 영향을 주었다. 예컨대, 인성교육 활성화를 위해 수행된 최근의 정책연구[1])의 결과물들은 이를 반영한다. 예컨대, 이러한 연구물들은 윤리적 핵심 가치 측면에 초점을 두어, 인성교육이 '바람직한 품성을 기르기 위한 교육', '친사회적인 덕목을 갖추도록 하는 교육'이라는 입장에 기초하여, 미래 인재에게 요구되는 친사회적 인성으로 공감, 협동, 배려, 소통, 존중, 책임, 정의 등 7대 핵심 덕목으로 선정하고, 학생들이 7대 덕목들을 학교급별 학년 수준에 맞게 체계적으로 갖출 수 있도록 하고자 하고 있다. 여기에서 정직과 책임은 도덕성 차원이며, 공감과 소통은 사회성 차원, 긍정과 자율은 감성 차원으로 분류된다.

정직과 책임을 핵심 덕목으로 하는 도덕성 차원은 다양한 윤리적 상황에서 중요한 핵심 가치가 무엇인지를 인식하고 판단하는 능력과 책임 있는 의사결정 능력을 말한다. 공감과 소통을 핵심 덕목으로 하는 사회성 차원은 다양한 상황과 장소에서 타인의 생각, 감정, 관점을 이해 파악하고, 타인과 긍정적인 관계를 형성 유지하고, 소통하는 능력을 말한다. 긍정과 자율을 핵심 덕목으로 하는 감성 차원은 자기인식 능력과 자기관리 능력으로 구성된다(천세영 외, 2013: 53-54; 차성현, 2012: 18-19). 이렇게 볼 때 인성교육의 목표는 도덕성과 사회성, 감성의 함양이라 할 수 있으며, 내용적 측면에서는 핵심덕목을 기초로 관련 역량을 증진하기 위한 요소들로 구성된다고 볼 수 있다.

---

1) 예컨대, 다음과 같은 연구들이 있다; 천세영 외(2012), 인성교육 비전 수립 및 실천 방안 연구; 정창우 외(2014), 학교급별 인성교육 실태 및 활성화 방안 연구; 강충열 외(2013), 인성교육 중심 수업을 위한 교육과정 편성·운영 방안 연구; 김재춘 외(2012), 실천적 인성교육이 반영된 교육과정 개발 방향 연구; 옥선화 외(2012), 인성교육 비전 수립을 위한 정책연구-가정과 사회의 역할 강화 방안 연구; 장영은 외(2012), 유아·초등교육 내에서의 인성교육 활성화 방안; 이미숙 외(2012), 프로젝트형 인성교육 실현을 위한 교육과정 개정 시안 개발 연구; 권동택 외(2012), 교원양성, 임용, 연수에서의 인성교육 강화 방안 연구; 이명준 외(2012), 교육과정과 창의적 체험활동을 통한 인성교육활성화 방안.

2. 인성의 구성요소

인성의 하위 요소를 선정하는 방법은 무엇보다 인지 · 정의 · 행동의 통합적인 접근이 설득력이 높다. 즉, 도덕적 지식(moral knowledge), 도덕적 감정(moral feeling), 도덕적 행동(moral behavior)의 통합적 접근을 취하는 것이다. 그러면 이러한 인격의 통합성 측면에서 동양 및 한국의 전통윤리사상에서 중요시 하고 있는 덕목을 살펴보자.

우선 우리의 건국이념, 화랑도, 오륜, 향약, 사단 등에서 중요시 하고 있는 도덕규범을 살펴보면 다음과 같다. 우리의 건국이념은 홍익인간이며, 이는 이타심(공익 우선), 사랑, 봉사, 타인존중, 인내 등의 덕목을 포괄한다고 볼 수 있다. 화랑도의 주요 덕목인 사군이충은 국가, 사회에의 충을 포괄하며, 사친이효는 효, 교우이신은 신의, 임전무퇴는 용기, 책임감, 살생유택은 생명존중의 덕목을 강조한다.

오륜의 경우 군신유의는 국가, 사회에의 충을, 부자유친은 효와 자애, 부부유별은 평등과 타인존중, 장유유서는 경로와 질서존중, 붕우유신은 신의의 덕목을 강조한다.

향약의 경우 덕업상권은 협동, 예속상교는 인애, 관대, 친절, 예의(공손, 정중), 과실상규는 정의, (악행에 대한)수치심, 관용, 환난상휼은 동정심, 긍휼, 협동, 봉사, 헌신, 타인배려, 자비(자선) 등의 덕목을 강조한다.

사단(四端)의 경우 측은지심은 연민과 긍휼, 수오지심은 수치심(양심의 가책), 사양지심은 예의, 양보, 관용, 시비지심은 판단력(지혜) 등의 덕목을 강조한다.

다음으로, 도덕교육에 관련된 연구나 이론 등을 통해 보면, 우선 1992년 한국교육개발원의 한국 사회의 도덕적 위기 극복을 위한 학교 도덕교육의 역할(Ⅰ) 연구에서는 효도, 경로의식(부모부양, 재산상속, 노인존중 등), 질서의식(준법, 교통규칙, 행락질서 등), 타인에 대한 배려 및 공동체의식(개인적, 집단적 이기주의, 환경문제 등), 사회정의(분배적 정의, 차별적 정의, 연고주의 등), 정직성(양심 자신의 무지 인정 등), 공정성, 절차존중(출세관, 평범주의, 폭력 문제 등), 책임감, 성실성(약속 이행, 결과에 대한 책임 등)의 덕목을 제시하였다.

1991년 한국교육개발원의 중학교 민주시민 교육 요구 조사는 민주시민교육이 추구해야 할 덕목으로 성도덕(순결, 우정 등), 평등주의(남녀평등, 약자 차별 지역편견 등), 생명존중(고아입양, 자살, 의료윤리 등), 인간 존엄성 신념의 내면화(타인의 입장 고려, 공공선을 중요시하는 태도, 책임의식), 기본 생활습관 및 질서의식의 내면화(기본적인 예의범절의 이해, 실천, 공공질서, 환경보호), 민주적 절차 및 과정의 숙달, 합리적 의사결정 능력 등을 제시하였다.

1994년 허경철, 조난심 외 연구인 "인간성 함양을 위한 학교교육 모형 개발 및 평가 방안 연구"는 기본 생활 습관(규칙적인 생활, 정리정돈, 청결 위생, 물자절약), 자아확립(근면, 성실, 자주, 정직), 효도, 경애(기본예절, 효도, 경애), 공동체 의식(질서, 협동, 준법, 타인존중, 책임, 봉사, 정의감) 등을 인간성 함양을 위한 주요 덕목으로 선정하였다.

조연순 외의 연구인 "정의교육과 인성교육 구현을 위한 기초연구 1－철학적 심리학적 접근에 기초한 인성교육의 구성요소 탐색"(교육과학연구 제28집)에서는 민주시민의식(• 준법정신 : 교통질서 지키기, • 봉사정신 : 고아원, 양로원 방문하기, • 협동정신 : 청소, 환경미화에 적극 참여하기, • 책임감 : 주번활동 성실히 하기, • 정의감 : 폭력을 당하는 약한 친구 도와주기, • 애국심 : 조국을 사랑하고 국가의 복지와 안녕을 기원하는 마음, • 환경보호의식 : 자연을 아끼는 마음을 가짐과 동시에 자원을 아끼며 주변 환경을 청결하게 하는 등, 여러 가지 환경보호 운동을 실천하려는 노력), 타인존중 의식(• 권위의 존중 및 수용 : 선생님 존경하기, • 예의범절 : 인사 잘 하기, • 효 : 집안일 돕기, • 사랑 : 친구, 형제와 사이좋게 지내기, • 배려 : 친구 마음 살피기, • 정직 : 바르고 곧은 심성으로 자기의 양심을 속이지 않고 올바른 정신을 가지고 이에 따라 행하는 마음, • 신뢰 : 친구의 말과 행동을 믿어주기), 자기존중 의식(• 자신감 : 자신이 맡은 일에 선뜻 나서기, • 자아 수용 : 자신을 가치 있다고 여기기, • 자기 표현 : 교사의 질문에 조리 있게 답하기, • 자기 통제 : 수업시간에 사담하지 않기) 등을 인성교육의 구성요소로 규정하였다.

오기성 외 연구인 "2011 도덕과 교육과정 시안 개발 연구"에서는 주요 덕목을 전체지향 덕목과 영역별 덕목으로 구분하여 제시하였다. 전체지향 덕목으로는 존중, 책임, 정의, 배려를 제시하였다. 반면 영역별 덕목으로는 자율, 성실, 절제, 효도, 예절, 협동, 준법 · 공익, 애국심, 통일의지, 인류애, 자연애, 생명존중, 평화로 제시하였다.

다음으로, 서구의 민주시민교육에서 제시한 덕목과 관련하여 Greenwalt(1996)는 Character Education in America에서 시민정신(• 민주주의 : 권위의 존중과 수용, 평등, 양심과 표현의 자유, 정의 자유, 관용, • 애국심 : 용기, 충성, • 자연환경에 대한 존중 : 환경보존), 타인에 대한 존중(• 이타주의 : 공손, 동정, 예의범절, • 정직 : 정직, 진실, 신뢰), 자기에 대한 존중(• 자아수용 : 전념, 인내, 자기통제, 근검절약, • 자기존중 : 지식, 절제, 육체적, 정신적, 경제적 처치를 수용, • 직업 윤리 : 성취, 형동, 신용, 성실, 자신감, 생산성, 창의성)을 인격교육에서 강조하는 덕목으로 제시하였다.

조셉슨 윤리학연구소의 아스펜 선언(1993)은 존중(respect), 책임감(responsibility), 정의와 공평(justice and fairness), 신뢰(trustworthiness), 배려(caring), 시민적 덕(civic virtue)을 제시하였다.

Leming은 "Children's Morality Code"(1993)에서 • 자기 통제, 건강, 친절, 스포츠맨십, 자신감, 의무, • 신뢰, 진실, 장인정신, 협동의 크게 두 부류를 제시하였다.

윤리학자들의 견해를 통해 보면 플라톤은 지혜, 용기, 절제, 정의를, 아리스토텔레스는 중용의 덕 : 용기, 절제, 관대, 긍지, 공손함, 성실, 친절 등을 제시하였다. 뒤르켐은 • 규율정신(의무의식, 권위 존중), • 사회집단에의 애착(공감성, 이타심, 협력, 공동체정신), • 자율성을 제시하였다. 헤어(R. M. Hare)는 크게 두 부류로 구분하여 보았는데, • 본질적 덕목 : 정의, 관용, 근면, 정직을, • 도구적 덕목 : 용기, 자기 통제, 절제, 인내로 보았다.

롤즈(J. Rawls)는 • 정의, 관용, 공정, 공손함, 배려(고려), 합리성을 제시하였으며, 콜버그는 • 정의(상호성, 권리와 의무 배분의 공정성, 인간의 존엄성, 평등)를 중요시하였다. 이에 비해 도덕성의 정의적 측면을 중시한 배려윤리교육론자인 길리건(C. Gilligan)은 배려(돌봄), 책임을 제시하였다.

반면, 통합적 도덕성을 강조한 리코나(T. Lickona)는 비교적 포괄적인 덕목을 제시하였는 바, • 존중(자기 자신, 타인, 모든 형태의 생명을 대상), • 책임감(자기지향의 책임인 자기 자신, 자기소유물, 자기일, 타인 지향의 책임인 타인의 복리, 공동체 복지를 위한 책임감), • 기타 도덕적 가치로서 생명존중, 자유, 책임, 정직, 공정, 관용, 용기, 자기규율, 친절, 연민, 등에 대한 바른 지식과 함께 양심, 자존감, 겸손, 감정이입, 선에 대한 사랑, 자기 통제 등을 제시하였다.

피터스(R. S. Peters)는 • 특수한 덕(시간 지키기, 청결 단정, 정직, 검소, 예절 등), • 행동의 동기가 되는 덕(연민 등), • 인위적인 덕(정의, 관용, 사리분별과 같은 덕), • 인간의 비도덕적 본성에 부딪혀 발휘 되어야 할 덕 : 용기, 통합성, 인내와 같은 보다 높은 수준의 덕을 제시하였다.

크린튼덴(B. Crittendens)은 다원주의에서의 덕목을 공손함, 사회 질서에 대한 충성, 다양한 역할 수행에서의 비이기심, 공공선에 봉사, 방종에의 억제, 민주 시민으로서의 책임감, 생명에의 존중, 사랑 · 충성 · 관용 · 용기 등의 개념, 정직(거짓말, 중상모략), 약속 지키기, 정치적 권위 · 소유권(절도) 가족(사랑, 존경과 같은 특별한 관계와 간통, 근친상간과 같은 개념) 등으로 제시하였다.

베넷(W. Bennet)은 학교에서 가르쳐야 할 민주적인 핵심 가치로서 공정성, 친절, 정직, 인내, 애국심, 존경, 용기를 제시하였으며, 그의 저서 『미덕의 책(The Book of Virtues)』에서는 자기도약(self-discipline), 연민(compassion), 책임감(responsibility), 우정(friendship), 일(work), 용기(courage), 인내(perseverance), 정직(honesty), 충성심(loyalty), 믿음(faith)을 제시하였다.

다음으로 주요 국가에서 강조하는 인성 덕목을 살펴보면, 중국은 인, 예를 기본으로 효, 충, 우애, 성실, 절제, 관대함, 정직, 근면, 자애 등의 덕목을 강조한다. 일본은 인간존중, 생명에의 외경, 관대함, 자유 · 자율, 공공정신, 타인배려, 사회봉사, 애국, 애향, 사회규범이나 법질서 존중, 이질성 · 다양성 가치 인정 등을 강조하고 있다.

미국의 경우 볼티모어 공립학교를 예로 들면, 연민, 정중, 비판적 탐구, 공정한 절차, 기회균등, 사상과 행동의 자유, 정직, 성실, 정의, 지식, 충성, 객관성, 질서, 애국심, 합리적 동의, 이성적 논쟁, 타인의 권리 존중, 책임감 있는 시민성, 준법, 관용, 진실 등의 덕목을 강조한다. 아울러 조지아주의 경우 시민성(① 민주주의 : 권위의 수용과 존중, 평등, 양심과 표현이 자유, 정의, 압제나 구속으로부터의 자유, 관용, ② 애국심 : 용기와 충성, ③ 자연환경에 대한 존중 : 환경 보존), 타인존중(① 이타심 : 연민, 예의, 교양, ② 성실성 : 정직, 진리, 신뢰), 자기존중(① 책임감 : 헌신, 인내, 자기통제, 절약, ② 자존심 : 지식, 중용, 신체적 정신적 재정적 건강, ③ 근로윤리 : 성취, 협동, 상호의존, 근면, 자존심, 생산성, 창의성) 등을 강조하고 있다.

인성의 하위 구성요소의 측면에서 살펴본 이상의 논의를 통해 볼 때, 크게 네 가지로 분류해 볼 수 있다. 첫째, 우리의 전통 도덕과 윤리규범에서 추출될 수 있는 덕목들이 있다. 효도, 경애, 예절과 같은 덕목들이 그것이다. 둘째, 서구에서 도입되었지만 오늘날에는 우리의 삶의 양식으로 자리잡은 시민 윤리에서 나오는 덕목과 규범들이 있다. 타인 존중, 책임감, 협동 등이 그 것이다. 셋째, 현대사회의 윤리적 상황에서 요구되는 덕목들이 있다. 성도덕이라든가 환경 윤리 같은 덕목들이 그에 해당된다. 넷째, 최근에 많이 논의 되고 있는 여성주의적 윤리를 반영한 덕이 있다. 배려(caring)가 그에 해당 된다.

반면 동양 및 한국의 전통윤리사상, 민주시민교육의 사례, 국내 연구 사례, 주요국의 사례에서 공통적으로 강조되는 것을 추출해 보면, 첫째로, 동양 및 한국 전통윤리사상에서 공통적으로 강조하고 있는 인성의 요소로는 책임감, 협동, 관용, 타인배려 등을 들 수 있다. 둘째로, 도덕교육 관련 연구나 이론 등에서 공통적으로 나타나고 있는 인성의 요소로는 타인배려, 사회정의, 정직성, 책임감, 성실성, 공동선, 정의감, 자기존중, 자기통제, 자아수용 등을 들 수 있다. 셋째, 서구의 민주시민교육의 경우에는 정직, 관용, 정의, 성실, 책임감, 배려 등을 제시하고 있다. 넷째, 윤리학자들이 제시한 인성의 요소로는 협동, 관용, 성실, 정직, 정의, 공정, 절제, 자존감, 자기규율, 감정이입, 절제, 용기, 타인존중, 연민 등이 있다. 다섯째, 주요 국가의 경우 성실, 절제, 타인배려, 정직, 책임감, 자존감 등을 들 수 있다.

이상의 동양 및 한국의 전통윤리사상, 민주시민교육의 사례, 국내 연구 사례, 주요국의 사례에서 공통적으로 강조되는 인성의 요소를 토대로 미래사회에 적합한 인재를 육성하기 위한 인성의 요소를 예시하면 다음과 같다.

〈표 Ⅲ-1〉 인성의 하위 요소 예시

하위 영역	하위 요소	
품성(character)으로서 인성의 하위 요소	개인적 덕목 (individual virtue)	정직(Honesty) 성실(Integrity) 책임(Responsibility) 절제(Moderation)
	인간관계 덕목 (interpersonal virtue)	배려(Caring) 관용(Tolerance) 정의(Justice, Fairness) 협동(Teamwork)
정의적 특성 및 도덕적 능력으로서 인성의 하위 요소	심리적 특질 (psychological traits)	자기존중감(Self-respect) 도덕적 감수성(Moral sensitivity) 도덕적 열정 · 의지(Moral passion and will)
	도덕적 능력 (moral capability)	관점채택 능력(Perspective-taking) 공감 능력(Sympathy) 판단 능력(Judgement) 행위 능력(Behavior)

1) 품성(character)으로서 인성의 하위 요소[2)]

(1) 개인적 덕목(Individual virtue)

① 정직(Honesty) : 마음에 거짓이나 꾸밈이 없이 바르고 곧음을 의미한다. 인간 사회의 다양한 관계와 질서는 대부분이 약속에 기인하고 있다. 즉, 공동체 생활은 진실의 존중이라는 묵약을 전제로 이어지고 있는 것이다. 반면 거짓말은 일시

2) 이하 인성 덕목 및 능력에 대한 설명은 김태훈, 『덕교육론』, 서울: 양서원, 1997; 임용경 · 고대혁 · 오기성, 『도덕과 교육론』, 서울: 양서원, 2002; 조난심 외, 『도덕과 교육신론』, 문음사, 2003; André Comte-Sponville, 조한경 역, 『미덕에 관한 철학적 에세이』, 까치, 1997; A. C. Grayling, 남경태 역, 『미덕과 악덕에 관한 철학사전』, 2006; 신정근, 『동양철학의 유혹』, 이학사, 2002; 이범웅 외, 『도덕과 교육의 실제』, 인간사랑, 2004; 오트프리트 회페, 임홍빈 역, 『윤리학 사전』, 예경, 1998; 유병렬, 『도덕과 교육론』, 양서원, 2009; 유병렬, 『도덕교육론』, 양서원, 2006; 심성보, 『도덕교육의 담론』, 학지사, 1999; 서강식, 『도덕교육론』, 양서원, 2001; 오기성 외, 『핵심역량 중심의 도덕영역 창의 · 인성교육 수업모델 개발연구』, 서울: 한국과학창의재단, 2012, pp.25-34.

적으로는 개인에게 이익을 가져다주기도 하지만, 궁극적으로는 그러한 묵약을 망가뜨릴 뿐만 아니라 자기 자신을 파괴하게 만든다. 사회질서의 유지만이 아니라 자기 자신을 위해서도 정직이라는 덕목을 습득할 필요가 있다. 창의성의 신장에 기여하는 인성의 덕목으로서 정직은 사회의 질적 발전을 위한 탐구과정에서 산출된 아이디어나 자료에 대해 거짓없이 임하는 태도를 의미한다.

② 성실(Integrity) : 정성스럽고 참되어 거짓이 없음을 의미한다. 일반적으로는 부지런하다는 의미를 연상시키기도 한다. 그러나 주희(朱熹)가 성을 진실되고 거짓됨이 없는 것(誠者眞實無妄之謂)이라고 풀이하는 데서도 볼 수 있듯이 성실은 진정으로 옳다고 생각하는 것을 변치 않고 실행해 가는 자기 진실의 덕목이다. 그런 점에서 성실은 다른 모든 덕목들을 실현하는 바탕이 되는 덕목이라 할 수 있을 것이다. 창의성의 신장에 기여하는 인성의 덕목으로서 성실은 공동체 구성원들의 행복을 위해 자신이 산출해 낸 올바른 결과물이나 대안이 외부의 압력이나 유혹에 흔들리지 않고 실행해 나가는 덕목이라고 할 수 있다.

③ 책임(Responsibility) : 맡아서 해야 할 임무나 의무를 의미하기도 하고 행위의 결과에서 생기는 손실이나 제재를 받는 일을 의미하기도 한다. 사회 조직이 복잡해지고 기술이 발달하면서 인간 행위의 결과를 파악할 수 없거나 직접 체험하지 않는 경우가 많아지고 있다. 이에 따라 행위결과에 대한 책임이 모호해지는 문제가 발생하게 되었다. 자유의지를 지닌 존재로서 스스로 판단한 행위에 대해 책임을 다하려는 자세가 더욱 절실한 때이다. 이러한 개인적 덕목으로서 책임의 개념은 창의성의 신장에 기여하는 인성의 덕목으로서 책임과 크게 다르지 않다. 무엇보다 책임은 사회의 질적 변화를 통한 구성원의 행복에 대한 자신의 판단이나 행위에 대해 책임을 다하려는 자세이다.

④ 절제(Moderation) : 감정이나 욕망을 알맞게 조절하여 제한하는 것을 의미한다. 현대사회가 과도하게 소비를 부추기고, 감각적 욕망을 자극하며, 극심한 경쟁을 조장함으로써 지구촌 곳곳에서 불평등, 환경오염, 폭력이 발생하고 있다. 절

제를 통해 욕망과 감정을 다스릴 수 있다면 이러한 문제들의 상당 부분을 해결할 수 있을 것이다. 이러한 절제 덕목은 기존의 창의인성 교육 총론 연구에는 배제되어 있는 덕목이다. 그러나 자본주의 사회에서 과도한 소비나 과도한 경쟁 속에서 인간의 절제되지 않은 욕망과 감정은 공동체에 역기능을 가져온다. 따라서 창의성의 신장에 기여하는 인성의 덕목으로서 절제는 무분별한 개발이나 개인적 및 집단적 차원의 과도한 욕구 추구를 제어하고 창의성이 공동선을 지향하도록 하는 지지대 역할을 할 수 있다.

(2) 인간관계 덕목(Interpersonal virtue)

① 배려(Caring) : 어떤 대상을 도와주거나 보살펴주려고 마음을 쓰는 것을 말한다. 나딩스(N. Noddings)는 "어떤 대상에 대해 부담을 느끼고, 초조해하고, 걱정하는 것"이라고 하기도 하였다. 여기에서 어떤 대상이란 가까이에 있는 가족에서부터 한 번도 만난 적이 없는 다른 나라 사람이나, 나아가 다른 생명체가 될 수도 있다. 즉, 배려는 개인, 사회, 국가, 자연과의 관계에 걸쳐 도덕적 행위를 하는 데 수반되어야 하는 마음가짐인 것이다. 인간관계 덕목으로서 이러한 배려는 자라나는 세대들이 자신의 이익만이 아니라 주변 사람들, 다른 생명을 지닌 존재들의 어려움에 대해 걱정하고 배려하려는 자세를 통해 창의성이 나만을 위한 창의성으로 흐르지 않도록 하는 역할을 하게 된다.

② 관용(Tolerance) : 개인 간의 관계뿐만 아니라 종교 · 정치 · 국가를 포괄하는 사회적인 차원에서 다른 종류의 직관과 행위양식을 존중할 뿐만 아니라 자유롭게 승인하는 태도를 의미한다. 그러나 관용은 중립적인 관조가 아니라 타자에게서 가치를 발견하고 삶의 권리를 부여하고자 하는 행위지향적 태도이다. 세계화 시대 · 다문화사회로 접어든 우리 사회에서 관용은 상이한 문화와 전통에 대한 존중을 의미하며, 이를 통해 사회갈등을 줄여나갈 수 있을 것이다. 인간관계 덕목으로서 이러한 관용은 자라나는 세대들이 서로의 다름을 존중하는 것뿐 아니

라 나아가 다문화사회에서 서로 다른 문화를 존중하고 이해하며 역동적인 교류를 통해 보다 발전적이고 창의적인 어떤 것을 형성하도록 하는데 기여한다.

③ 정의(Justice, Fairness) : 질서를 정립하고 특히 인간과 인간 사이에서 균형을 이루고 유지하는 기능을 가진 일군의 원리를 의미한다. 우리 사회는 전통적으로 이성의 원리에 기초한 균형보다 따뜻한 정서에 기초한 인간적 유대를 중시해온 경향이 있다. 정의를 지향하는 삶의 태도는 그러한 호감이나 정서에 기반하는 것이 아니라 롤즈(John Rawls)의 최소수혜자 혜택의 원리와 같은 일군의 원리에 기반 한다. 사회가 복잡해짐에 따라 권리나 재화의 균형을 유지해줄 수 있는 원리의 중요성이 커지고 있다. 인간관계 덕목으로서 이러한 정의는 사회적 불평등을 최소화함으로써 소외계층이나 부문을 해소하고 개인에게는 행복한 삶을, 사회에는 나눔과 공동선을, 국가에는 복지와 번영을 추구하기 위한 창의성 발현에 이바지한다.

④ 협동(Teamwork) : 두 명 이상의 사람이 공통의 목표를 위해 힘을 합하는 것을 말한다. 죄수의 딜레마가 보여주듯이 협동의 파기는 일시적인 이익을 줄 수는 있어도 장기적으로는 개인과 사회 모두의 이익을 감소시킨다. 공동의 최대 이익을 산출할 뿐만 아니라 자기 자신의 적절한 이익을 안정적으로 보장받기 위해서도 협동은 반드시 필요한 덕목이다. 인간관계 덕목으로서 이러한 협동은 창의성의 신장에 기여하는 인성의 덕목으로서 기존의 총론 연구에서는 배제되었던 덕목이다. 그러나 대부분의 창의성의 발현을 통해 공동체의 질적 변화에 기여한 업적들은 한 개인의 노력이 아니라 다수의 협력을 통해 이루어진다는 점에서 협동의 자세를 갖는 것은 필수적이다.

2) 도덕적 능력(moral capability)으로서 인성의 하위 요소

(1) 심리적 특질(psychological traits)

① 자아존중감(self-esteem)

자아존중감은 존중받고 긍정적인 자아 평가를 유지하려는 인간 욕구에 기초한 것으로, 자기 수용감, 자아에 대한 개인적인 선호, 자기 자신에 대한 적절한 존경의 형태를 의미한다고 볼 수 있다. 자기존중감은 자기 자신에게 일어나는 의미있는 타인의 가치를 존중하는 바탕이 되며, 가정, 학교, 사회에서의 대인관계에서 큰 영향을 받는다. 즉, 자신에 대한 내적 이미지와 부모, 교사, 친구 등 중요한 의미있는 타인과의 경험에 의해 주로 후천적으로 형성되고 전생에 걸쳐 변화된다. 인성의 심리적 특질로서 자아존중감은 인간 자신이 다른 사람들과 크게 다른 생각을 가지고 있거나 생활태도를 지니고 있다는 것에 위축되지 않도록 한다. 오히려 그러한 점을 수용하고 보다 발전시키려는 태도를 갖게 되는 데 자아존중감이 기여하게 되며, 이러한 자아존중감이 높은 사람일수록 타인을 존중하는 마음도 높게 된다. 결국 다른 사람들에게는 낯설게 보일 수 있는 창의적인 생각을 꽃피우게 되며, 타인의 다른 생각이나 태도로 존중하게 되는 것이다.

② 도덕적 감수성(Moral Sensitivity)

일반적으로 감수성 혹은 예민성은 자극이나 타인에 대한 반응과 관련된 특성을 말하는 것으로 인성적 측면에서는 문제가 되는 상황이나 사태를 정서적으로 느낄 수 있는 자질을 의미한다. 따라서 도덕적 감수성(또는 민감성)이란 우선 주어진 상황에서 도덕적인 문제를 파악해 내는 능력을 말한다. 도덕적으로 민감한 사람은 상황에 처한 문제를 도덕적인 문제로 인식하고, 어떠한 행동을 취할 경우 관련된 사람들이 어떠한 영향을 받을지에 대해 고려하며, 그러한 결과에 대해 감정이입을 하게 된다. 인성의 심리적 특질로서 도덕적 감수성은 사회 내 문제가 되는 상황이나 사태를 민감하게 인식하고 이를 해결하려는 적극적인 태도로 반응하는 것을 의미한다. 창의성 측면에서 보면, 특정 사회나 지구촌의 도덕적 문제에 대해 민감하게 인식하고 이러한 문제들로 인해 고통받거나 불편을 사태를 창의적으로 해결하기 위해 노력하게 된다.

③ 도덕적 열정 · 의지(Passion · will)

도덕적 열정이란 선을 사랑하고(loving the good), 악을 미워하는 것, 선을 좋아하고 그것을 행함에 있어 즐거움을 느끼면서 그 실행하기 위해 기꺼이 노력하는 어떤 마음의 성향이다. 도덕적 의지란 옳고 바른 삶을 살고자 의욕하고 추구하는 마음의 동력, 즉 선과 의무, 도덕적 가치 규범을 추구함에 있어 유혹에 굴복하지 않고 어려움을 극복하면서 마땅히 해야 할 일을 향해 나아가는 내적인 힘을 가리킨다. 이러한 도덕적 열정 · 의지는 도덕적 인지와 행동을 매개하며 도덕적 실천의 중요한 매개체라고 할 수 있다. 인성의 심리적 특질로서 도덕적 열정과 의지는 타인이 생각하지 못하는 창의적인 아이디어를 지닌 사회 구성원들이 그러한 아이디어를 통해 산출된 결과물들을 자신의 쾌락이나 외부의 유혹에 흔들리지 않고 공동선을 위해 활용되도록 강한 의지를 가지고 열정을 다해 노력하는 것을 의미한다.

(2) 도덕적 능력(moral capability)

① 관점채택(Perspective-taking)

관점채택은 다른 사람의 견해를 취할 수 있는 능력이다. 다른 사람의 입장에서 자신의 상황을 바라보고 그들이 생각하고 반응하고 느끼는 것을 상상해 보는 것이다. 다른 사람의 입장과 견해를 이해할 수 있다면 우리는 상대방을 존중할 수 있고, 상대방의 요구를 정당하게 수용하거나 거부할 수도 있기 때문에 관점채택은 도덕 판단을 위해 필수적인 조건이다. 도덕적 능력으로서 관점채택 능력은 도덕적 문제사태를 해결하기 위해 가장 먼저 취해야 할 자세이자 능력이다. 상대방의 입장을 고려하지 않고 합리적인 해결방안을 도출할 수 없기 때문이다. 마찬가지로 창의성의 측면에서도 문제를 발견하는 과정이나 문제를 해결하는 과정에서 우선적으로 지녀야할 능력이다.

② 공감능력(Sympathy)

공감은 다른 사람의 내적 상태와 동일시 혹은 다른 사람의 내적 상태에 대한 대리적 경험을 의미한다. 공감은 자아와 타아의 경계를 제거해 주기 때문에 우리는 공감을 통해 다른 사람이 느끼고 있는 것을 같이 느끼게 된다. 공감하기는 상대방의 입장에서 문제 상황을 바라보고 문제를 파악하는 역지사지(易地思之)하는 태도의 정서적 측면이 된다. 공감은 상대방의 입장을 이해하여 같은 기분을 경험하거나, 상대방에게 자신의 입장을 적절히 전달하여 상대방이 자신을 이해할 수 있도록 하는 능력이므로, 대인관계를 원활히 하는 데 필요한 정서 능력으로써 사회적 민감성, 감정이입 등과 관련이 있다. 도덕적 능력으로서 공감능력은 이성적 측면에서 타인의 입장에서 문제를 바라볼 수 있는 능력인 관점채택을 보완하는 정서적 측면이다. 공감능력은 사회 내 구성원들이나 단체, 사회의 각 부문들이 겪는 어려움이나 불편함을 창의적으로 해결함으로써 공동선을 추구하는데 있어 필수적인 정서적 능력이다.

③ 판단 능력(Moral Judgement)

도덕적 판단 능력이란 구체적인 문제 상황에서 합리적으로 사고하는 도덕적 사고과정에 기초하여 올바른 판단과 결정을 할 수 있는 능력을 말한다. 여기에서 도덕적 사고란 우리가 습관 등에 의해 통상적으로 처리하기 어려운 도덕적 상황에 부딪쳤을 때 그것을 해결하기 위해 동원하는 모종의 정신활동을 말하며, 합리적 의사결정 능력이란 선택을 요하는 도덕적 문제사태에서 숙고된 지식과 가치를 바탕으로 최선의 해결방안을 도출해내는 능력을 의미한다. 따라서 도덕적 판단은 도덕적 문제나 갈등상황에서 '어떠한 행동이 가장 좋은 결과를 가져올 수 있는가', 그러한 문제를 해결하기 위한 '가장 합리적인 대안은 무엇인가', 그러한 상황에서 '가장 적절한 행동방식은 어떠한 것인가' 등과 같은 문제를 다룬다. 이러한 의사결정 과정은 문제 상황을 도덕적 관점에서 정확히 파악하고, 대안을 고려하며, 그 결과를 예측하는 가치분석의 과정을 포함하고 있다. 도덕적 능력으로서 판단 능력은 창의인성교육 총론의 규명과 크게 다르지 않다. 즉, 도덕적 문제나 갈등사태에 직면하여 정의롭고 공공의 관점에서 상황을 판단하여 행동 선택에 있어서 보다 바람직한 이유와 정당성을 추구하고 가장 합리적인 대인이나 적절한 행동방식을 판별해 낼 수 있는 능력을 의미한다.

④ 실천 능력(Moral competence)

실천 능력은 도덕적 판단과 감정을 효과적으로 도덕적 행동으로 옮길 수 있도록 해주는 능력을 말한다. 좋은 의지만으로는 효과적인 도덕적 행동을 할 수 없기 때문에 이러한 실천 능력은 매우 중요하다. 이러한 실천 능력은 다음과 같은 실천적 기능으로 분류가 가능하다. 첫째, 개인이 상호작용 과정에서 자신을 표현하고 효율적인 인간관계를 유지하는 것과 관련된 기능이다. 이러한 능력으로는 자신의 의견을 표현하고 전달하는 기술, 다양한 집단 상황에 적응하는 것, 상호작용의 관계를 알고 서로의 필요를 충족시키기 위해 노력하는 것 등이 포함된다. 둘째, 집단 내 상호작용 능력으로서 집단의 고무적인 분위기를 조성할 수 있는 것, 집단 규칙을 만들 수 있는 것, 집단의 지도자나 구성원으로서 역할을 충실하게 수행할 수 있는 능력, 집단 내 갈등을 해결할 수 있는 능력 등이 포함된다. 셋째, 사회적 참여 능력으로서 사회문제에 대한 관심과 지식을 갖고 타인과 협력하여 올바른 방향을 결정하고, 사회적 책임을 수용할 수 있는 능력 등과 같은 것이 포함된다. 도덕적 능력으로서 실천능력은 창의인성교육 총론에서 규정한 바와 같이 바람직한 행동과 상충하는 장애물이나 의견에 직면한다고 하더라도 자신의 행동을 실천으로 옮길 수 있는 능력을 의미한다. 이는 문제사태에 대한 창의적인 도덕적 판단이나 도덕적 열정, 의지만을 가지고 효과적인 도덕적 행동을 하지 않을 가능성을 배제하기 어렵기 때문이 매우 중요하다(오기성 외, 2012: 29-34).

IV 직업윤리의 의미

천직 의식이 있다면 모든 직업은 위대한 것이다.

-올리버 웬델 홈즈(Oliver Wendell Holmes) 2세

근로를 단순히 수확의 들을 가는 쟁기로만 알아서는 안 된다. 그것은 동시에 우리들의 들판을 개척하는 귀중한 쟁기이다. 건강하게 일하는 동안 우리의 심신은 강화되며, 마음에 번식한 여러 가지 사악의 잡초 뿌리가 뽑힌다. 그리고 그곳에 행복과 기쁨의 씨앗이 뿌려져 춘하추동을 두고 무성하게 꽃이 피고 열매를 맺게 되는 것이다.

-파스칼(Blaise Pascal)

1. 사 례

〈패치 아담스(Patch Adams)〉(1998)에서 불행한 가정환경과 사회에 적응하지 못하는 자신을 비관해 자살까지 시도했던 아담스는 스스로 정신병원에 입원해 문제를 해결해 보고자 한다. 병원 생활 도중 그는 서로의 문제에 귀를 기울일 줄 아는 동료 환자들을 통해 웃음과 남을 돕는 일이 최고의 치료법임을 깨닫고, 의사가 되기로 결심한다. 동료 환자가 붙여 준 패치(반창고)로 이름까지 바꾸고 2년 뒤 버지니아 의대의 늦깎이 신입생이 된 아담스는 병원 곳곳을 돌아다니며 환자들에게 웃음을 선물해 준다.

헌터 아담스(로빈 윌리엄스)는 불행한 가정환경에서 자라나 자살 미수로 정신병원에

감금된다. 삶의 방향을 잃고 방황하던 그는 정신병원의 동료 환자로부터 영감을 받고 '상처를 치유하다'라는 의미의 '패치(PATCH)'라는 별명을 얻으면서 새 인생을 시작한다. 그의 꿈은 사람들의 정신적 상처까지 치료하는 진정한 의사의 길에 있다. 버지니아 의과대학에 입학한 괴짜 의대생 패치는 3학년이 되어서야 환자를 만날 수 있다는 규칙을 무시하고 아이디어와 장난기로 환자들의 마음까지 따뜻하게 치유하려고 환자들을 몰래 만난다. 이 사실을 알게 된 학교측은 몇 번의 경고 조치를 내린다. 그러나 그는 아랑곳하지 않고 산 위의 허름한 집을 개조하여 의대생 친구들과 함께 소외되고 가난한 이들을 위한 무료 진료소를 세운다. 그러나 의사 면허증 없이 진료 행위를 한 것이 학교측에 발각된다. 설상가상으로 패치와 진실한 사랑을 나누던 동급생 캐린(모니카 포터)이 정신이상 환자에게 살해당하는 사건까지 발생한다. 인간에게 환멸을 느낀 패치는 모든 것을 포기하고 자살하려 하지만 생명의 진리를 깨닫고 다시 의사의 길에 의욕을 불태운다.

그러나 고지식하고 권의적인 월컷 학과장은 패치에게 퇴학처분을 내리고, 주립의학협회에 제소한다. 위원회는 학칙을 어겼지만, 그의 열정과 학업 성적을 인정하여 마침내 패치는 졸업을 하게 된다. 졸업 후에 12년간 패치는 의료 행위를 계속했고, 1만 5천 이상의 환자에게 무료 치료는 물론, 어떤 의료사고도 일으킨 적 없다. 패치는 버지니아 서부에 105평방미터의 땅을 구입하여 현재 게준트하이트 병원을 건설 중에 있다. 현재까지 1천여 명에 이르는 의사들이 그와 합류하기 위해 대기 중에 있다.

영화 〈패치 아담스〉에서 주인공 패치 아담스는 의사이지만 전혀 딱딱하지 않다. 권위주의적이지 않다는 이야기이다. 그의 차림새는 영락없는 광대다. 그가 의사로서 가진 유일하지만 특별한 무기는 바로 웃음이다. 아담스는 자신의 웃음으로 환자들을 치료한다. 영화는 패치 아담스를 통해 병원이 근엄한 의사들의 숙소가 아니라 환자들의 것이란 사실을 일깨워 준다. 그 배경에는 의사들의 권위주의에 대한 신랄한 조롱과 풍자가 숨겨져 있다.

그러나 패치 아담스에게 유머라고 하는 부드러움만 있고, 의사로서의 실력과 학식이라는 딱딱함이 결여되어 있다면 우리는 패치 아담스를 진정한 의사라고 부를 수 없을 것이다. 인간에게는 뼈가 있고 살이 있다. 딱딱함과 부드러움이 함께 존재한다. 실력과 인간성, 딱딱함과 부드러움이 겸비될 때 우리는 비로소 한 인간의 진정한 권위를 말할 수 있을 것이다. 권위는 남에게 군림함으로써 나오는 것이 아니라 사랑과 존중에서 상대방으로부터 자연스럽게 흐른다.

반면, 아프리카 수단의 톤즈에서 나눔의 삶을 살았던 수단의 슈바이처 이태석 신부의 이야기를 담은 〈울지마 톤즈〉(2010)는 다른 누군가를 위해 자신의 모든 것을 희생하면서도 사랑을 주고자 했던 그의 삶을 통해 희망을 엿보게 되는 다큐멘터리이다.

남부 수단의 톤즈는 국제 구호 전문가들 사이에서도 가장 열악한 곳으로 널리 알려진 곳이다. 이태석은 톤즈에 들어간 최초의 한국인이었다. 2001년 로마 교황청에서 사제 서품을 받고 톤즈에 온 이태석 신부는 내전과 질병과 절망의 땅 톤즈에 부임하여 그 땅에 새로운 희망을 심기 시작했다. 그는 톤즈 사람들의 아픈 마음과 몸을 치료하는 의사이면서 동시에 그곳에 학교를 세우고 아이들을 가르치는 교사였다. 그는 내전의 틈바구니에서 소년병으로 끌려갔다 돌아온 상처 입은 아이들 손에 총 대신 악기를 들려 주고 그들만의 브라스밴드를 조직한 지휘자였으며, 병원과 학교를 지은 건축가이기도 했다.

고 이태석 신부는 미지의 땅 수단의 톤즈에서 슈바이처라 불리며 수많은 업적을 남겼다. 오랜 내전과 가난, 질병으로 얼룩진 톤즈 사람들에게 그는 유일한 의사였고, 선생님이었으며, 친구이자, 아버지였다. 자기 자신을 희생하며 그가 선물한 사랑은 모든 것이 메마른 땅 톤즈에 희망의 씨앗을 심어 주었다. 이태석 신부는 대장암으로 투병 중이던 때에도 톤즈로 돌아가 해야 할 일들을 걱정하였다. 톤즈 사람들은 영원히 눈물로 그를 기억할 것이다.

세상에 '조건 없는 사랑'이 있을까? 영화나 꿈 속에 나올 법한 이야기인지도 모른다. 부모님의 사랑이 '조건 없는 사랑'이라고들 많이 이야기하지만, 이 영화는 '조건 없는 사랑'에 대한 진정한 의미를 다시 한 번 생각해 볼 수 있게 된다. 조건 없이 누군가를 사랑한다는 것, 자신을 희생하며 진정한 사랑의 가치를 보여 준 이태석 신부는 짧지만 진정으로 아름답게 세상을 떠나신 분이다. 사람이 꽃보다 아름답다는 말이 이런 것이 아닐까?

이태석 신부는 그저 톤즈의 사람들이 불쌍해서 동정심으로 그들을 바라보지 않았다. 아프리카의 더러운 물에도 스스럼없이 같이 들어가고 그들과 친구가 되어 주었다. 안타깝게도 어떤 어려움이 닥쳐도 그들과 함께 있어 주겠다는 약속은 결국 지키지 못했다. 그러나 이태석 신부의 죽음은 더 많은 사람들에게 뜨거운 마음을 심어 주었다.

전쟁으로 피폐해진 아이들의 마음에 음악이라는 새로운 바람을 넣어준 이태석 신부는 음악을 전공한 적이 없는 의사이다. 그러나 독학으로 음악을 공부하여 아이들 하나하나에게 악기를 가르치고 브라스 밴드를 만들어 준다.

일시 귀국했던 이태석 신부는 톤즈로 돌아가지 못했다. 그리고 그는 그 병마로부터 자신을 지키지 못했다. 2010년 1월 14일, 톤즈의 사람들을 죽음에서 구해냈던 의사 이태석은 자신의 육신에 깃든 종양을 이기지 못하고 마흔여덟 짧은 생애를 마감한다.

그의 부음을 전해 들은 톤즈 브라스밴드는 마을을 행진한다. 밴드의 선두에 선 소년들은 이태석 신부의 사진을 들고 눈물을 흘렸다. 사진 속에서 활짝 웃고 있는 이태석은 마치 아이들이 연주하는 사랑과 평화의 하모니 속에서 부활한 예수 같았다고 한다.

그는 먼저 의사가 되었고, 뒤에 신부가 되었다. 그는 아이들의 마음에 꿈과 희망을 불어넣어 주었다. 자신의 전공을 살려 수많은 이들의 질병을 치료해 주기도 했던 이태석 신부의 위대한 생은 돈을 벌기 위해 의사의 길을 선택하는 무수히 많은 이 땅의 의사들에게 경종을 울려 준다(오기성 외, 2011: 120-123).

위와 같이 단순히 병을 의학적 지식을 빌어 치료하는 의사가 아니라 환자들의 마음까지 따뜻하게 치유하는 의사, 의사의 권위는 남에게 군림함으로써 나오는 것이 아니라 사랑과 존중에서 상대방으로부터 자연스럽게 흐른다는 진리를 체득하고 실천하는 의사, 사람들의 아픈 마음과 몸을 치료하는 의사이자 사람을 가꾸는 의사로서 패치 아담스와 이태석 신부의 삶이 우리에게 보여주는 직업윤리란 어떤 것일까?

2. 활 동

자신의 진로 역할 모델을 선택하기 위해서는?

① 자기 자신을 정확하게 알아야 한다.

자기 자신에 대한 이해가 필요하다. 자신의 역량에 대해 친구, 부모님, 선생님으로부터 평가받아야 한다. 내가 잘하는 것과 좋아하는 것을 알고 있어야 한다.

② 닮고 싶은 사람을 선택해야 한다.

진정으로 닮고 싶은 사람을 찾아야 한다. 한 사람이 아니라 여러 명을 후보로 올리고, 그리고 한 사람 한 사람 분석해야 한다. 그 사람의 생활을 볼 수 있다면 관찰하고, 책이 있다면 읽고 분석해야 한다. 만남을 통해 이야기를 나눠보고 진로 역할 모델을 '내가 되고 싶은 사람'으로 인정하면서 나의 기대 수준을 조정해야 한다. 고 노무현 전 대통령이 인생의 역할 모델로 삼았던 링컨을 닮기 위해 만날 수는 없었지만, 그에 대한 책을 읽고 발자취를 밟아 보려고 했던 노력은 한권의 책(노무현이 만난 링컨)으로 쓰였다.

③ 진로 역할 모델도 계속 성장한다.

초등학교 시절에 정한 진로 역할 모델에 대한 자신의 생각이 고등학생이 되었을 때 다른 관점으로 접근하게 되기도 한다. 동일한 대상이라고 해도 내가 성장하는 만큼 진로 역할 모델을 바라보는 관점과 이해하려는 노력이 달라져야 한다. 적극적으로 역할 모델을 연구하고 끊임없이 자기 자신을 자극시켜야 한다.

④ 진로 역할 모델을 선택했다면 그와 같이 실천해야 한다.

사람들이 성공학 관련 서적들을 열심히 읽어도 성공하지 못하는 경우가 대부분이다. 대부분 성공에 대하여 알고는 있지만, 철저하게 실행하지 않기 때문이다. 진로 역할 모델을 선택했다면 닮으려는 노력을 철저하게 해야 한다.

나의 진로 역할 모델 찾기

• 내가 본받고 싶은 진로 역할 모델을 찾아 적어보자.

이전의 나의 모습	
내가 본받고 싶은 성공한 인물	
선정 이유	
내가 본받고 싶은 생각	
본받아야 하는 행동	
본받아야 할 점	

• 나의 생활태도를 변화시킨 책 속의 인물을 찾아 적어보자.

이전의 나의 생활모습	
도서명/ 영화명(인물)	
영향을 준 내용	

진로 역할 모델을 선정하기 위해 과거 우리 역사에서 훌륭한 업적을 남긴 역사적 인물들의 삶의 궤적을 보는 것은 유용하다. 역사적 인물들의 인생행로를 보면, 71쪽의 표에서와 같이 9가지로 분류된다. 그러나 이러한 역사적 인물의 분류는 한 인물이 갖는 성격이 다양하여 하나의 분류척도로 잴 수 없기 때문에 강제적으로 분류한 것이라고 할 수 있다.

먼저 우리가 자신이 지닌 능력에 대하여 회의를 갖고 있을 때, 인간이 갖는 무한한 능력을 발휘한 역사적 인물들이 어떻게 진로를 개척하였는지 알아봄으로써 스스로 능력의 가능성을 일깨울 수 있다. 이러한 인물들의 예는 ① 세종대왕(한글창제), ② 광개토대왕(민족의 영역 확대), ③ 이순신(난국을 극복한 장군), ④ 원효대사(불교 사상의 융합), ⑤ 대조영(발해의 창건), ⑥ 근초고왕(백제의 중흥), ⑦ 을지문덕(수나라의 침략을 이겨냄), ⑧ 김유신(삼국통일의 공훈), ⑨ 이황(조선 유학의 기반 마련), ⑩ 단군(민족의 시조) 등을 들 수 있다.

경영능력이 뛰어난 최고경영자(chief executive officer: CEO)와 같은 역사적 인물들은 미래를 내다보고 조직을 구성하여 이끌고 나가는 힘을 가졌다. 이 부류의 역사적 인물들은 ① 정조대왕(조선 왕권의 강화), ② 진흥왕(신라 영역의 확대), ③ 장수왕(고구려의 전성기를 이룸), ④ 왕건(고려의 창업), ⑤ 이성계(조선의 창업), ⑥ 정도전(조선창업의 공신), ⑦ 김구(상해 임시정부 주석), ⑧ 김홍집(초대 내각 총리대신), ⑨ 성왕(백제 영역의 확대), ⑩ 김춘추(신라 진골 출신 왕) 등이다.

강인한 도전정신을 가지고 진로를 개척한 인물들도 있다. 대표적인 인물로는 ① 김정호(우리지도 제작), ② 우장춘(육종학의 개척), ③ 김홍도(조선 풍속화가), ④ 최무선(화약의 제조), ⑤ 지석영(종두의 실시), ⑥ 방정환(아동문화의 보급), ⑦ 장보고(신라 해양 개척), ⑧ 주시경(한글학자), ⑨ 허준(조선 의학자), ⑩ 백남준(현대 비디오 아트 창시자) 등이 있다.

무에서 유를 창조하고 어떠한 장벽에도 굴하지 않은 입지전적 인물들은 ① 우륵(가야금을 만든 신라 음악가), ② 정주영(현대의 기업가), ③ 장영실(조선 노비출신 과학자), ④ 장승업(조선 화가), ⑤ 나운규(일제기 영화인), ⑥ 나혜석(최초의 여성 서양화가), ⑦ 최승희(근대 무용가), ⑧ 박연(조선 문신, 음악이론가), ⑨ 설총(신라, 이두체계의 창시), ⑩ 신재효(조선의 판소리 작가) 등이다.

올바른 직업관과 직업윤리를 구현한 역사적 인물들은 ① 정몽주(고려의 정치가), ② 황희(조선의 문신), ③ 이이(조선의 사상가), ④ 맹사성(조선의 재상), ⑤ 유형원(조선 실학자), ⑥ 최영(고려말 명장), ⑦ 이종무(고려말 왜구 토벌), ⑧ 박문수(조선 문신, 어사), ⑨ 서희(고려의 외교가), ⑩ 박제상(신라의 충신) 등이다.

투철한 국가관과 자기희생적 인물은 ① 유성룡(임란 때 국방 및 민심 수습), ② 공민왕(반원정책의 주도), ③ 계백(백제의 장군, 황산벌 전투), ④ 흑치상지(백제부흥의 주도), ⑤ 이승훈(근대 실업가, 교육가), ⑥ 박은식(근대 역사학자, 언론인), ⑦ 강감찬(고려 명장, 귀주대첩), ⑧ 권율(조선 명장, 행주대첩), ⑨ 민영환(한말문신, 순국지사), ⑩ 최익현(조선말 문신, 학자) 등이다.

우리나라 역사상 동시에 다양한 직업(multi-job)을 가진 인물들이 많다. 그 예로서, ① 정약용(조선의 학자 문신, 발명가), ② 강희안(조선의 문신, 학자, 화가), ③ 김부식(고려 문식, 역사가), ④ 김정희(조선 서화가, 금석학자), ⑤ 최치원(신라의 학자, 문장가), ⑥ 문익점(고려 문신, 목화 수입), ⑦ 일연(고려 승려, 역사가), ⑧ 신숙주(조선의 문신, 학자, 외교), ⑨ 김종서(조선의 문신, 장군, 학자), ⑩ 거칠부(신라 귀족, 학자, 명장) 등이다.

고도의 전문성을 추구한 인물들은 대단히 많다. 그 중에서 예를 들면, ① 김대성(불국사 창건), ② 혜초(신라 승려, 왕오천축국전), ③ 김인문(신라 장군, 외교가), ④ 이제마(조선 한의학자), ⑤ 이규보(고려말 문인, 학자), ⑥ 김시습(조선의 소설가), ⑦ 박지원(조선 실학자, 소설가), ⑧ 을파소(고구려 명재상), ⑨ 의천(고려 승려, 천태종), ⑩ 석주명(박물학자) 등이다.

은퇴 후에도 직업활동을 전개한 역사적 인물들은 ① 강백년(조선 문신, 청백리), ② 최승로(나말여초 재상, 문신), ③ 최충(고려문신, 해동공자), ④ 이승휴(고려 문신, 예술가), ⑤ 이언적(조선 성리학자), ⑥ 이제현(고려 문신, 서예가), ⑦ 변계량(여말선초 관인문학가), ⑧ 김인후(조선 성리학자), ⑨ 안향(고려 문신, 학자), ⑩ 안정복(조선 실학자, 역사가) 등이다(경기대학교, 2006: 48-50).

〈표 Ⅳ-1〉 모델링 가능한 역사적 인물

구분		범위	모델링 목적
1.	인간의 무한능력을 증명한 인물들	• 인간능력의 한계를 초월한 능력 • 역사적으로 국가에 긍정적인 변혁을 일으켜 국가적 틀을 변화시킴 • 세계적인 업적을 기록	세종대왕, 광개토대왕, 이순신, 원효대사, 대조영, 근초고왕, 을지문덕, 김유신, 이황, 단군 등
2.	경영능력이 뛰어난 최고경영인적 인물들	• 미래를 예측하는 능력 • 새롭게 조직을 구성하거나 조직의 이익을 위하여 의사결정을 하는 능력 • 이끌고 나가는 역동적 힘을 가짐	정조대왕, 진흥왕, 장수왕, 왕건, 이성계, 정도전, 김구, 김홍집, 성왕, 김춘추 등
3.	도전적인 진로를 개척한 인물들	• 엄격한 신분사회에서 신분을 극복하여 개인적 성공을 추구 • 좌절하지 않고 진로장벽을 극복 • 신분을 파괴하면서 자신의 진로를 개척 • 그 시대에 용납되지 않은 분야로 도전	김정호, 우장춘, 김홍도, 최무선, 지석영, 방정환, 장보고, 주시경, 허준, 백남준 등
4.	무에서 유를 창조한 입지전적 인물들	• 성공하기 위하여 어떤 고난을 해쳐나가는 정신 • 시대적 통념을 깨고 직업적 자유를 선언한 자세 • 세상에 없는 것을 개발하여 실용화하는 자세	우륵, 정주영, 장영실, 장승업, 나운규, 나혜석, 최승희, 박연, 설총, 신재효 등
5.	올바른 직업관과 윤리관을 구현한 인물들	• 직업에서 요구하는 직업윤리를 준수 • 직무에 충실함을 굽히지 않음 • 직무를 수행할 때 투철한 정신으로 임함	정몽주, 황희, 이이, 맹사성, 유형원, 최영, 이종무, 박문수, 서희, 박제상 등
6.	투철한 국가관의 자기희생적 인물들	• 홍익인간 구현 • 국가 이익 추구에 전념 • 일생을 국가를 위하여 활동 • 늘 국가를 위한 마음으로 세상을 바라봄	유성룡, 공민왕, 계백, 흑치상지, 이승훈, 박은식, 강감찬, 권율, 민영환, 최익현 등
7.	동시에 다양한 직업(multi-job)을 구현한 인물들	• 동시에 다양한 직업을 병행 • 일생동안 다양한 분야에서 두각을 나타냄 • 한 가지 일에 만족하지 않고 새로움을 탐구하는 자세	정약용, 강희안, 김부식, 김정희, 최치원, 문익점, 일연, 신숙주, 김종서, 거칠부 등
8.	고도의 전문성을 추구한 인물들	• 뛰어난 솜씨 • 솜씨를 전수하여 인력양성 • 도제정신이 투철 • 혼이 깃든 제품 생산 • 실명화에 의한 생산품 보증 • 끊임없는 탐구	김대성, 혜초, 이제마, 이규보, 김시습, 박지원, 을파소, 의천, 석주명, 김인문 등

9.	은퇴 후 직업활동을 전개	• 은퇴 후에 자신에 대하여 철저히 관리 • 정년이 지난 후에도 일에 종사 • 정년 후에 후배양성에 매진	강백년, 최승로, 이승휴, 이제현, 변계량, 김인후, 이언적, 안정복, 안향, 최충 등

출처: 경기대학교, 재직근로자의 직업윤리의식 조사(서울: 노동부, 2006), pp.48-50.

3. 내 용

1) 직업윤리의 의미

인간들 사이의 관계를 규제하는 삶 일반의 윤리가 존재하듯이 인간이 선택하는 직업에도 윤리가 존재한다. 물론 직능과 직분이 사람에 따라 다르듯이 직업윤리도 직업이나 직능에 따라 각기 다를 수 있다. 그러나 직업윤리가 특수한 면을 가지고 있다고 해서 갑이라는 직업에서 덕이라고 불리는 것이 을이라고 하는 직업에서 부덕이라고 불릴 정도로 상호 배타적일 수는 없다. 예컨대, 상인이 지켜야 할 덕목인 신용은 군인이나 교사, 변호사에게도 필요한 덕목이고, 사실은 모든 사람들과 직업인에게 없어서는 안 되는 인간 일반의 덕이다. 단지 그 덕이 발현하는 방식이 직업에 따라 같지 않을 뿐이다. 상인이나 의사와 교사에게서 발양되어야 할 신용의 방식이 조금씩 다르게 되어 있을 뿐이다. 모든 사람들과 직업인에게 없어서는 안 되는 인간 일반의 덕으로서 신용이 앞서 살펴본 도덕성(Moralität)과 관련을 갖는 개념이라면, 신용이 발현하는 방식에 따라 다를 수 있는 측면은 도덕(Moral) 개념과 관련된다고 하겠다.

신용에 관해서 이렇게 말할 수 있는 것처럼 인간의 삶에 있어서 필요한 다른 모든 덕목들, 예컨대 인내, 용기, 근면, 정직, 절제, 공평, 성실, 친절, 관용, 염치 등에 대해서도 이렇게 말할 수 있다. 모든 직업윤리는 그 안에 모든 덕목을 포함하고 있는 것이다. 또 직업윤리는 서로 독립하거나 서로 이질적이거나 배타적일 수 없다. 그러므로 직업윤리는 일반적인 삶의 윤리를 포용하고 있는 것이다. 왜냐하면 직업인도 직업인이기에 앞서 한 사람의 인간이며 인간 일반의 윤리를 지킬 수밖에 없기 때문이다. 따라서 직업윤리는 직업생활에서 나타나는 행동이나 태도의 옳고 그름이나 선과 악을 체계적으로 구분하는 판단기준을 의미한다(이상철·김대군, 2001: 131).

그러면 직업윤리가 각각 다르다든가 특수성을 가지고 있다는 것은 무엇을 의미하는 것인가? 우리는 여기서 직업의 특수성과 윤리의 보편성에 관해 고려해 보지 않을 수 없다. 직업윤리가 직업에 따라 다르다고 하는 것은 직업의 특수성에서부터 오는 성질의 것이지 윤리의 특수성으로부터 유래하는 것은 아니다(진교훈, 2003). 특수한 각각의 직능을 완수하기 위해서 그리고 직능이 다르기 때문에, 어떤 덕목을 일차적으로 좀 더 중시할 수 있다. 이것이 결국 직업윤리의 특수성을 형성한다.

그러므로 우리는 다음과 같이 생각해도 좋을 것이다. 직업윤리와 일반윤리는 체(體)의 관점에서 보면 그 본질에 있어서 서로 다른 것이 아니지만, 용(用)의 관점에서 보면 같은 것이 아니다. 다시 말해 직업을 통하여 실행하게 되는 실천윤리는 각기 다를 수 있는 것이다.

어떤 사람이 오랫동안 어떤 전문적인 특수한 직종에 종사하게 되면 다른 직업에 종사하는 사람과 다른 가치판단을 할 수도 있다. 그래서 어떤 직업적인 기질이나 분위기를 강하게 나타내게 된다. 이렇게 되면 같은 직업에 종사하는 사람들에게는 별 문제가 없지만, 다른 직업에 종사하는 사람들에게는 호감을 받을 수 없게 되는 경우가 많다. 그러나 우리는 분업 시대에 살면서 자기의 직업을 통하여 인간성 일반을 심화시킬 수밖에 없으며, 직업윤리를 통해 일반 윤리를 구체적으로 실현할 수밖에 없다. 그것은 우리가 과일을 맛볼 때 과일 일반을 맛본다는 것이 실제로 불가능한 것이며, 반드시 특정한 과일–예컨대, 사과나 배나 포도 등–을 맛볼 수밖에 없는 것과 같은 이치라고 할 수 있다. 그러나 동시에 우리는 사과 맛이나 포도 맛을 과일 맛이라고 할 수 있지만, 과일 일반의 맛이 포도나 사과 맛과 동일하다고 말할 수는 없다. 그러므로 우리는 특수한 직업윤리를 일반화해서는 안 된다. 이를테면 군인의 윤리 하나만으로 사회의 모든 실천 윤리가 확립될 수 없고, 확립시키려고 해서도 안 된다.

사회는 군인만으로도 노동자만으로도 성립되지 않는다. 따라서 어떤 특수한 직업윤리를 일반화하거나 부당하게 월경하는 것은 사회의 건전한 질서를 교란시키고 조화롭고 평화로운 사회 질서를 혼란하게 만드는 것이 된다(오기성 외, 2011: 43-45).

다른 한편 직업윤리 자체도 두 가지로 나누어 설명될 수 있다. 하나는 진로일반의 윤리, 즉 어떠한 직업에서도 요구되는 행동규범을 말하며, 다른 하나는 특정한 직업이 사회의 역할분담적 입장에서 가져가야 할 행동규준인 특수직업의 윤리이다. 그러나 개인의 관점에서 보자면, 개인은 갈등을 일으키는 기제로서의 사회적 현실성(social reality)에 대한 어떤 관점을 필요로 하며 그들 관점들 사이에서 사회가 전통적으로 직업에게로 돌리는 사회적 의미의 모든 유형의 의미들(meanings)이 직업윤리(career ethics)이다. 즉, 일에 직면하여 사회적 규준과 노동의 가치가 개인 또는 사회적 현실성 체계에 연관을 제공하는 구조가 직업윤리이다. 이러한 윤리는 서로 다양한 갈등들과 협력관계에서 공존한다. 서로 다른 이들 윤리관들이 점차로 다른 것을 이해하려고 하지만 갈등은 항상 남아있다. 이는 사회참고 틀의 구조 안에서의 개인에 대한 그리고 사회에 대한 투자자본 때문이다. 윤리는 변화하여 새로운 윤리들 또는 반대되는 윤리들을 유도할 것이다(이용우, 2000; 경기대학교, 2006: 7).

우리가 만일 '모든 직업인은 각자 자기가 맡은 직무에 투철한 사명감과 책임감을 가지고 그것을 충실히 수행해야 한다.'고 하면, 그것은 모든 직업인에게 요구되는 '직업일반의 윤리'가 될 것이며, '농민은 무엇보다도 근면해야 하고, 상인은 정직해야 하야 한다.'는 등의 표현을 하면 이는 그 직업에서 강조되어야 할 윤리 즉, '직업별 윤리'라고 할 수 있다. 이와 같이 일반적으로 요구되는 직업윤리와 세부적인 직업별 직업윤리가 있다.

경제생활이나 직장생활과 관련하여 보면, 직업윤리란 생활에 필요한 경제력을 얻기 위하여 인간이 실행하는 직업활동에서 인간이 지켜야 할 행위규범으로 정의할 수 있다. 여기에서 직업윤리란 관리자들이 노동자들에게 요구하는 것일 뿐 아니라 노동자들이 권리이기도 하고, 노동자들이 상호 간에 요구하게 하는 것이기도 하다. 동시에 여기서 윤리란 도덕적 가치 이론이나 체계라는 일반적 의미가 아니라 전문직 윤리라는 의미에 보다 가까운 협소한 범위를 갖고 있다. 이러한 관점에서 직업윤리는 먼저 다른 사람들이나 직업을 둘러싼 환경과의 윤리적 갈등을 깨닫고 해결할 수 있는 틀을 사람들에게 제공하여 개인의 직업 만족을 높이고 계속적이고 생산과 고용을 촉진하는 데 기여한다(장홍근 · 한상근, 2006: 187).

2) 영화 〈시빌 액션(Civil Action, 1995)〉을 통해 보는 법조인의 윤리

1979년, 미국 매사추세츠 주에 위치한 작은 마을 이스트 워번에서 산업폐기물에 의한 지하수 오염이 발견된다. 이후 그 마을에서 많은 백혈병 환자가 발생하고, 병으로 목숨을 잃는다. 어린 아들을 잃은 앤 앤더슨은 이 환경오염으로 인한 비극의 공식적인 책임소재를 묻기 시작한다. 그 결과 자신이 살고 있는 마을에 위치한 대기업 베아스트리스 식품(Beastrice Foods)과 그레이스(W. R Grace & Co.)사의 공장폐기물이 그 원인임을 의심하게 된다.

주로 협상으로 소송을 종결해 가며 합의금을 받아내는 것이 전문이었던 개인 상해 전담 변호사 잰 슐릭먼과 그의 소규모 법률 사무소는 이 대기업을 상대로 소송하는 사건을 우연히 맡게 되었다. 그러나 자신들의 상대는 슐릭먼의 법률사무소와는 비교도 안 되는 보스톤의 대규모 법률사무소의 노련한 변호사 제롬 패처와 윌리엄 치즈먼이었다.

패처는 배심원의 판단을 거쳐 최종 판결을 받아내기보다는 중간에 합의를 통해 사건을 종료시키려 한다. 그러나 의뢰인인 앤 앤더슨은 돈이 문제가 아니고, 제대로 된 책임규명을 원한다는 입장을 취함으로써 슐릭먼과 그의 동료들을 곤란하게 한다. 한편, 대형 로펌을 상대하는 잰의 법률사무소는 마을 주민 대부분이 관련업체의 직원이었던 까닭에 증인을 내세우는 데 불리했고 과학적인 증거자료 수집에 소요된 엄청난 비용부담 때문에 거의 파산 직전에 가 있던 상태였다. 승산이 보이지 않는 소송에

지친 잰의 동료들은 더 이상은 못하겠다며 잰의 곁을 떠난다. 이러한 상황에서 잰은 선택의 기로에 서게 된다. 그러나 워번의 오염된 강물을 바라보던 잰은 그가 가지고 있던 모든 것을 버리고 이 사건에 승부를 위해 인생을 건다.

이 영화의 원작은 실화를 바탕으로 작가 조나단 하가 쓴 논픽션 소설 『A Civil Actions』으로, 미국 법과대학에서 강의 보조 교재로도 활용할 만큼 실제 민사소송에서의 사건 진행과정을 잘 보여주고 있다. 실제 9년간이나 이 사건에 매달려야 했던 슐릭먼 변호사는 포르쉐를 몰며 한때 잘나가다가 막대한 소송 준비 비용 때문에 파산보호 신청까지 해야 했다고 한다. 현대의 복잡한 소송에서는 자본과 기술을 갖추어야 사건에서 승소할 수 있다는 일종의 '벤처사업'과 같은 속성을 지니게 되었다는 사실을 잘 그린 수작이다.

〈시빌 액션〉은 기본적으로 변호사를 주인공으로 하는 법정드라마 장르의 외양을 띠고 있다. 그러나 정의감에 불타는 젊은 신출내기 변호사가 등장해 갖은 고초를 겪은 후 '불의와 음모에 맞서 결국에는 정의가 승리'함을 보여주는 통상적인 법정드라마와 다르다. 이 영화는 현실 속에서 법적 절차와 정의가 종종 불화함을 시사한다. 여기서 주인공은 본래부터 '정의'를 금지옥엽처럼 떠받들었던 인물도 아니며, 마지막에 '승리'를 얻어내지도 못하는 모습으로 그려진다.[1)]

워번 소송은 개인 상해사건 분쟁소송을 주로 맡아 왔던 슐릭만의 소규모 법률회사(변호사가 고작 3명에 불과한)와 미국 내에서 가장 규모가 크고 권위 있는 두 개의 법률회사(각각 수백 명의 변호사를 거느린)가 서로 맞붙은, 그야말로 다윗과 골리앗의 싸움이라 할 만한 법정투쟁이었다. 이 대결에서 슐릭만의 법률회사는 파산 직전에 이를 때까지 가능한 모든 자원을 쏟아부었음에도 불구하고 그 몇 곱절의 돈을 퍼부은 그레이스와 베아스트리스 사를 법정에서 단죄하는 데 실패했고, 그레이스 사로부터만 800만 달러의 합의금을 받아내는 데 그치고 말았다. 이후 조사를 통해 1심 재판 당시 중

1) 이외에 법조인이 등장하는 영화 관련 내용은 홍승진, 법으로 읽는 영화, 영화로 읽는 법-2009년 중앙행정기관 법제업무 담당자 법률교육 자료집 참조.

요한 증거가 은폐되었음을 알게 된 슐릭만은 비어트리스 식품에 대한 무혐의 판결에 항의해 항소법원, 대법원에까지 상고해 보았지만 무위로 돌아갔다.

그러나 영화의 에필로그에도 나오듯이, 1990년대 들어 미 환경보호청(EPA)이 그레이스와 비어트리스 양사에 대해 소송을 제기하여 해당 공장을 폐쇄하고 향후 50년간 워번 지역의 오염을 정화하는 비용으로 6,940만 달러를 분담하는 합의를 이끌어 냈다. 결국 수십 년간에 걸친 워번 주민들의 노력은 절반의 성공을 거둔 셈이 되었다.

진실이 희생자 쪽에 있고 용기 있는 변호사와 전문가들이 뛰어든다고 문제가 쉽게 해결되는 것은 아니다. 진실을 덮어 보려는 거대한 회사들은 돈으로 회유하고 힘으로 협박한다. 다행히도 영화에 나타난 공장폐기물 사건은 모두 희생자들의 진실이 밝혀지는 쪽으로 결말이 났다. 거대한 회사들은 거액의 배상금을 물어야 했고 책임을 져야 하는 사람들 여럿이 감옥에 갔다.

한편 〈시빌 액션〉은 소송 천국 미국 법정의 실상을 잘 보여주는 영화이다. 이 영화의 원작 역시 같은 제목의 논픽션으로 미국 법체계를 이해하는 좋은 기회를 제공한다. 하지만 로펌은 그 스스로를 위해 존재하지 않으며 누군가를 대변하는 존재이다. 로펌이 필사적으로 대변하는 존재는 미국이라면 대기업 또는 독점기업일 테고 한국이라면 재벌일 것이다. 영화 〈시빌 액션〉에서 대기업은 그 실체가 감춰져 있고 로펌들의 대결만 묘사되고 있지만 그 행간에는 그들이 대변하는 대기업의 행태를 엿볼 수 있다.

거액을 챙기게 된 변호사가 몰락하는 계기는 돈보다 책임을 요구했기 때문이다. 환경문제에 대한 대기업의 책임을 명시하고 재발 방지를 위한 교육에 돈을 지불하라는 요구를 하는 순간 '얼마면 되겠니?' 화기애애하던 분위기는 종결된다. 거대 로펌의 모든 테크닉이 동원되는 치열한 법정 다툼과 누구 자금이 더 풍족할까를 통해 서로에 대한 치열한 공격이 이루어진다. 정의를 들먹이던 변호사는 결국 파산하고 거리로 내몰린다. 대기업을 대변하는 관록의 로펌 변호사가 '법정에서 정의를 찾다가는 끝도 없는 나락으로 떨어질 것'이라 충고하는 모습은 법조계의 비윤리적 측면을 분명히 보여 주는 것이기도 하다(오기성 외, 2014: 118-120).

3) 『프로테스탄트 윤리와 자본주의 정신』에 나타난 직업윤리

전통주의를 극복하는 근대자본주의의 경제의식을 설명하는 데는 두 가지 학설이 있다. 하나는 근대자본주의는 합리적 · 금욕적 경제윤리에 의하여 영리를 획득하는 것을 특징으로 한다고 주장하는 베버 · 트뢸치 등의 학설이며, 다른 하나는 인간의 자주적 의욕에 따라 끊임없이 영리욕을 추구하는 것이 자본주의 정신이라고 주장하는 좀바르트 · 브렌타노 · 토니 등의 견해가 그것이다.

좀바르트는 경제사를 수요충족과 영리라는 기본원리에 의하여 구별하고, 수요충족을 전통주의의 의미로, 영리를 추구하는 사회를 자본주의사회로 규정하였다. 반면 베버는 근대자본주의 정신이 프로테스탄트의 직업윤리를 계승하였음을 밝히고, 자본주의 정신의 본질은 직접노동으로 인하여 육체적 쾌락을 희생하는 금욕적 · 윤리적 활동이라 하였다.

이 밖에도 베버는 자본주의정신은 영리획득의 행위를 생활윤리 · 경제윤리화하며, 노동하여 생산하는 것을 인생의 의무로 생각하고, 엄격한 규율에 의하여 천민자본주의 및 집단적 이기주의를 극복하고 보편적 경제원칙을 밝히려는 경제윤리라고 하였다. 또한 금욕주의적 직업윤리, 즉 개인의 쾌락과 영예를 희생시키면서 엄격한 규율과 조직 밑에서 직책에 헌신하여 전문인이 되는 것을 요구한다고 하였다. 여기에서는 베버의 『프로테스탄트 윤리와 자본주의 정신』을 중심으로 서양 직업윤리의 기초를 살펴보고자 한다.

베버에 의하면, 자본주의 정신이 가진 가장 중요한 특징은 기업가의 경제 행위에 높은 윤리적 의미를 제공한다는 것이다. 즉, 기업가는 영리행위를 단순히 '밥벌이' 수단으로 보는 것이 아니라, 인간으로서 자신의 윤리적 가치와 존엄성을 확인해 주는 행위로 간주한다는 것이다. 한 마디로 말해 자본주의 정신은 기업가로 하여금 자신의 경제행위를 하나의 '소명'(Beruf)[2]으로 여기도록 한다.

그래서 자본주의 정신은 기업가에게 '끝이 열린' 개방적인 태도를 부과하며, 부단히 결단을 내리고 새로운 혁신을 도입하고 지속적으로 '계산'하도록, 즉 '쉼 없이 활동하도록' 요구하는 것이다. 따라서 이렇게 하기 위해 기업가는 자신의 삶 전체에 대해 하나의 '체계적인' 태도를 취하지 않을 수 없다. 이런 태도의 표현이 바로 근검절약과 부지런함, 계산성과 계획성, 금욕주의, 신용축적 등의 덕목이다.

기업가는 자본증식에 필요한 지속적인 계산과 적응능력, 혁신적 태도를 갖고 있기 때문에 고용과 경쟁자를 포함한 모든 타인과의 관계를 냉정하게 할 수밖에 없다. 그는 공동체의식이나 인간적 연대감에서가 아니라 객관적이고 즉물적이며 사물적인 시각에서 인간을 보게 되며 그래서 철저히 '개인주의적' 인간으로 된다.

기업가는 목적합리성을 가지고 행동함으로써 자신의 상황을 제어하고 자신의 행동결과를 통제해야 하는 것이다. 결국 자본주의 정신에 순응한다는 것은 곧 목적합리성을 엄격히 실현함을 뜻한다. 그러나 자본증식 또는 자본 극대화가 모든 기업가의 활동에 합리적 기준을 제공해 주는 궁극적 목적인 것이 사실이지만, 이 목적 자체는 합리적이지 못하며 또 합리적 정당화의 대상이 되지도 않는다.

이런 관점에서 볼 때 자본주의 정신이 요구하는 합리성은 부분적이고 역설적이다. 자본주의적 행위를 전통적 행위 또는 '건전한 상식'과 비교해 보면 그 역설은 여실히 드러난다. 전자는 그 주체가 기업가이든 생산자이든 이윤이나 임금의 지속적인 증가보다는 넓은 의미의 삶의 여유를 선호한다. 그래서 자신의 생활 조건에 만족하고 있다면, 생산자는 임금이 높아질수록 더 많이 일하는 것이 아니라 더 적게 일하게 된다.

그러나 자본주의 정신은 이러한 전통적 가치관의 자리에 지속적 노동과 이윤증대를 목적으로 여기도록 만드는 가치관을 들여 놓는다. 실제로 자본주의는 전통적인 경제보다 더 합리적인 체제로 보이지만, 사실은 하나의 비합리적인 욕구, 자본의 지

2) 베버의 Beruf는 신으로부터 인간에게 부여된 천직을 단순히 하는데 속하는 일이 아니라 이 세상에 속하는 것이며, 신을 위해라기보다는 이 세상에 속하는, 즉 이웃과 공동체에 대한 봉사의 개념이 강하게 담겨 있다; 배영기, 직업윤리교육론(서울: 배영사, 1990), p.63.

속적 축적에 의해 지배당하고 있다. 바로 이것이 베버가 『프로테스탄트 윤리와 자본주의 정신』에서 제기하는 문제의 핵심인, '합리적' 자본주의 정신의 근저에 깔린 비합리적 요소이다.

베버는 이 비합리적 요소의 가장 중요한 자원을 그 당시의 종교적 조건들(결정요인)에서 찾았다. 베버에 의하면 행위규범의 틀을 규정하는 윤리관(자본주의 정신도 여기에 속한다)의 뒤에는 우주에서의 인간의 위치, 삶의 궁극적 의미에 대한 견해 등 인간의 실존적 문제에 대한 가정들이 숨어 있는데, 이런 문제들은 전근대사회의 경우 종교의 소관 사항이었다.

베버는 초기 자본주의 발전이 가진 역사적인 특수상황에 각별히 주목했다. 종교개혁 시기는 세속적 쾌락이나 성공에만 전념하는 인간들로 가득한 시기가 아니라, 오히려 열렬한 종교적 열정을 가진 사람들이 다수를 이루는 시기였다. 따라서 자본주의 정신이 사회적 기반을 얻기 위해서는 대중의 이러한 종교적 열정에 어떻게든 상응할 수밖에 없었다. 이것은 그 당시 비판의 대상이었던 구교가 아니라 신교, 즉 프로테스탄트와의 접목을 통해 이루어졌을 개연성이 크다.

베버는 자본주의 정신의 종교적 뿌리가 될 수 있었던 후보로 가톨릭, 가톨릭수도원 제도, 프로테스탄트 종파들을 지목하면서 각각의 종교가 가진 신앙의 구조와 자본주의 정신과의 연관성을 상세히 검토했다. 이 과정에서 베버는 루터가 '소명' 또는 '직업' 개념의 도입을 통해 근대 직업관의 윤리적 기초를 형성하는 데 크게 기여했음을 인정하지만, 자본주의 정신의 가장 주요한 뿌리는 결국 칼뱅주의라는 결론을 내린다.

여기서 베버가 제시하는 칼뱅주의[3]의 교리 가운데 신도들의 윤리적 태도에 특별

---

3) 칼뱅주의 사상의 핵심을 요약해보면, ① 이 세상을 창조하고 그것을 통치하지만, 인간의 유한한 생각으로는 이해불가능하고 접근할 수 없는 절대적인 초월적 하나님이 존재한다. ② 이 전능하고 신비로운 하나님은 우리 한 사람 한 사람을 구원 아니면 영원한 저주를 받도록 미리 예정하셨으며, 우리가 탄생하기 전에 이미 내려진 하나님의 명령을 우리의 노력으로서는 변경할 수 없다. ③ 하나님은 당신 자신의 영광을 위해 세상을 창조하셨다. ④ 인간은 구원을 받건 영원한 저주를 받건 하나님의 영광을 위해서 일을 하며 땅 위에 하나님의 나라를 창조할 의무를 갖는다. ⑤ 세상사, 인간성 및 육체는 죄와 죽음의 질서에 속하고 구원은 오직 하나님의 은혜를 통해서만 사람에게 올 수 있다; 레이몽 아롱, 이종수 역,

히 영향을 미친 것으로는 첫째, 칼뱅주의는 다른 어느 프로테스탄트 종파보다도 신의 초월성을 각별히 강조하는 교리를 가지고 있다는 점이다. 이 교리에 의하면 신의 의지가 세계 존재의 유일한 근원이고, 신의 영광을 증대하는 것이 우리 존재의 유일한 근거이다. 이 교리는 신이 세계 및 인간의 운명에 절대적 지배권을 가졌다고 상정한다. 둘째, '구원예정설'은 신의 초월성에서 출발한다. 신은 자의적으로 또 변경 불가능하게 개개인의 구원 혹은 저주 여부를 이미 결정해 놓았다는 것이다.

베버에 의하면 칼뱅주의의 이 두 가지 독특한 교리, 즉 신의 초월성과 개개인의 구원예정설은 서로 결합하여 신도들의 실존적 자세 및 윤리적 원칙에 하나의 독특하고 적극적이며 금욕주의적 성격을 부여한다.

당시 신도들은 구원에 대한 지속적이고 애타는 관심을 가졌으며 구원의 증거에 대한 치열한 욕구는 자신의 운명에 대한 체념이나 무관심이 아니라 심대한 불안감을 낳았고, 신도들은 이 불안감으로부터 자신을 해방시켜 줄 수 있는 적절한 일상적 행동 및 사고 양식을 찾지 않을 수 없었다. 『프로테스탄트 윤리와 자본주의 정신』의 여러 곳에서 그리고 다른 저작에서 베버는 이 행동양식을 '현세적 금욕주의'라고 표현하였다.

이러한 칼뱅주의의 금욕적 직업윤리 사상은 중세 신학자들이나 그들의 선조들이 노동이나 직업을 기독교 교리나 신앙생활과는 무관한 세속적인 것으로 생각한 것에 대해서 노동의 의무야말로 자연의 윤리인 동시에 질서의 핵심이라고 강조하게 된다(홍치모, 1980; 배영기, 1990). 또한 노동이나 직업을 갖기보다는 사색을 중요시하는(Scholasticism) 풍조에 대해서 노동과 직업이 기독교인의 삶과 엄격히 관련되어 있다는 사실을 일깨워 주었을 뿐만 아니라 복음이 노동을 하나님의 일에 참여하는 것으로 이해하고 있음을 강조했다. 특히 칼뱅주의의 직업윤리 사상은 절제와 금욕의 직업정신을 심어 주었다. 또한 다른 사람들의 노동을 남용하거나 그들을 착취하는 것도 죄악이라고 생각했다.

사회사상의 흐름(서울: 기린원, 1988), pp.510-511.

칼빈은 게으름은 소외된 인간의 한 형태로 보고 “하나님의 축복이 일하는 자의 손에 있다. 하나님은 분명히 게으른 자가 빵을 먹는 것을 저주하신다”고 하면서 “다른 사람들의 땀에 의지해서 살아가면서 인류에게는 조금도 도움을 주지 않는 자는 아무짝에도 쓸모없는 인간들”이라고 질타했다. 동시에 인간은 직업을 통해서 완전히 하나님에게 복종할 수 있고, 직업이 없이는 인간다워질 수 없다고 보았다.

그러면 이러한 현세적 금욕주의와 자본주의 정신은 어떻게 서로 조응하는가? 근대 자본주의적 기업의 목적은 단순한 일회적 잉여가치의 생산이나 특정한 이윤율에 대한 만족이 아니라, 이윤의 지속적이고(적어도 원칙적으로는) 무한정한 ‘극대화’이다. 이런 성향은 칼뱅주의의 소명관과 연관될 수 있다. 왜냐하면 구원의 증거를 확인하려는 칼뱅주의의 신도는 어떤 특정한 상황을 궁극적인 것으로 수용하거나 그것에 순응하는 것이 아니라, 현실을 자신의 역동적인 개입을 통해 지배하고 개조할 수 있는 ‘끝이 열린’ 실천의 장으로 보기 때문이다.

현세적 금욕주의자가 자신의 행동에 의한 결과물을 즉각적으로 향유하지 않고 억제하는 성향은, 기업가가 증가된 이윤을 자신의 욕구충족을 위해 직접적으로 소비하는 것을 포기하고 자본증식을 위해 지속적으로 재투자하는 행동과 연계된다. 현세적 금욕주의 윤리는 욕구의 체계적인 조율을 통해 소비, 특히 사치성 소비를 억제하고 이윤추구를 조장한다. 이러한 ‘금욕적인 저축 강박관념’이 자본축적에 유리한 태도임은 자명하다.

베버는 자본주의 정신과 현세적 금욕주의의 관계는 논리적으로 필연적인 관계라기보다는 ‘선택적 친화력의 관계’라고 본다. 다시 말하여 프로테스탄트 윤리가 ‘자본주의 정신’을 의도적으로 창출해 낸 것이 아니라 오히려 이 자본주의 정신이 종교개혁의 ‘의도하지 않은’ 결과인 것이다(오기성 외, 2011: 143-147).

4) 직업윤리와 창의성 · 인성

중국에서 살고 있는 남다른 기억력을 가지고 태어난 암기 천재가 한낱 범죄자로 전락했다. 중국 쓰촨성 청두에 사는 ○○○는 최근 절도 혐의로 경찰에 붙잡혔다. 2년 넘게 남의 현금카드나 신용카드를 훔쳐서 몰래 돈을 빼내다가 꼬리가 밟힌 것이다. 영자신문 차이나 데일리에 따르면 ○○○가 이렇게 훔친 돈은 총 3,600만 원이 넘는다. 그는 돈의 대부분을 유흥비로 흥청망청 썼다. 유죄가 확정될 경우 최대 5년 징역형에 처한다. ○○○의 주변인들은 그가 범죄를 일으키기 전까지 착실한 생활을 했다고 입을 모았다. 실제로 컴퓨터 수리공이었던 ○○○는 지금껏 사소한 범법행위도 하지 않고 성실하게 살았다. 그런 그가 범죄를 일으키기 시작한 데는 남다른 암기력 때문이었다. 한 번 본 숫자를 몇 년 동안 잊지 않을 정도로 탁월한 기억력을 가진 ○○○가 이 능력을 범죄에 악용하기 시작한 것이다.[4) 이러한 사례들이 주는 의미는 무엇일까?

궁극적으로 좋은 교육이란 바람직한 인성을 토대로 새로운 가치를 만들어 낼 수 있는 사람을 많이 길러내는 데 중요한 목적을 두어야 할 것이다. 한 마디로 말해 교육은 창의적이면서도 바람직한 인성을 지닌 윤리적인 인간을 길러내야 한다.

따라서 이러한 인성교육을 통해 건전한 인성을 함양함으로써 자라나는 세대들은 협동적이고 정직하며 성실한 도덕적 삶을 통해서 창의인재로서 거듭날 수 있다. 창의성은 바람직한 인성, 도덕성의 안내를 받아야 성공적으로 달성될 수 있다. 유능하고 창의적이지만 정직하지 않고 타인이나 공동체에 해를 끼쳐 실패하고 좌절한 인재가 존재하는 경우를 볼 때, 교육은 학습자들이 유능하고 창의적이면서 동시에 정직하고 진심으로 남을 배려할 줄 알고, 이를 실천할 수 있는 능력을 함양해야 한다.

이러한 창의성과 인성의 관계는 직업윤리, 예컨대 윤리경영에서 양자의 바람직한 만남 형태를 관련시켜 보면 보다 의미가 명백해질 수 있다. 창의성과 인성을 겸비한 경영과 관련하여 영화 〈와호장룡〉을 통해 제시한 심상훈의 '경영의 고수는 마진에 집착하지 않는다'는 매우 의미가 깊다(심상훈, 2007).

---

4) 한국일보, 2001. 1. 19; 서울경제, 2005. 7. 14; 쿠키뉴스, 2007. 9. 16; 나우뉴스, 2010. 5. 25 참조.

심상훈은 영화 〈와호장룡〉이 싸움에서 언제나 불패하는 것이 최고가 아님을 영화 속 주인공인 당대 최고의 검객 리무바이(주윤발)를 통해서 보여주고 있다고 파악한다. 이를 경영에 비유하자면 고객과의 관계에서 '지는 것'이 나중엔 '이기는 것'이나 마찬가지라는 진리와 맞닿는다. 이 진리는 장사에도 그대로 통한다. 따라서 영화에서 옥대인의 딸 용(장쯔이)이나 사악한 스승 파란여우는 영원한 패자로 전락할 수밖에 없다. 리무바이와 그의 여자 친구 수련(양자경)이 영원한 승자로 관객에게 각인되는 이유는 바로 이러한 차이 때문이다. 무협의 세계나 경영의 최전선의 고수는 똑같은 모습이다. 관객이 원하면 무엇이든 '기꺼이' 들어주는 귀를 갖고 있다. 그래서 감독은 영화 속의 주인공 리무바이와 수련에게 시종일관 '들어주는 그림'을 만들어 냈던 것은 아닐까.

또 영화는 '배려'가 최고의 검술이자 상술이라는 사실을 관객의 가슴이 뭉클하게끔 심는다. 또한 '승자와 패자의 차이점'이 무엇인지를 잔잔하게 보여주고 있다. 패자는 혼자서 싸운다. 하지만 승자는 다르다. 승자의 주변엔 '도와주는 손'이 항상 존재한다. 파란여우와 용이 사제지간임에도 불구하고 이들은 스승과 제자답지 못하거나 불행하고 고독한 모습으로 영화에서 그려지고 있다. 이와 반대로 리무바이와 수련의 주변에는 '도와주는 손'이 항상 존재한다.

영화에서 나오듯 주인공 리무바이가 용과 싸움에서 청명검을 빼앗아 흐르는 계곡물 속으로 던진 이유는 무엇인가. 진정한 의미에서 무의 최고봉은 집착에 있는 것이 아니라 '버림의 미학'에 있기 때문은 아니었을까. 장사에 있어서 청명검은 '마진'일지 모른다. 마진에 집착하고 이익에 집작해서는 고객을 계속 감동시키고 단골을 만들 수 없다.

문제는 초심이다. 초심의 진정성을 바로 세워야 어떤 장사든지 간에 고수로 성공하는 것은 아닐까. 단골은 다름아닌 '도와주는 손'을 지닌 고객일 것이다. 불과 2년 만에 여의도의 유명 식당으로 자리 잡은 '창고'나 일산 국립암센터 앞에 일식집 '아소산', 그리고 경북 대구에서 꽤나 유명한 중국집 '연경반점'이 크게 성공한 이유는 진정성 때문이다. 이 진정성은 영화의 압권이자 명장면 '대나무 숲의 결투'로 비유할 수 있다. 패자인 용은 거의 신경질적으로 대나무 숲(도와주는 손)을 칼로 툭툭 끊는다. 그러나 당대 최고의 검객 리무바이는 대나무 숲과 하나가 된다. 누가 대나무이고 누가 리무바이인지 알 수 없을 정도로. 최고의 장삿집도 그렇다. 누가 주인인지 도무지 알 수 없다. 종업원과 사장을 구분하기가 어렵기 때문이다.

가장 나쁜 마케팅은 '변명과 핑계'로 일관하는 경영주와 종업원의 말투다. 함부로 말할수록 또 고객을 가르치려는 말투, 그런 장사는 정말 바람직하지 않다. 결국, 장사를 끝내는 망치게 만들 것이다. 가장 좋은 마케팅은 '만족'을 뛰어넘는 '감동'에 있다. 고객만족은 비용부담만 높아진다. 반면, 고객감동을 추구하면 비용부담은 낮아진다. 고객은 누구나 '사소함'에 감동하게 마련이다. 사소함은 우정에서 나온다. 구체적으로 사소함이란 '작은 배려'다. 가격을 낮추면 고객을 일시적으로 만족시킬 수 있다. 그러다가 가격을 더 낮춘 경쟁자가 나타나면 고객은 금세 떠나게 마련이다. 따라서 창업자는 제 살 깎는 손해만 본다.

우정을 바탕으로 한 신뢰를 제공하라. 신뢰를 지속적으로 제공하면 고객은 가격에는 그다지 민감하게 반응하지 않는다. 진정성과 우정에 배신하고 싶지 않기 때문이다. 우정은 제대로 된 친구의 태도가 아니면 참으로 얻기 어렵다. 그러나 고객의 입장에서 생각하면 우정을 쌓는 게 그렇게 어려운 일은 아니다. 폭우가 쏟아지는 날, 계산대에서 출입문만 보는가. 그럴 시간이 있다면 몇 장의 수건을 밥통에 올려 데울 일이다. 비에 젖은 고객은 수건에서 전해지는 따스한 온기(우정)에 감동할 수밖에 없다.

이러한 논의를 토대로 심상훈은 우선 고객을 이기려 들지 말 것을 주문한다. 고객이 무리한 요구를 한다고 해서 맞선다면 단골을 만들 수 없다. 고객에게 지는 것이 진정 이기는 것(단골을 만드는 법)이다. 어느 한정식집 여사장은 구두가 없어졌다고 고객이 투덜거리면 새로 구두를 사 준다. 그분의 얘기에 의하면 뒷날 미안해서인지 다른 고객을 모시고 온다고. 구두를 잃어버리지 않도록 장치를 마련하든가 아니면 고객의 기분이 상하지 않도록 잽싸게 대처하는 것이 진정한 서비스이다. 고수는 도와

주는 손인 단골을 만들지만 하수는 마진에 집착한 나머지 단골을 스스로 끊어버린다. 이게 고수와 하수의 극명한 차이라고 한다.

다음으로 마진에 욕심내지 말라고 한다. 더 많은 이익을 얻으려고 재료의 단가를 낮추고 서비스의 질을 낮춘다면 단기간에는 마진을 올릴 수 있지만 고객의 신뢰가 무너져 단골을 잃게 된다. 재료가 나쁜데 주방장이 좋은 맛을 낼 수 없다. 음식장사도 대를 잇는 경우가 꽤 있다. 1대 창업자 시절에는 정말 잘 나갔는데 2대 시절에는 고객의 발길이 뚝 끊기는 경우가 종종 발생한다. 왜 그럴까? 못 배운 아버지는 정직하게 장사했지만 MBA 출신의 아들이 사장이 되면 원가와 계산에 밝아지기 때문이다. 욕심은 마진에 낼 것이 아니라 더 나은 서비스 제공에 초점을 맞추어야 한다. 리무바이는 진정한 고수기에 청명검을 버렸다. 그러나 용은 어땠는가. 청명검에 집착하지 않았나. 비즈니스에서 욕심은 마진이 아니라 고객이어야 한다. 고객에게 욕심을 내면 마진도 자연히 생겨난다.

이러한 창의성과 인성을 겸비한 경영은 곧 윤리경영(moral management)과 맥을 같이 한다고 볼 수 있다. 윤리경영은 경영활동의 옳고 그름을 구분해 주는 규범적 기준을 사회의 윤리적 가치체계에 두는 경영방식을 의미한다.

윤리경영을 보다 분명하게 이해하기 위해 다음과 같은 세 가지의 범주로 접근할 수 있다(이상민 · 최인철, 2002). 첫째 '비윤리경영(immoral management)'은 기업윤리는 물론 기업의 이윤추구를 위해 법과 제도마저도 장애물로 간주하는 전근대적인 경영행태로 최근에는 거의 존재하지 않는다. 둘째는 '초윤리경영(amoral management)'으로 이러한 기업들은 경영과 윤리는 전혀 별개의 영역에 서식하는 개념이므로 합법의 테두리 내에서는 어떠한 행동을 해도 좋다는 입장을 취한다. 윤리를 기업경영의 외적 요인 중 하나로 선정하고 "어떻게 하면 기업윤리와 관련된 문제가 발생하지 않을까", "만약 윤리적인 문제가 발생한다면 어떻게 대응할까"라는 리스크 관리 차원에서 기업윤리의 문제를 접근한다. 끝으로 '윤리경영(moral managemnet)'은 기업이 적법의 테두리를 넘어 입법의 취지와 사회통념까지도 감안하여 기업윤리를 준수하는 경영방식이다.

예를 들어, 법적 책임이 없어도 사회의 윤리적 기준과 상충하면 사회가 요구하는 윤리기준을 선택하는 경영방식이다. 이들 기업에 있어 윤리는 이윤과 마찬가지로 기업이 추구해야 할 중요한 목표 중의 하나이다. 현실세계에서는 초윤리경영의 입장을 취하는 기업과 경영자가 가장 많다. 따라서 이들을 윤리경영의 영역으로 이동시키는 작업이 기업윤리의 과제라고 할 수 있다. 윤리경영이 추상적인 구호에 그치지 않고 실제 경영진의 의사결정이나 사원들의 행태에 영향을 주는 경영과정의 일부로 정착되기 위해서는 윤리강령, 윤리경영을 실현하기 위한 일상적인 감독조직 운영, 기업윤리 준수를 위한 반복적인 교육이 병행되어야 한다. 이러한 윤리경영에 기초하여 기업의 창의성이 발양될 때 기업은 이익을 창출한다(오기성 외, 2011: 28-35).

2

직업윤리의 실제

인성과 직업윤리

I 근로윤리

원만한 직업생활을 위해 직업인이 갖추어야 할 직업윤리 중에서, 일에 대한 존중을 바탕으로 근면하고 성실하며 또한 정직하게 업무에 임하는 자세인 근로윤리가 매우 중요하다. 근로윤리를 실천하기 위한 덕목에는 여러 부문이 있겠지만, 여기에서는 '근면', '정직', '성실'의 입장에서 살펴보고자 한다.

학습목표

일반 목표

근면하고 정직하며 성실하게 업무에 임하는 태도가 무엇인지 살피고 이를 바탕으로 직업윤리를 실천한다.

세부 목표

1. 직업생활에서 근면한 태도가 주는 효용에 대해 설명할 수 있다.
2. 직업생활에서 정직한 행동의 사례를 말할 수 있다.
3. 직업생활에서 성실한 자세의 중요성을 설명할 수 있다.

주요용어

근면, 정직, 성실

1. 근면한 태도

위대한 일을 고안하는 것은 천재이고, 이를 성취하는 것은 근로다.
- 지멜(Georg Simmel)

미래는 일하는 사람의 것이며, 권력도 일하는 사람에게 맡겨진다. 게으름뱅이에게 권력이 맡겨진 일은 없다. - 칼 힐티(Carl Hilty)

1) 사례

주지하듯이 근면성을 얘기할 때 빼놓을 수 없는 사람이 에디슨이다. 에디슨은 오직 근면성과 집념으로 위대한 발명가가 되었다. 자동중계기, 투표기록기 등을 발명한 이래 끊임없는 노력의 결과로 전신기, 전송기, 축음기, 백열전등, 영화촬영기 등 1천 가지가 넘는 물건을 발명하여 특허를 받았다. "모든 일은 노력 99%와 영감 1%로 이뤄진다."는 말은 에디슨의 근면성을 잘 나타낸다. 스코틀랜드에서 태어난 철강왕 카네기 역시 끈질긴 근면성으로 사업에 성공했다.

그렇다면 우리 한국인의 근면성은 어느 정도이며, 직장생활에서 얼마나 중요시될까? 우리가 우리자신을 평가하며 자화자찬하기 이전에 객관적 관찰자로서 외국의 유명인사들, 예컨대 쿠바의 지도자 카스트로와 세계적인 석학이자 문명비평가인 기 소르망(Guy Sorman)을 통해 한국인의 근면성의 현주소를 알아보자.

1959년 집권 이후 카스트로가 권력을 2006년 이양한 후 국가평의회 의장으로서 2006년 8월 쿠바 내 현대중공업 공사현장을 방문해 "한국인의 근면성을 배우라. 일본보다 빠르고 믿음직하다"며 한국인에 대해 깊은 애정을 나타낸 것으로 전해졌다. 현대중공업에 따르면 카스트로 의장은 7월 11일 오후 민바스 기초공업성 장관 등과 함께 쿠바의 수도 아바나에서 이동식 발전설비 설치공사를 하고 있는 현대중공업의 공사 현장을 찾아와 한국 기술자들에게 "한국이 좋다"고 여러 차례 밝힌 후, 수행한 자국 정부 관계자들에게는 "한국인의 근면성과 적극성을 배우라"고 지시했다고 알려지고 있다.1)

또한 2011년 1월 21일 기 소르망 프랑스 파리정치대 교수는 울산시 동구 서부동 현대예술관 대공연장에서 '글로벌 경제시대 어떻게 경쟁력을 유지할 것인가'를 주제로 현대중공업의 직원 대상 교양강좌를 가졌다. "한국은 글로벌시장에서 많은 경쟁우위 갖고 있습니다." 아울러 기 소르망 교수는 "한국이라는 나라가 발전하는 데 중요한 근간이 되고 잣대가 되는 것은 바로 한국인의 근면성"이라 말했다.2)

그렇다면 우리 국민들은 근면성과 관련하여 우리의 장점을 무엇으로 보고 있을까? 2015년 3월 조선일보 창간 95주년 특집 여론조사에서 우리나라 국민의 장점으로 가장 많이 꼽힌 것은 근면성, 인내심, 인정(人情), 단결력, 예의 등이었다. 지난 1995년 한국갤럽 조사와 비교해 보면 근면성이 계속 1위에 위치하고 있음을 알 수 있다. 2~3위였던 인정과 예의의 순위가 하락한 반면 인내심과 단결력의 순위는 상승했다.

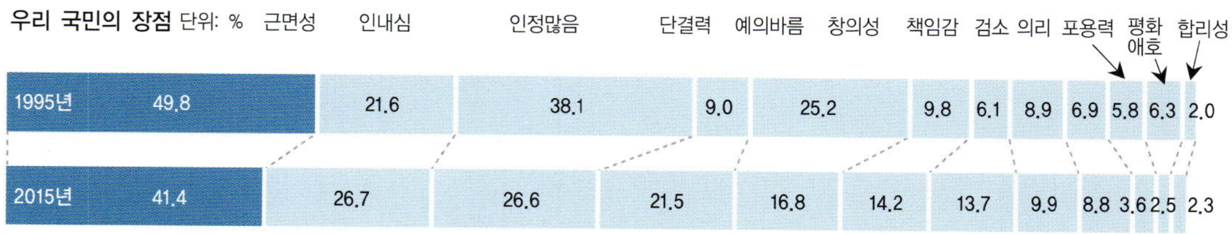

출처: 1996년 한국갤럽, 2003년 ISSP, 2015년 미디어리서치 조사

이번 조사에서 우리나라 국민의 장점을 두 개씩 선택하도록 한 결과, 근면성을 꼽은 응답자가 41.4%로 가장 많았다. 다음은 인내심(26.7%), 인정(26.6%), 단결력(21.5%), 예의(16.8%) 등 2~5위 응답 비율의 차이는 크지 않았다. 그 뒤는 창의성(14.2%), 책임

1) 카스트로 "한국인의 근면성 배우라" 한겨레, 2006. 8. 14.
2) 기 소르망, 현대중공업 직원교양강좌 '글로벌 경제시대' 특강, 울산신문 2011. 1. 23.

감(13.7%), 검소(9.9%), 의리(8.8%), 포용력(3.6%), 평화 애호(2.5%), 합리성(2.3%) 등의 순이었다.[3] 그렇다면, 왜 이렇게 거의 20여년 동안 우리 국민들은 장점으로서 근면성을 선정하고 있는 것일까?

2) 활동

(1) '토끼와 거북이'와 근면성

'공든 탑이 무너지랴?' '거지도 부지런해야 더운밥을 얻어먹는다.' '로마는 하루아침에 이뤄지지 않았다!' 같은 속담의 공통점은 무엇일까? 이들 속담은 어떤 뜻을 갖고 있을까? 초등학생 시절에 즐겨 읽었던 '토끼와 거북이'의 이솝우화를 보면서 생각해 보자.

> 옛날에 토끼와 거북이가 살았습니다. 어느 날 거북이가 엉금엉금 기어가고 있었습니다. 토끼가 깡충깡충 뛰어왔습니다.
>
> 토끼가 "거북아, 느림보 거북아. 나하고 경주할까?"라고 말했습니다. 그러자 거북이도 "그래, 하자."며 당당하게 대답했습니다. 그래서 토끼와 거북이는 경주를 하게 됐습니다.
>
> 토끼가 "저 쪽 산 위에 나무까지 누가 빨리 도착하는지 경주하는 거야, 어때?"라고 말하자 거북이도 "좋아, 먼저 도착하는 쪽이 이기는 거야!"라고 답했습니다.
>
> 드디어 경주가 시작됐습니다. 누가 이기겠습니까?
>
> 토끼는 깡충깡충 뛰었습니다. 앞에서 빨리빨리 뛰었습니다. 거북이는 엉금엉금 기어갔습니다. 느릿느릿 꾸준히 기어갔습니다. 토끼는 거북이가 보이지도 않을 만큼 저 만치 멀리까지 빠르게 뛰었습니다. 토끼는 뛰어가다가 뒤를 돌아다보았습니다. 거북이가 아직 뒤에서 느릿느릿 기어옵니다.
>
> '여기에서 낮잠이나 자고 가야지.' 하고 토끼는 낮잠을 쿨쿨 잤습니다. 한참 자고 일어난 토끼는 거북이를 찾았습니다. 거북이가 산 위로 올라갔습니다. '아차, 너무 잤구나!' 싶은 토끼는 땀을 뻘뻘 흘리면서 뛰어갔습니다. 거북이가 "만세!"를 불렀습니다. 경주에서 이겼습니다.

---

3) 한국인 장점, 근면성(41.4%)이 1위… 20년前보다는 8%p 줄어, 조선일보 2015. 3. 5

거북이는 "잠꾸러기 토끼님, 깡충깡충 뛰어서 빨리 빨리 오세요."라며 노래를 불렀습니다. 토끼는 땀을 뻘뻘 흘리면서 뛰어왔습니다. 그러자 "토끼야, 내가 이겼지?"라고 거북이가 말했습니다.

※ 교훈은 무엇일까요? 논란의 여지가 많지만, 인터넷에 게시된 글을 일정 부분 수정하여 소개합니다.

첫째, 도전하지 않고 승리할 수 없다. 당신이 거북이라면 질 것이 뻔한 이 경주를 받아들이겠는가? 대부분 사람들은 이런 불공정한 경쟁을 용납지 않을 것이다. 그러나 거북이는 이런 도전을 받아들였고 불가능에 도전하여 승리할 수 있었다.

둘째, 자신과의 싸움에서 이겨라. 거북이는 토끼가 저만치 먼저 뛰어갔음에도 불구하고 경주를 포기하지 않았다. 왜냐하면 거북이에게 진정한 경쟁자는 토끼가 아니라 자기 자신이었고, 스스로와의 싸움을 하고 있었기에 토끼가 앞서간다는 것은 그에게 별 문제가 되지 않았다. 이처럼 자기 자신과 싸우며 끊임없이 갈고 닦는 자만이 진정한 승리를 맛볼 수 있지 않을까?

셋째, 게임의 법칙을 바꾸어라. 우화에 등장하지는 않지만, 만일 토끼가 재신청한다면 거북이는 어떻게 해야 할까? 이미 자만으로 패배를 경험한 토끼가 또 그런 실수를 범하지 않을 것이다. 그렇다면 거북이는 승리할 가능성이 없어진다. 그렇기에 이때 거북이는 토끼의 도전을 받아들이면서도 토끼와 거북이에게 모두 공정한 방향으로 게임의 법칙을 바꿀 수 있는 지혜가 필요하다. 종목을 2개로 하여 하나는 바다에서 수영, 다른 하나는 육지에서 달리기로 바꾸어 제안하는 것이다.

참고: http://1986s.tistory.com/73

(2) 게으름 테스트

내 자신이 얼마나 근면한 태도로 생활을 영위해 나가는지 알아보는 역발상적 방법은 게으름 정도를 체크해 보는 것일 것이다. 아래 문항에서 해당되는 것에 체크해 보고 그 결과를 산출해 보자.

1. 아프지도 않은데 하루 종일 누워서 TV만 시청한 적이 종종 있다.
   있다 (1점)○　　　없다 (0점)○　　　모르겠다○
2. 집에 혼자 있을 때 식사준비가 번거로워 한 끼 정도는 굶어 본적이 종종 있다.
   있다 (1점)○　　　없다 (0점)○　　　모르겠다○

3. 전화와도 움직이기 귀찮아, 시끄러운 벨 소리를 참아내며 받지 않은 적 있다.
   있다 (1점)○ 없다 (0점)○ 모르겠다○
4. 방학이나 연후 때 삼일동안 머리를 감지 않고 버틴적이 종종 있다.
   있다 (1점)○ 없다 (0점)○ 모르겠다○
5. 칫솔질이 귀찮아 그냥 자거나, 껌으로 대신한 적이 많다.
   있다 (1점)○ 없다 (0점)○ 모르겠다○
6. 발가락으로 선풍기나 리모콘을 작동시킨 적이 있다.
   있다 (1점)○ 없다 (0점)○ 모르겠다○
7. 내 방바닥에 머리카락이 엉켜서 굴러다닌 적이 있다.
   있다 (1점)○ 없다 (0점)○ 모르겠다○
8. 책상 위에 너무 많은 물건이 놓여져 있어서 책상 바닥이 보이지 않을 때가 있다.
   있다 (1점)○ 없다 (0점)○ 모르겠다○
9. 친구 이메일에 답장을 미루다가 결국 못쓴 적이 있다.
   있다 (1점)○ 없다 (0점)○ 모르겠다○
10. 잠을 열시간 이상 잔적이 종종 있다.
    있다 (1점)○ 없다 (0점)○ 모르겠다○
11. 두 세 시간밖에 안걸리는 숙제를 계속 미루다가 결국 밤새 한 적 있다.
    있다 (1점)○ 없다 (0점)○ 모르겠다○
12. 약속시간에 맞추어 집을 나가야 하는데, 그 시간까지 누워 있다가 꼭 조금씩 늦는다.
    있다 (1점)○ 없다 (0점)○ 모르겠다○
13. 일기에 "오늘도 시체놀이를 했다"가 적을 수 있는 전부다.
    있다 (1점)○ 없다 (0점)○ 모르겠다○
14. 집에서 주스를 마실 때, 컵을 쓰기 귀찮아서, 그냥 들고 마신다.
    있다 (1점)○ 없다 (0점)○ 모르겠다○

15. 쪽지시험 공부를 해야 하는데, 벌받을 것을 알면서도 그냥 베짱으로 학교에 간적이 있다.
있다 (1점)○ 없다 (0점)○ 모르겠다○

16. 내게 새로운 일이 일어나는 것은 정말 피곤하다.
있다 (1점)○ 없다 (0점)○ 모르겠다○

17. 방학 때 한 번도 집밖에 나간 적이 없던 날이 있었다.
있다 (1점)○ 없다 (0점)○ 모르겠다○

18. 책가방을 늘 등교 전에 챙긴다.
있다 (1점)○ 없다 (0점)○ 모르겠다○

19. 벗어놓은 옷이 늘 구석에 쌓여있다.
있다 (1점)○ 없다 (0점)○ 모르겠다○

20. 책상 위에 항상 마시던 컵이 다음날까지 놓여있다.
있다 (1점)○ 없다 (0점)○ 모르겠다○

출처: 휴한의원 테스트 자료실: http://biopapa.com/

3) 내용

(1) 인생에 있어 근면(勤勉)의 의미

인간은 단번에 완성된 전체를 이루어낼 수 있는 초월적 존재인 신이 아니기 때문에 모든 일을 한꺼번에 전체를 아우른다는 것은 누구도 해낼 수도 없고 있을 수도 없는 일이다. 아무리 간단한 일이라 해도 순서대로 한 가지씩 착수하여 이루어갈 수 밖에 없는 것이 인간의 능력의 한계이다. 따라서 이루고자 하는 일의 목표에 착실하게 한 계단씩 오르게 하여 결실을 맺게 하는 추진력을 갖추는 것은 바로 차분하게 꾸준히 하나씩 일을 마무리해내는 지구력이 몸에 배어 있는 생활태도이다. 이 같은 성실한 생활태도를 근면성이라 한다.

이러한 근면에 대한 해석은 근면의 어원에서 찾을 수 있다. 근면의 근(勤, 부지런할 근)자는 '어려움(堇)에 처하지 않기 위해 힘(力)으로 일을 부지런히 하다'는 뜻이다. 면(勉, 힘쓸 면)자에 들어가는 면할 면(免)자는 아이를 낳는 모습으로, '아이를 낳을 때 힘(力)을 쓴다'는 의미이다. 따라서 근면(勤勉)이란 '부지런히(勤) 힘쓰다(勉)'는 뜻이 된다. 따라서 자신이 목표로 세운 일에 대해 나태하지 않고 최선을 다해 이룰 수 있도록 노력하는 것이 바로 근면이라고 할 수 있을 것이다.

근면은 단순히 주어진 일, 성취하고자 하는 일에 최선을 다하여 바람직한 결과를 내는 것만이 아니다. 무엇보다 근면은 자신의 삶에 창조적 가치를 성공적으로 창출해내는 절대적 원동력을 부여하는 에너지원이다. 오늘날 우리가 누리고 있는 모든 성취의 결과는 차분하게 꾸준히 한 단계씩 쌓아간 근면 성실한 생활태도인 근면성이 이루어낸 결실이다. 하지만 지나치게 많은 것을 동시에 이루기를 원한다면 근면성은 길러질 수가 없다. 근면성을 기르는 태도는 지나치게 많은 것을 동시에 이루기를 원하는 것이 아니라, 꾸준히 성실하게 한 단계씩 쌓아 올라가는 생활태도인 것이다(최수호, 2006).

인간이 오늘날과 같은 문화생활을 영위하게 된 것은 오직 열심히 노력하고 근면하는 생활에 의한 것인 만큼 근면은 매우 중요한 덕목이다. 근면이란 원래 한자어의 의미에서 유래하듯 "마음을 쏟아서 애쓴다"는 뜻으로 소처럼 일만 하는 것이 아니라 마음을 집중하고 힘을 다해서 노력한다는 뜻이다. 따라서 근면은 단순히 현대적인 의미에서의 노동만을 뜻하는 것이 아니고 인간 내면세계 곧 마음의 세계에 생각을 돌려 그 뜻을 실현하기 위해서 애쓴다는 뜻을 가지고 있다.

독일어로 Fleiβ라는 말은 원래 "이성의 명령, 곧 양심의 소리에 귀를 기울인다"는 뜻을 가지고 있다. 이성의 규범들, 곧 양심의 소리에 귀를 기울이고 그것을 따른다는 뜻에서 온 말이라는 것이다(이규호, 1988: 23; 정창우, 2015: 109). 따라서 근면은 단순히 어떤 일을 열심히 해낸다는 것을 넘어 더 높은 정신세계를 지향하는 인간의 생활태도와 관련된 덕목이다. 물론 오늘날 노동은 단지 육체노동뿐만 아니라 정신노동도 함께 의미한다.

천재는 2%의 영감과 98%의 노력으로 이루어진다는 말이 있다. 남이 보기에는 천재가 행운이나 기적같이 보일지 모르나 사실상 엄청난 노력과 피땀이 서린 결실이라는 뜻이다. 과학적인 발견이나 발명하는 일에 있어서도 피나는 노력과 정진이 요구된다.

불교에서는 도를 닦거나 수련을 할 때 용맹정진이라는 말을 사용한다. 사람이 어디든지 뜻을 두면 근면을 통해서 그 뜻을 이루어나가야 한다는 것이다. 인간은 누구나 무엇인가를 이루고자 하는 뜻을 품고 살아간다. 그런데 그런 뜻이 실제로 그의 인생을 통해 이루어질 수 있느냐 여부는 그가 얼마나 부지런히 그것을 추구하느냐에 달려 있다고 할 수 있다. 따라서 근면은 특히 청소년들의 교육에 있어 언제나 강조되어야 할 중요한 덕목이라고 하겠다.

독일의 철학자 칸트는 교육적인 맥락에서 "인간이란 일해야 살아갈 수 있는 유일한 동물이다"라고 했다. 우리는 자라나는 다음 세대를 위해 갖가지 지식과 기술을 물려주지만, 다음 세대를 위해 남겨줄 수 있는 가장 믿음직한 재산은 바로 근면이다. 더욱이 새로운 지식과 기술이 홍수처럼 쏟아져 나오는 현대사회에서는 새로운 지식과 기술을 배울 수 있는 근면만이 우리의 생존을 보장할 수 있는 것이다.

근면의 개념에는 처음부터 자기 자신을 절제하는 금욕적인 의미가 함께 포함되어 있다. 근면한 부모들 이상으로 근면을 더 잘 가르칠 수 있는 사람은 없다. 매사에 부지런한 습관은 우리가 철이 들기 이전에 이미 가정의 분위기에서 체득된다. 게으른 부모들로부터는 결코 부지런한 자녀들이 생겨날 수 없다. 근면을 통한 자기절제와 인내 그리고 감수하는 고통이 그 이상의 성취와 결실을 통해 벅찬 보람과 감동으로 다가올 때 자녀들은 근면의 진정한 가치를 체감하게 된다.

루소는 "인내는 쓰다. 그러나 그 열매는 달다"고 했다. 지나친 낭비보다 절제하고 검소한 생활 가운데 행복과 긍지를 느낄 수 있는 삶을 영위하는 것은 매우 의미있는 일이다. 청빈이라는 말이 있듯 부당하게 취득한 소득으로 호의호식하기보다 비록 가

난할지라도 정당한 소득으로 검소하고 떳떳하게 사는 것이 올바른 인생임을 깨달아야 한다(반영섭, 2013). 풍족할 경우에도 검소한 생활을 즐기며 가난한 이웃과 나눌 뿐 아니라 풍족하지 않더라도 소외된 사람들이 필요로 하는 것을 기꺼이 나눌 수 있는 기쁨을 맛보는 것은 매우 행복한 일이다. 그리고 이러한 행복 바이러스는 훈훈함의 기운을 싣고 우리 주변을 따뜻하게 한다. 따라서 근면은 행복으로 가는 디딤돌이라고 할 수 있다.

(2) 근면한 태도와 창의성

창의성 분야의 대가로 알려진 칙센미하이(Mihaly Csikszentmihalyi) 교수에 따르면, 창의성을 이루는 세 가지 구성요소는 영역, 현장, 개인이다. 여기서 영역은 일련의 상징적 규칙과 절차로 이루어진 영역이다. 수학은 하나의 영역이며, 좀 더 세분화된다면 대수와 정수이론도 각각 하나의 영역으로 볼 수 있다. 영역이란 우리가 보통 문명이라고 부르는 특별한 공동체나 인류 전체가 공유하는 상징적 지식이다.

두 번째 요소로서 활동현장은 영역으로 가는 길목에서 문지기 역할을 하는 사람들로 구성된 활동 현장이다. 현장에서 하는 일은 새로운 아이디어나 창작물을 그 영역 속에 포함시킬 것인지 아닌지를 결정하는 것이다. 예를 들어 시각 예술의 현장은 미술교사, 미술관장, 미술수집가, 비평가, 문화를 관장하는 재단과 정부기관들로 이루어진다. 이러한 현장에서 새로운 미술 자료를 인정하고 보존하며 평가한다.

세 번째 요소는 개인이다. 창의성은 어떤 사람이 음악, 공학, 수학과 같은 주어진 영역의 상징을 사용해서 새로운 사고나 새로운 양식을 발전시키면 적절한 현장이 그러한 새로움을 선택해서 관련 영역에 포함시킬 때 가능해진다. 다음 세대는 그 새로움을 기존 영역의 일부로 만나게 될 것이며, 만일 그들이 창의적이라면 다시 그 영역을 좀 더 변화시키게 될 것이다. 때로 창의성은 새로운 영역을 만들어내기도 한다. 갈릴레이는 실험물리학을 창시했으며, 프로이트는 신경병리학 영역에서 정신분석학을 개척했다.

이러한 관점에서 보자면, 창의성이란 기존의 영역을 변화시키거나 기존의 영역으로부터 새로운 변형을 만드는 행위나 사고, 또는 작품을 말한다. 또한 창의적인 사람이란 한 영역을 변화시키거나 새로운 영역을 만들어내는 사고나 행위를 하는 사람을 지칭한다. 그러나 기억해둘 점은 어떤 영역도 소속 현장으로부터의 대내외적인 승인이 없으면 변화되지 않는다는 사실이다. 또한 창의성은 영역, 현장, 그리고 개인과의 상호작용으로 이루어지기 때문에, 개인의 창의적 성향은 어떤 영역을 변화시킬 만한 새로움을 만들어내는 일에 필요한 조건이 될 수는 있지만, 필요충분조건은 될 수 없다.

근면한 태도와 관련하여 우리가 주목하는 것은 '영역'관련 지식이다. 영역의 규칙을 배우지 않으면 그 영역에 의해 자극받을 수 없는 것이 당연하다. 창의성으로 주목받은 사람들은, 그가 예술가이든 과학자이든 상관없이 기초지식의 중요성과 기본원리와 상징체계의 철저한 습득을 거듭 강조하였다. 캐나다의 시인이자 번역가인 기요르기 파루다(Gyorgy Faludy)는 60년 전에 라틴어로 암기한 가툴루스(Catullus)의 장시를 지금도 암송한다. 그는 그리스, 중국, 아랍 그리고 유럽의 시들을 닥치는 대로 읽었으며, 세계 각국의 시를 1,400편 이상 번역하면서 시작법을 터득하였다(Mihaly Csikszentmihalyi, 2003: 110-111). 여기에서 철저하게 알고자 노력하는 것, 치열하게 기본원리를 이해하기 위해 파고드는 것, 그런 연후 한층 더 높은 수준에서 창의적인 산물을 산출해 내는 것, 이것의 바탕은 근면한 태도가 아닐까?

(3) 일본의 자본주의 정신과 근면에 기반한 직업윤리

일본에서 1467년 오닌(應仁)의 란(1467년부터 1477년까지 11년간 계속된 권력쟁취를 위한 지도층의 내란) 이후 도꾸가와 막부가 성립될 때까지의 약 140년간은 이른바 전란으로 얼룩진 전국시대이다. 도꾸가와 막부는 이 전국시대를 종식시킨다는 뜻에서 '항구적인 평화'를 통치이념으로 삼는다. 막부는 이를 위한 수단으로 강력한 중앙집권적 통치권 확보, 하극상-내분종식을 위한 엄격한 신분제(士農工商), 그리고 외부자극을 줄이기 위한 쇄국정책을 채택한다.

유교와 불교는 질서와 평화를 강조하는 종교이므로 도꾸가와 막부는 그 통치이념을 실현시키기 위해 유교와 불교를 최상의 방편으로 활용한다. 유교는 곧 국교로 장려되고 불교는 '체제불교'로 변신한다. 조선의 영향이 컸던 유교와 불교가 일본자본주의 정신을 잉태한 것은 그 교리를 일본식으로 변화시킨 데서 비롯됐다는 평가다. 즉, 일본적 유교, 불교로 종교개혁을 시행함으로써 비로소 일본적 자본주의 정신으로 승화됐다는 것이다.

야마모또와 고무로씨는 서구자본주의 정신이 마틴 루터의 종교개혁(1517년)에 의해 형성됐다면, 일본자본주의 정신은 그 100년 후 진행된 바로 이같은 일본적 유불종교개혁에 의해 형성됐다고 본다. 특히 일본의 마틴 루터라 할 수 있는 스즈끼 세이산(1579-1656)의 사상은 '노동 즉 불행(勞動卽佛行)'에서 출발하고 있다. 사농공상 각 계층이 각기 맡고 있는 직분을 성심성의를 다해 수행하면 자연히 부처가 된다는 가르침이다.

그의 대화집 「사민일용(四民日用)」(사농공상 4계급이 각기 어떻게 살아가야 成佛할 수 있느냐는 것을 가르친 지침서)에 기록되어 있는 한 농민과의 대화 한 토막이다.

> 불행(佛行)에 정진하라고 가르치고 있지만 농사를 제쳐두면 생활이 안되고 농사에 전념하다 보면 불행(佛行)에 몰두할 시간적 여유가 없다. 어떻게 하면 불과(佛果)를 얻을 수 있겠는가. 농사일을 열심히 하는 것이 바로 불행(佛行)이다. 여가를 이용하여 불행에 정진한다는 생각은 어리석기 짝이 없는 짓이다(김두겸, 1995: 3 재인용).

스즈끼의 불교는 말하자면 철저한 생활불교다. 절에 가서 불공을 드리는 것보다 일심불란(一心不亂)하게 자기 일에 전념하면 모든 번민이 없어지고 그러면 해탈을 얻어 구제된다는 논리다. 농사일 뿐만이 아니다. 일은 모두 불행(佛行)이다. 직인(職人)없이 세상에 필요한 물건을 조달할 수 없고 武士없이 세상은 다스려지지 않는다. 농민없이 식물을 얻을 수 없고 상인이 없으면 유통자유를 얻을 수 없다. 사민(四民)이 있고 각기 거기에 맞는 노동이 있어 비로소 세상은 발전해 나가는 것이다. 일본국민의 노동을 신성시하는 정신 곧 근면의 정신은 여기서 비롯된 것으로 해석된다. 서구의 소명의식과도 상통하는 것이다.

노동에 대한 이 같은 사상은 덕천막부(수도: 지금의 동경인 강호) 후기, 즉 에도시대 후반기, 석문심학(石門心學: 유교 불교와 일본 토착종교인 신도의 설법을 알기 쉽게 융합한 서민을 대상으로 한 교화사상. 일명 心學)의 창시자 이시타 바이간(1685~1744)에 의해 일반에 널리 보급되어 완전히 정착된다(김두겸, 1995: 2-4).

석문심학의 가르침의 요체는 근로를 절대화하는 철학과 검약을 종교시하는 철학이라고 말할 수 있다. 이시타는 모든 직업은 나름대로 중요한 사회적 역할을 하고 있다고 주장하면서, 상업 또한 사농공의 다른 직업에 못지않은 고귀한 일임을 강조하였다. 그는 세상에는 물품이 남는 곳과 부족한 곳이 있는데, 상인이 재물을 통용해 주지 않으면, 모든 사람이 곤란을 겪는다고 하여 상인의 거래를 '천하의 구원'이라고까지 평가하였다. 그는 또한 상인이 거래를 통해 얻는 이윤의 정당성을 강조하고, 이는 무사가 주군을 섬겨서 녹은 받는 것과 마찬가지로 정당한 것으로 보았다. 더 나아가 이시타는 상인은 정당한 방법을 통해 이윤을 얻어야 한다는 것, 즉 상인의 도(道)에 대해 강조함으로써 상업의 정당성을 뒷받침하였다. 이처럼 상업적 이익이 정당성을 가져야 한다고 강조한 한편, 상인은 지나치게 사치나 낭비에 흐르지 말고 검소하게 생활을 하고, 분수를 지켜야 함을 강조하였다. 그는 당시 만연해 있던 사치 풍조를 비판하고, 큰 부자들이 사치에 빠져 몰락하고만 사례들을 열거하면서 상업으로 돈을 벌더라도 겸허한 마음을 갖고 이를 잘 지켜 가업을 영속시켜야 한다는 것을 역설하였다(김필동, 1999: 24). 이러한 검약과 근면의 정신은 정당한 부의 축적은 정당하다는 이른바 청부(淸富) 정신, 아울러 부를 축적한 자는 이를 탐닉이나 사치를 위해 사용하지 말고, 가업을 위해 투자해야 한다는 측면으로 해석할 수 있다. 아울러 이는 베버가 「프로테스탄트 윤리와 자본주의 정신」에서 제시한 자본을 축적한 자본가가 자신의 쾌락이나 사치를 위해 자본을 탕진하지 말고 지속적인 기술 투자를 통해 지속적인 부를 축적하라는 메시지와 깊은 관련성을 갖는 시각이라고 하겠다.

이렇듯 근면성을 강조한 일본 기업의 최근 사례를 보자면, 화낙(FANUC: Factory Automation NUmerical Control)을 들 수 있다. 이 기업은 공작기계 제어장치, 산업용 로봇 분야의 글로벌 기업이다. 1956년 후지쯔의 사내 프로젝트 팀으로 출발하여 일본 민간 기업 최초로 CNC와 서보모터를 개발하였고, 1972년 후지쯔에서 독립하여 화낙(FANUC)을 설립한 이래, 공장 자동화 사업에만 집중하였다.

2014년에는 매출 7,297억엔, 영업이익 2,978억엔으로 역대 최고치인 40.8%의 영업이익을 달성(전체 종업원 5,500명이 인당 5,400만엔 달성)하였다. 사업부 별로 CNC 부문은 세계시장 점유율 50%, 산업용 로봇은 30%, 정밀 가공기계인 로보드릴도 30%로 고른 시장 경쟁력을 보유하고 있다. B2B 기업임에도 포브스의 '세계에서 가장 혁신적인 기업' 리스트에 35위로 선정되었으며, 이는 에르메스(73위)나 코카콜라(72위)보다도 높은 순위를 차지하고 있다.

화낙의 성공비결은 근면성에 바탕한 기술개발과 수익성에 집중한 '완벽주의'라고 알려지고 있다. 무엇보다 기업은 '지나치게 다양한 분야에 손을 대서는 안되며, 하나의 일에 집중하여 좁은 길을 걸어간다'는 기업 이념에 집중하였다. 영업이익률 30% 달성을 위해 기술개발-설계-생산-판매 전 과정에서 새로운 발상을 발휘함으로써 대량생산과 비용절감이 가능한 구조를 완성하였으며, 주문생산이 대부분인 공작기계 시장에서 수요 업체가 화낙의 제품에 자사의 기계를 맞추는 상황도 발생하였다. 전문경영인 체제에서도 명예회장과 사장은 2대째 '이나바' 가문 '세습'을 통해 안정적인 승계에 성공하고 있다. 현재 사장의 장남도 로봇사업부를 맡아 경영에 참여하고 있다. 근면성에 바탕한 '엄밀'과 '완벽주의'를 강조한 창업자의 철학이 핵심 기술과 수익성에 집중한 건전한 기업체질의 근간을 마련하였다(류희숙, 2015: 1).

(4) 진정한 성취를 위한 것 중 하나, 근면성

톰 버틀러 보던(Tom Butler-Bowdon)의 『CEO의 책꽂이』는 지구촌에서 성공한 CEO들이라면 반드시 읽었을 만한 글, 그리고 한편으로 성공을 위해 반드시 읽어야 할 책

50권의 내용을 압축하여 소개하고 있다. 저자는 과연 무엇이 인간을 성공하게 하고 또는 실패하게 만드는가에 대해 의문을 품었고, 마침내 이 50권의 책들 속에서 해답을 발견해 독자들에게 제시하고 있다. 저자가 선정한 이 50권의 책들은 『손자병법』을 비롯해 『잭 웰치, 끝없는 도전과 용기』에 이르기까지 한마디로 동서고금을 망라한 성공학 베스트 50선이라고 할 수 있다.

대략적으로 이 50권의 책들이 공통적으로 말하고 있는 핵심 키워드는 '진정한 성취'이다. 세상은 세상을 효율적이며 인도적이고 아름답게 만들 끝없는 기회를 제공한다. 그 세상 안에서 진정한 위치를 찾는 것은 우리 스스로에게 달려 있다. 따라서 자신에게 내재되어 있는 무한한 능력의 원천을 발굴해 이를 용기 있게 실천에 옮김으로써 자신의 삶과 타인들의 삶을 풍요롭게 하는 것이야말로 진정한 성취라고 저자는 강조하고 있다.

저자는 진정한 성취를 이루어내는, 성공하는 사람들의 공통된 특징을 첫째, 원대한 목표를 수립하고 반드시 이를 달성할 수 있다는 신념의 토대에서 그 목표의 달성을 위해 전력투구하는 집중력을 발휘한다는 점, 둘째, 낙관주의적 사고를 가진다는 점, 셋째, 자신의 일을 사랑하고 강한 열정을 갖는다는 점, 넷째, 변화를 기꺼이 수용하고 기존의 사고에 얽매이지 않는다는 점, 다섯째, 미래에 대한 희망을 품고 자신에게 주어진 고난과 시련을 묵묵히 견디어낸다는 점, 여섯째, 성실하고 근면하다는 점, 엄청난 독서가라는 점이 제시하고 있다.

여기서 우리가 주목하는 것은 성공하는 사람은 성실하고 근면하다는 점이다. 여타의 다른 성공의 요소들을 모두 갖추었더라도 근면하고 성실하지 않으면 결코 진정한 성공에 이를 수 없다는 데는 모든 사람들이 공감할 것이다. 성공을 위해서는 자신의 일에 근면하고 다른 사람들과의 관계에 있어서도 열린 마음과 신의와 성실로 일관해야만 한다. 이것은 국가의 경우도 마찬가지이다. "The Wealth and Poverty of Nations(국가의 부와 빈곤)"에서 데이비드 랜더스(David Landes)는 스페인 사람들은 만들기보다는 빼앗기에 훨씬 더 관심이 많은, 그것도 종종 하느님의 이름으로 그런 일을 저지르는 '절도광'이라고 표현했다. 탐욕과 정당화가 결합되어 스페인은 새로 발견한 신세계를 잔혹하게 짓밟고 착취했다. 그리고 스페인은 신세계를 발판으로 막대한 부를 쌓았고 마드리드는 유럽에서 가장 부유한 도시가 되었다.

이처럼 막대한 부를 축적한 스페인이 그 후 왜 쇠락의 길을 걷게 되었을까? 그것은 우선 그 부(富)가 정당한 노력의 대가가 아니었다는데 있다. 쉽게 획득한 부는 산업발전을 위한 투자로 이어지지 않았고 사치와 전쟁으로 낭비되었다. 결국 스페인은 산업, 즉 근면과 노력을 통해서 얻은 부가 아니었기 때문에 그 부를 생산적으로 활용하려는 생각을 하지 못했다. 스페인은 네덜란드, 영국, 프랑스, 그리고 제노바 사람들에 비해 근면성을 별로 존중하지 않았던 반면, 종교적 · 사회적 우월성에 대한 치명적이 믿음을 갖고 있었다. 스페인은 육체노동을 경멸의 대상으로 여겼고 자신들은 무역을 할 뿐 노동은 '하찮은' 아웃사이더들에게 맡기면 된다고 생각했다. 스페인이 막대한 돈을 어떻게 쓸지 고민하는 동안 유럽의 다른 나라들은 옷감을 짜고, 용광로에서 쇠를 만들고, 목재를 사용하고, 고래 기름을 가공하고, 석탄을 캐내는 법을 배우고 있었다. 상대적으로 대단한 제품들은 아니었지만, 그것들을 생산하기 위한 노동의 과정은 헛되지 않았다. 영국에서 산업혁명이 일어난 것은 결코 우연이 아니었다. 결국 스페인은 부정한 방법으로 획득한 부 때문에 빈곤해졌고 다른 나라들은 보다 영속적인 부를 일구는 근로 습관을 키워내 오늘날까지도 번영을 누리고 있다(최종욱, 2004). 근면이 성공을 위한 모든 것은 아니지만, 부의 획득과 발전을 위한 중요한 토대 중의 하나임을 여실히 보여주는 사례라고 하겠다.

(5) 하나된 일과 놀이, 그리고 근면한 태도

무더운 여름철, 시원한 나무 그늘 아래에서 노래만 부르면서 세월을 보낸 베짱이가 눈이 펑펑 쏟아지는 추운 겨울날, 개미집을 향한다. 개미는 열심히 일하고 양식을 준비했기 때문에 겨우내 걱정 없이 편하게 지내는데 베짱이는 개미에게 구걸하는 모습의 그림이다. 허리가 구부정한 베짱이의 몰골이 처량한 삽화가 60여년이 지난 지금도 눈에 선하다.

어린 생각에도 베짱이는 여름동안 열심히 일해서 먹을 것을 많이 모아두어야 했다고 생각했다. 노래와 춤만 추며 놀기만 하는 것은 나쁜 짓이라 확신했으며, 사람도 훗날을 위하여 부지런히 일하고, 공부하고 저축도 해야 한다고 굳게 믿었다.

영국의 격언에는 '일할 때는 일하고 놀 때는 놀아라' 하는 말이 있다. 공부할 때나 일할 때 그리고 놀 때의 구분을 분명히 하라는 말이 아닌가 싶다.

그러나 일은 어디까지이고 놀이는 어디까지인지 혼동이 되었으며, '일'이라는 것을 왜 해야 하는지를 별로 생각해 보지 않았다.

오늘날 개미와 베짱이 이야기는 정반대의 이야기로 발전했다. 개미는 열심히 일하고 베짱이는 노래만 부르고, 노는 것은 동일한데, 개미는 단순한 노동으로 겨우 입에 풀칠이나 하는 적은 수입인 반면, 베짱이는 여름에 즐겁게 부른 노래 판권으로 연중 사계절 많은 수입을 올려 결국 개미를 크게 도와준다는 것이다(김영규, 2013).

이러한 해석은 일과 구분이 모호해질 것이라는 의미를 담고 있다. 즉, 놀듯이 일하고, 일하면서 놀아야 한다는 것이다.

월드컵 4강 신화의 핵심적인 역할을 담당한 우리나라 대표팀 감독 히딩크는 우리 선수들에게 '즐기는 축구'를 할 것을 주문했다. 일과 놀이라는 이분법이 비교적 단단하게 굳어져 있던 기성세대들에게 이는 이해하기 힘든 주문이었다. 일은 심각하게 골똘히 해야 하는 중요한 것이고, 놀이는 재미있게 즐기는 하찮은 것이었다.

이런 구분은 일을 하는 과정에서 웃거나 떠드는 것을 매우 부정적으로 평가하는 관점과 같은 맥락에 있다. 이런 이분법은 축구에서도 예외는 아니었다. 한국 축구 선수들은 두 눈을 부릅뜨고 입 꽉 다물고 열심히 달렸다. 하지만 그 결과는 월드컵 1승도 거두지 못하는 초라한 성적이 다였다. 그러던 우리나라 축구가 월드컵 4강이란 위업을 달성하였다(김영규, 2013). 축구 강국으로서 국위선양을 통한 애국심 발휘, 군입대 면제, 대회 출전 결과에 따른 성과급 지급이라는 이른바 외재적 동기부여 때문에 이러한 위업이 달성되었을까? 아니, 무엇보다 중요한 요인은 일과 놀이의 퓨전인 '즐기는 축구'가 도입되었기 때문이 아니었을까?

창의성 연구의 대가인 아마빌(Teresa Amabile) 교수는 경제적 인센티브만으로는 창의성에 대한 동기부여가 불가능하다고 주장한다. 그는 반드시 일 자체에 대해 흥미와 관심을 중심으로 한 '내재적 동기부여'(intrinsic motivation)가 필요하다고 강조한다.

최근 우리사회의 중요한 화두 중의 하나인 성과급제나 연봉제는 모두 외재적 동기부여의 대표적 방법이다. 외재적 동기에 의해 어떤 행동을 하면 그 행동은 보상을 획득하기 위한 수단과 도구로 전락한다. 따라서 그 행동 자체를 무한정 열심히 할 이유가 없다. 반대로 내재적 동기부여는 일 자체가 재미있고 흥미로울 때 발생한다.

창조 기업인 구글, IDEO(미국의 디자인 이노베이션 기업), 애플, 3M 등은 일을 흥미롭게 만들기 위해 업무환경을 놀이터나 게임장처럼 만든다. 회사 내에 암벽 등반 설비를 갖추기도 한다. 직원들은 인라인 스케이트로 회사복도를 질주한다. 이러한 환경에서 일과 놀이(work and play)가 하나가 되게 한다. 이는 창조적 혁신이 충성심, 심각함이나 무거움, 치열한 경쟁에서 나오는 것이 아니라 장난스러움(play-fullness)에 기반한 자유로운 상상력에서 나온다는 주장과 같은 맥락이다(신동엽, 2009).

경영은 결국 사람이 주인공이며, 좋은 사람을 키워내는 것은 기업의 입장에서 가장 장기적인 투자다. 좋은 경영은 먼저 직원을 행복하게 하는 것이다. 그리하여 행복한 직원이 즐겨 성과를 만들어 낼 수 있도록 하는 것이다. 행복과 성과는 분명한 인과관계가 있다(방송통신위원회, 2011). 반면 채용하자마자 성과급 운운하면서 맹목적으로 직원들의 근면한 태도를 강조하면서 밤낮으로 일을 시켜 불과 몇 년 사이에 에너지를 모두 소진하게 한다면? 이른바 '열심히 하자!' '아침형 인간이 되자!' 등을 외치면서 OECD 국가 중 가장 긴 노동시간을 유지하다가 구조조정 압박이나, 신자유주의 노동정책에 따라 새로운 사람으로 대체하여 자신의 이익만 챙기면 된다는 생각이 경영자의 마음속에 자리 잡고 있다면, 그 직장은 어떤 곳이 될까? 이때 이러한 직장에서 일과 삶의 조화와 상생은 구호와 홍보용 대자보에 지나지 않게 된다.

직원들이 신명나게 창조와 혁신에 몰입하도록 할 수 없을까? 일과 놀이가 하나가 되는 내재적 동기 부여 속에 근면한 태도가 주어진 일에 대한 몰입으로 전환될 수 있도록 하는 직장을 만들 수는 없을까? 또한 맹목적으로 강요하고 직원들이 수동적으로 순응도록 하는 '근면한 태도'에 대한 우리의 시각도 이러한 관점으로 변화되어야 하지 않을까? "기업에서 구조조정을 할 때, 가장 먼저 정리되는 부서는 근면성실하기만 한 부서다"(김정운, 2003)라는 김정운의 지적을 우리는 진지하게 생각해야 하지 않을까?

2. 정직한 행동

정직만큼 부유한 유산도 없다. - 셰익스피어(William Shakespeare)

정직은 가장 확실한 자본이다. - 에머슨(Ralph Waldo Emerson)

정직을 잃은 자는 더 이상 잃을 것이 없다. - J. 릴리(J. Lily)

1) 사례

(1) 지갑과 최○○ 게이트

얼마 전 미국의 월간지 「리더스 다이제스트」에 다음과 같은 기사가 실렸다.

> "생각에 잠겨 길을 걷고 있는데 땅위에 지갑이 떨어졌다. 지갑을 집어 든다. 지갑 안에는 사진 몇 장과 신분을 알아볼 수 있는 카드가 한두 장 들어 있다. 꽤 두툼한 돈 뭉치도 있다. 당신이라면 이럴 경우 어떻게 행동할 것인가?"

「리더스 다이제스트」는 이 같은 상황에서 사람들이 어떻게 행동하는지 알아보았다. 미국의 큰 도시와 중소도시, 유럽, 아시아, 캐나다, 오스트레일리아, 뉴질랜드, 라틴아메리카 여러 지역에서 유혹의 대상인 지갑을 사람들이 눈치를 채지 못하게 길목에 떨어뜨려보았다. 1,100개 이상의 지갑을, 모든 지갑에는 미화 50달러에 상당하는 각국의 지폐와 지갑의 주인의 이름과 전화번호를 넣어서 습득자가 지갑을 돌려주는데 불편함이 없게 했다. 그 결과는 놀라웠다. 사람들이 집어간 지갑의 44%는 다시는 볼 수 없게 되었다.

그 결과는 나라마다 크게 달랐다고 한다. 정직 금메달은 노르웨이와 덴마크가, 은메달은 뉴질랜드, 한국, 일본이 차지했다. 그러나 아르헨티나와 이탈리아에서는 소지품을 조심해야 한다고 했다. 그런 나라에서는 지갑을 잃어버리지 않도록 처음부터 조심해야 한다는 것이다.

정직한 나라의 순서와 지갑 회수율은 다음과 같다. 노르웨이 100%, 한국과 일본 70%, 미국 67%, 영국 65%, 프랑스 60%, 독일 45%, 러시아 43%, 이탈리아 35%, 중국 30%, 맥시코 21%로 나타났다(김재순, 2002: 136).

그렇다면 70%의 은메달을 차지한 한국, 2016년 11월 현재, 한국은 어떤 모습일까?

2016년 한국의 가을은 청와대 비선실세 최○○의 국정농단 사태가 대한민국을 뿌리째 흔들고 있는 가운데 대통령 하야에 대한 요구가 높아지고 있다. 뿐만 아니라 이번 사태를 계기로 무너진 국가시스템을 바로 세우고, 정책결정의 투명성과 신뢰도를 높이는 대수술에 나서야 한다는 목소리가 커지고 있다. 한국의 경제규모는 성장했지만 공적 시스템과 정책 및 법 집행의 신뢰도에 기반한 '사회적 자본(social capital)'은 후진국 수준에 머물러 잠재성장률을 떨어뜨리고 있기 때문이다. 부패를 척결하고 투명성과 신뢰도를 높여야 경제도 살아난다는 지적이다.

〈표 Ⅰ-1〉 한국의 국가경쟁력 순위

구분	순위
전체 순위	29
비정상적 지급 및 뇌물	52
회계감사 및 공시기준 강도	62
공공자금의 전용	69
정부지출의 낭비	70
공무원 의사결정의 편파성	82
정치인에 대한 공공의 신뢰	96
기업경영 윤리	98
정부규제의 부담	105
기업 이사회의 유효성	109
정책결정의 투명성	115

출처: 기획재정부; 중앙일보, 2016. 5. 31

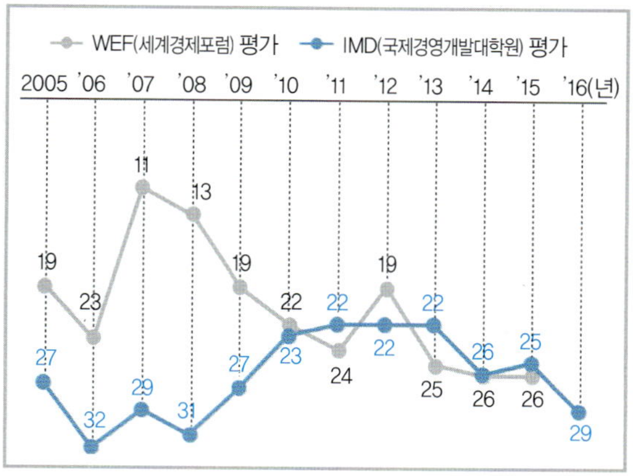

[그림 Ⅰ-1] 한국의 국가경쟁력 평가 결과 추이

한국의 취약한 사회적 자본은 세계경제포럼(WEF)이나 국제투명성기구(TI) 등 국제기구의 평가에서 그대로 드러나고 있다. WEF의 국가경쟁력 평가에서 한국은 조사대상 138개국 가운데 종합순위 29위를 기록했으나 정책결정의 투명성은 115위에 머물렀다. 사실상 최하위 수준이다. 정부규제에 대한 부담도 105위에 머물렀고, 공무원 의사결정의 편파성은 82위, 공공자금의 전용은 69위에 불과했다. 정치인에 대한 신뢰도는 96위, 기업 이사회의 유효성은 109위, 기업경영윤리는 98위 등으로 후진국 수준이었다.

정부가 규제개혁에 적극 나서고 있지만, 현장에서는 권력집단과 공무원들의 불투명하고 편파적인 정책집행이 여전해 경제의 효율성을 떨어뜨리고 있다고 할 수 있다. 그렇다 보니 공권력과 법 집행에 대한 신뢰가 떨어지고, 공정한 경쟁이 이루어지지 않고 있다.

TI가 평가한 한국의 청렴도(부패인식지수)는 100점 만점에 56점으로 조사대상 114개국 가운데 37위에 머물렀다. 한국의 청렴도는 덴마크(91점), 스웨덴(89점), 네덜란드(87점) 등 북유럽 선진국에 30점 이상, 독일 · 영국(81점), 미국(76점) 등 선진국과도 20점

이상의 차이가 난다. 특히 싱가포르(85점), 홍콩(75점)은 물론 카타르(71점), 칠레·UAE(70점), 폴란드(62점)에도 뒤지고 있다. 다음 표는 OECD 회원국별 부패인식지수만을 제시한 것이다.

〈표 Ⅰ-2〉 2015년도 OECD 회원국별 부패인식지수(CPI) 현황

전체 순위	OECD 순위	국가	2015 CPI	전체 순위	OECD 순위	국가	2015 CPI
1	1	덴마크	91	18	17	일본	75
2	2	핀란드	90	23	19	칠레	70
3	3	스웨덴	89			에스토니아	70
4	4	뉴질랜드	88			프랑스	70
5	5	네덜란드	87	28	22	포르투갈	63
		노르웨이	87	30	23	폴란드	62
7	7	스위스	86	32	24	이스라엘	61
9	8	캐나다	83	35	25	슬로베니아	60
10	9	독일	81	36	26	스페인	58
		룩셈부르크	81	37	27	체코	56
		영국	81			**대한민국**	**56**
13	12	호주	79	50	29	헝가리	51
		아이슬란드	79			슬로바키아	51
15	14	벨기에	77	58	31	그리스	46
16	15	오스트리아	76	61	32	이탈리아	44
		미국	76	66	33	터키	42
18	17	아일랜드	75	95	34	멕시코	35

출처: 한국투명성기구, 2016. 1. 27; 헤럴드경제, 2016. 1. 26.

이번 '최○○ 게이트'는 권력의 사유화를 통해 국가시스템을 무력화시킨 전형적인 후진국형 부패사건이 아닐 수 없다. 정부 예산과 정책 집행이 공정하게 이뤄지지 않고 사적 관계에 의해 좌우되면 자원배분의 왜곡을 낳고 경제효율성을 떨어뜨리게 된다(이해준, 2016).

위와 같이 70%의 은메달을 차지한 한국, 청렴도(부패인식지수)조사에서 조사대상 114개국 가운데 37위의 한국, 정직과 관련하여 두 가지의 조사 결과가 보여주는 공통점은 무엇일까? 반면 차이점은 무엇일까?

(2) 정직 시험

밴더빌트 대학에 경건한 그리스도인인 수학교수 메디슨 체럿이라는 분이 있었다. 이 메디슨 박사는 학생들에게 시험지를 내줄 때마다 항상 이렇게 말했다.

> 여러분 나는 오늘 여러분들에게 두 가지 시험을 내는 것입니다. 하나는 '수학'이고 또 하나는 '정직'이라는 시험입니다. 여러분이 수학시험에 통과하는 것은 여러분에게 일시적 성공을 약속합니다. 그러나 이 정직의 시험에 통과하지 못하면 여러분은 삶에서 진정한 성공을 기대할 수가 없습니다. 여러분은 이 수학시험에 실패하고도 훌륭하게 인생을 살아갈 수 있습니다. 그러나 만약 정직의 시험에 실패하면 보람 있는 삶을 기대할 수 없습니다.

여러분은 그동안 학창시절을 보내오면서 어떤 시험을 중요시하였습니까? 그 시험이 인생에 있어 매우 중요한 시험이었다면 어떠했을까요?

2) 활동

(1) 회사생활에서의 정직성 테스트

일찍이 미국 기업들은 회사 업무에 부적합하고, 회사 돈과 물건을 개인적으로 유용하거나 횡령할 가능성이 높은 사람을 채용 단계에서부터 추려내기 위해 각종 테스트를 도입해 왔다. 물론 제대로 만들어진 설문지를 도입하여 체계적으로 사용하는 것은 많은 비용과 시간이 든다. 하지만, 미국 회사들은 부정직한 직원으로 인해 발생할 수 있는 여러 가지 피해, 예를 들어 도난과 회사의 명예실추 등의 위험을 생각한다면, 정직성 테스트를 통해 부적절한 인재를 추려내는 작업이 충분히 투자할 가치가 있다고 판단하다. 흔히 'Integrity test'라 불리는 이 정직성 시험은 일반적으로 다음과 같은 사항들을 묻는다(Sackett, P. & M. Harris, 1984: 221-246; 김성훈, 2006: 109-110).

- o 일주일에 1달러 이상의 회사 돈을 내 돈처럼 쓰는 사람은 세상에 몇 퍼센트나 된다고 생각하십니까?
- o 5달러를 훔친 사람이 있다고 합시다. 그는 해고되는 것이 마땅할까요?
- o 실제로 훔치지는 않았지만, 회사 물건을 그냥 가져가고 싶다는 유혹을 느낀 적이 있으십니까?
- o 부정직한 사람이 회사 소유의 것을 도둑질하는 것이 어느 정도나 쉽게 이루어질까요?
- o 직원에 의한 도둑질이 실제로 얼마나 자주 일어난다고 보십니까?
- o 회사 물건을 훔친 경험이 분명히 있는 친구가 있으십니까?
- o 직원에게 너무 짜게 급여를 주는 회사라면 직원이 물건을 좀 슬쩍한다 해도 인과응보라고 생각하십니까?
- o 다른 사람과 비교해서 자신은 얼마나 정직하다고 보십니까?

벤자민 프랭클린(Benjamin Franklin)은 "정직과 성실을 그대의 벗으로 삼으라! 아무리 누가 그대와 친하다 하더라도 그대의 몸에서 나온 정직과 성실만큼 그대를 돕지는 못하리라. 백 권의 책보다 하나의 성실한 마음이 사람을 움직이는 힘이 더 클 것이다."라는 명언을 남겼다. 위의 정직성 테스트에 임한 결과는 어떻게 나타났는가? 직장생활에서 당신은 얼마나 정직한가? 정직과 관련하여 당신은 직장 종료나 후배 등에게 어떤 말을 해줄 것인가?

(2) 일상생활에서의 정직성 테스트

1. 다른 사람과 한 약속을 잘 지킨다.
○ 매우 아니다 ○ 아니다 ○ 보통이다 ○ 그렇다 ○ 매우 그렇다

2. 관행적으로 이루어지고 있는 부정직에 대해 적극적으로 확인하고 고친다.
○ 매우 아니다 ○ 아니다 ○ 보통이다 ○ 그렇다 ○ 매우 그렇다

3. 정직하지 않은 유익을 얻었을 때 적극적으로 사실을 밝힌다.
○ 매우 아니다 ○ 아니다 ○ 보통이다 ○ 그렇다 ○ 매우 그렇다

4. 신분이나 경력을 과장하거나 허위로 말하지 않는다.
○ 매우 아니다 ○ 아니다 ○ 보통이다 ○ 그렇다 ○ 매우 그렇다

5. 자신이나 타인이 행한 일을 유익을 위해 과장 또는 축소하지 않는다.
○ 매우 아니다 ○ 아니다 ○ 보통이다 ○ 그렇다 ○ 매우 그렇다

6. 악보, 소프트웨어 등의 불법 복제물을 사용하지 않는다.
○ 매우 아니다 ○ 아니다 ○ 보통이다 ○ 그렇다 ○ 매우 그렇다

7. 가족들에게 편의를 위해 거짓말을 하지 않는다.
○ 매우 아니다 ○ 아니다 ○ 보통이다 ○ 그렇다 ○ 매우 그렇다

8. 주변사람에게 편의를 위해 거짓말을 하도록 시키지 않는다.
○ 매우 아니다 ○ 아니다 ○ 보통이다 ○ 그렇다 ○ 매우 그렇다

9. 논문, 리포트, 보고서 등 지적재산을 표절, 도용하지 않는다.
○ 매우 아니다 ○ 아니다 ○ 보통이다 ○ 그렇다 ○ 매우 그렇다

10. 추천서, 연말정산 증명서, 이력서, 보고서 등의 공적 문서를 허위로 작성하지 않는다.
○ 매우 아니다 ○ 아니다 ○ 보통이다 ○ 그렇다 ○ 매우 그렇다

11. 거짓으로 일처리를 하도록 요구 받을 때 거절한다.
○ 매우 아니다 ○ 아니다 ○ 보통이다 ○ 그렇다 ○ 매우 그렇다

12. 세금을 정직하게 납부한다.
○ 매우 아니다 ○ 아니다 ○ 보통이다 ○ 그렇다 ○ 매우 그렇다

13. 자신의 유익과 편의를 위해 촌지, 뇌물, 급행료 등의 금품을 주거나 받지 않는다.
○ 매우 아니다 ○ 아니다 ○ 보통이다 ○ 그렇다 ○ 매우 그렇다

14. 내부 정보를 이용해 부당한 이득을 취하지 않는다.
○ 매우 아니다 ○ 아니다 ○ 보통이다 ○ 그렇다 ○ 매우 그렇다

15. 내가 속한 조직의 부정직한 일에 대해 시정을 요구한다.
○ 매우 아니다 ○ 아니다 ○ 보통이다 ○ 그렇다 ○ 매우 그렇다

16. 다른 사람이 보지 않을 때도 교통신호를 지킨다.
○ 매우 아니다 ○ 아니다 ○ 보통이다 ○ 그렇다 ○ 매우 그렇다

17. 공금이나 공적 물건을 허용 범위를 넘어서서 개인적 용도로 사용하지 않는다.
○ 매우 아니다 ○ 아니다 ○ 보통이다 ○ 그렇다 ○ 매우 그렇다

18. 다른 사람을 거짓으로 비방하거나 험담하지 않는다.
○ 매우 아니다 ○ 아니다 ○ 보통이다 ○ 그렇다 ○ 매우 그렇다

19. 자신에게 불리하더라도 다른 사람을 부정직하게 평가하지 않는다.
○ 매우 아니다 ○ 아니다 ○ 보통이다 ○ 그렇다 ○ 매우 그렇다

20. 확실치 않은 소문이나 정보를 사실인 것처럼 말하지 않는다.
○ 매우 아니다 ○ 아니다 ○ 보통이다 ○ 그렇다 ○ 매우 그렇다

출처: 휴한의원 테스트 자료실; http://biopapa.com/

(3) 부패 위험도 자가점검 체크리스트

자기 진단 결과 부패 위험도가 높게 나왔다고 해서 반드시 그 사람이 부패한 행위를 하게 된다는 것은 아니다. 낮게 나온 사람들에 비해 부패의 유혹에 빠질 개연성이 상대적으로 높다는 것을 의미할 뿐이다. 자기 진단 결과, 부패 위험도가 높게 나온

사람은 자신이 그런 유혹에 빠질 위험이 높다는 점을 인식하고 평소의 직장생활에서나 일상생활에서 스스로 조심하고 자신의 대인관계 방식과 업무 처리 방식을 바꿔 간다면 얼마든지 그런 위험에서 자신을 보호할 수 있는 것이다. 다음의 각 질문에 대해 "Yes" 또는 "No"로 답해 보고 "Yes"라고 답한 것이 몇 개나 되는지를 합산한 다음, 점수 해석법을 보고 부패에 빠질 위험이 당신에게는 어느 정도나 있는지를 스스로 진단해 보자.

다음 10개 상황에 대한 질문을 답하다 보면 여러분의 부패가능성 수치가 측정되어 마지막 화면에 부패 가능성 정도를 보여줍니다.

① 석달치 이상의 봉급을 초과하는 부채나 책임을 지고 계십니까? (예 / 아니오)

② 우리 직장과는 별도로 개인적인 사업이나 장사를 본인이나 부인이 하고 계십니까? (예 / 아니오)

③ 특별한 대가나 혜택을 주지는 않았으나, 다른 사람들로부터 향응이나 접대를 받은 적이 있습니까(최근 1년 기준)? (예 / 아니오)

④ 공식적인 거래관계에 있는 사람들로부터 돈을 꾸거나 재정적인 의무관계를 지고 있습니까? (예 / 아니오)

⑤ 직장 상사의 사전 승인 없이 금전적 보상이 따르는 다른 기관의 임직원을 맡거나, 출강하신 적이 있습니까? (예 / 아니오)

⑥ 친구나 선배 등 지인들로부터 부탁을 받고 남에게 일 처리를 잘해 달라고 부탁한 적이 있습니까(최근 1년 기준)? (예 / 아니오)

⑦ 부패한 행위를 하면 발각되는 경우보다 발각되지 않는 경우가 훨씬 많다고 생각하십니까? (예 / 아니오)

⑧ 부패한 행위로 인해 체포되더라도 실제로 처벌에까지 이르는 경우는 극히 적다고 생각하십니까? (예 / 아니오)

⑨ 우리 사회에서는 양심을 지키며 살면 손해를 보게 된다고 생각하십니까? (예 /

아니오)

⑩ 공공기관에 종사한다는 것이 다른 직업에 비해 특출 나게 더 큰 사회적 사명과 보람, 명예가 있는 직업이라고 보기는 어렵고, 다른 직업들과 마찬가지의 평범한 호구지책일 뿐이라고 생각하십니까? (예 / 아니오)

점 수	진 단 결 과
7개 이상	"매우 위험"한 상태임. 즉각적인 생활 및 업무 방식과 태도의 변화를 꾀하여야 함. 만일 현재 담당하고 있는 직책이 상당한 이권에 영향을 미칠 수 있는 직책이라면 비교적 그렇지 않은 직책으로 전보를 희망하는 것까지도 생각해 보기 바람
4~6개	"대체로 위험"한 상태임. 직장생활을 처음 시작할 때의 초심으로 돌아가 자신의 삶의 가치와 의미를 되새기며 매사에 부패로부터 자신을 보호하기 위한 세심한 주의를 기울이도록 노력하기 바람
2~3개	"대체로 안전"한 상태임. 그러나 "예"라고 응답한 사항과 관련해서 만큼은 주의를 기울여야 함
0~1개	"매우 안전"한 상태임. 그러나 자만해서는 안됨. 부패의 유혹은 언제라도 당신을 혼미케 만들 수 있기 때문임

출처: 한국보훈복지의료공단, "부패예방 및 청렴 · 투명한 보훈공단을 위한" 윤리경영자율실천 매뉴얼(2009), p.49.

(4) 기관의 부패위험도(DCRA) 진단

다음의 각 진술문에 대해 동의하시면 '예' 또는 동의하지 않으시면 '아니오'로 답하시오. '아니오'라고 답한 것이 몇 개나 되는 지를 합산한 다음, 다음 페이지에 있는 점수 해석법을 보고 당신이 어느 정도나 부패의 기회가 제공되는 위험한 근무 환경에서 일하고 있는지를 스스로 진단해 보기 바랍니다.

① 우리 기관이 처리하고 있는 민원 업무는 그 절차가 민원인들이 느끼기에 전혀 까다롭지 않게 그리고 간단하게 설계되어 있다. (예 / 아니오)

② 우리 기관이 처리하고 있는 민원 업무는 그 처리 기준이나 절차, 과정이 어느 민원인들에게든지 잘 공개되고 있다. (예 / 아니오)

③ 우리 기관에는 소속 직원들이 업무를 위법 또는 부당하게 처리하는 경우 이에 대한 민원인들로부터의 이의 제기나 불만을 접수하고 처리하는 절차가 민원인들의 입장에서 볼 때 잘 만들어져 있고 실제로도 잘 운영되고 있다. (예 / 아니오)

④ 내가 무슨 일을 어떻게 처리하고 있는 지를 다른 사람들이 소상히 알 수 있도록 업무처리 과정이 잘 설계되어 있다. (예 / 아니오)

⑤ 우리 기관에는 직위고하를 막론하고 누구든지 부당한 처사를 하게 되면 누구든지 이에 대해 이의를 제기할 수 있고 이에 대해 신속 정확하게 조사하며, 문제가 있는 것이 발견되는 경우 그에 대해 단호하게 시정조치를 취할 수 있는 제도와 절차가 치밀하게 잘 마련되어 있으며, 실제로도 잘 시행되고 있다. (예 / 아니오)

⑥ 우리 기관의 소속 직원이 부패한 행위를 하는 경우, 이에 대한 내부 고발 절차와 고발자에 대한 보호장치가 잘 마련되어 있으며, 실제로도 잘 운영되고 있다. (예 / 아니오)

⑦ 우리 기관의 소속 직원들 대부분은 부패와 관련된 모든 법규와 준수사항 및 절차를 잘 숙지하고 있다. (예 / 아니오)

⑧ 우리 기관의 장이나 고위 간부들은 모두 부패 문제에 관한 한 정말로 내가 본받을 만할 정도로 스스로 모범을 보이는 분들이다. (예 / 아니오)

점수	진단 결과
7개 이상	"매우 위험"한 상태임. 즉각적인 조직 혁신을 기해야 함. 만일 그런 혁신이 일어날 가능성이 별로 없는 기관이나 부서라고 판단된다면 소속 조직을 옮기는 대안까지도 심각하게 고려하기 바람. 그런 조직에 있다가 평생 후회할 부패에 연루되는 것보다는 다소 힘들더라도 당당한 직장인의 삶이 훨씬 더 가치 있는 일이기 때문임.
4~6개	"대체로 위험"한 상태임. 주변에 뜻을 같이 하는 직원과 함께 근무 환경 개선을 위한 노력을 경주하기 바람.

점수	진단 결과
2~3개	"대체로 안전"한 상태임. 그러나 "아니오"라고 응답한 사항과 관련해서 만큼은 개선의 노력을 기울여야 함.
0~1개	"매우 안전"한 상태임. 그러나 자만은 금물임. 부패의 기회는 조직의 극히 작은 곳에서부터 시작되어 결국 조직 전체를 물들게 하기 때문임

출처: 한국보훈복지의료공단, "부패예방 및 청렴·투명한 보훈공단을 위한" 윤리경영 자율실천 매뉴얼(2009), p.53-54.

(5) 딜레마 해결하기

◈ 사례 1

전국 대형 슈퍼마켓에 육가공제품을 납품하는 A, B 두 기업은 사업 확대를 위한 다양한 노력을 기울이고 있었다. 그러나 이 두 기업은 포장에 있어서는 서로 다른 방법을 사용하고 있었다. 즉, A 기업의 경우 고기에 비계가 있을 경우 쟁반 아래로 가도록 하며 고기의 가장 좋은 쪽을 보이도록 함으로써 가능한 먹음직스럽게 보이도록 포장한다. 반면 B 기업은 정직한 기업이념을 항상 생각하면서 포장할 때 썰어 놓은 고기에 비계가 있을 경우 고객의 눈에 보이게 포장한다. 이러한 경우 A 기업과 같이 보기 좋은 포장으로 고객의 신뢰를 저버리고 단기적인 매출향상에 주력할 것인가, 아니면 B 기업과 같이 정직을 기업의 중요한 가치로 생각하고, 고객의 신뢰를 우선으로 생각하며 장기적인 매출 향상에 힘을 기울일 것인가?

◈ 사례 2

기획팀 김대리는 명절에 직원에게 줄 선물을 구입하기 위해 백화점에 가서 물품을 구입하고 계산한 후 계산 금액의 1/10을 상품권으로 돌려주는 행사로 인해 10만원 백화점 상품권을 받았다. 돌아가는 길에 김대리는 마침 다음 주에 있는 어머니 생신을 생각하며, 상품권을 가지고 고민에 빠지기 시작했다. 당신이 김대리라면 이 상품권을 회사에 알리지 않고 부모님 선물을 구입하는데 사용할 것인가, 아니면 받은 상품권을 사무실에 돌려주어 다음 비품을 사는데 사용할 것인가?

◈ 사례 3

수잔과 자밀라는 입사동기이며 회사에서 둘도 없는 친구이다. 둘은 서로 다른 부서임에도 불구하고 서로 각별한 사이를 유지하고 있다. 어느 날 회사에서는 곧 정리해고가 있을 예정이라는 소문이 돌기 시작하였다. 자밀라는 정리해고 태스크포스팀에 있는 수잔에게 집을 사기 위해 은행대출을 받을 예정인데, 이번에 해고대상에 자신이 해당이 되는지에 대해 물었다. 이번에 자밀라는 해고대상에 자신이 포함되면 집을 살 계획을 포기할 예정이라고 말하였다. 이때 당신이 수잔이라면 친구와의 우정을 생각해 자밀라가 해고명단에 있음을 알려줄 것인가, 아니면 회사의 조직윤리를 위해서 자밀라에게 정중히 거절하고 자신의 일에 책임을 다할 것인가?

3) 내용

(1) 정직의 의미

사전적 의미에서 정직은 '곧고 바른 품성'으로 정의된다. 그러나 이러한 사전적 정의가 정직성이 내포하고 있는 다양한 함의를 보여주기는 어렵다. 정직에 관한 초기 연구자의 한 사람인 버튼(Burton)은 정직을 구성하는 요인을 판단, 행동 및 정의적 특성으로 나누고 있다. 여기서 판단이란 정직성이 중요하고 필요한 덕목이며 따라서 사람은 정직해야 한다는데 대한 신념을 의미하며, 행동은 그러한 신념이 실제 행동으로 이행되는 양상을 의미한다. 버튼은 정직한 행동 속에는 '속이지 않기', '거짓말하지 않기', '훔치지 않기'가 포함되는 것으로 보았다. 정의적 특성은 정직한 생각과 행위에 수반되는 기쁨, 만족, 안도와 부정직한 행위에 따르는 죄의식, 갈등 등을 포함한다. 이렇게 볼 때 정직한 사람이란 곧 정직성에 대한 바르고 강한 신념을 가지며, 정직한 행동을 하고, 스스로 부정직한 행위에 대해 양심의 가책을 느낄 줄 아는 사람을 뜻한다(송명자, 1995: 33). 포괄적인 입장에서 이렇게 정직을 조명하고 있다는 점에는 버튼의 주장은 긍정적인 평가를 받을 수 있다. 다만, 판단의 측면은 추론능력, 의사결정능력 등 인지적 측면을 지향하기 때문에, 신념을 이러한 인지적 영역에 포함시키는 것은 논란의 여지가 많다고 하겠다.

반면 정직은 논의하는 입장과 관점에 따라 다양하게 정의된다. 예를 들어 콜버그(Kohlberg)와 같이 정직을 절대적 도덕규범으로 보는 입장에서는 어떠한 상황에서도 절대적으로 지켜야 할 규범으로 판단하고 그러한 행위를 하고자 하는 것으로 보고 있다. 이에 반해 하트숀(Hugh Hartshorne)과 메이(Mark May)와 같은 상황의존적인 입장에서는 모든 상황에서 일관되게 정직하거나 부정직하게 행동하는 것 그리고 정직한 사람과 부정직한 사람이 명확하게 구분되는 것이 아니라고 보고 있다. 즉, 정직을 개인의 영속적이고 불변하는 고정된 인격적 특성이라기보다는 상황에 따라 가변적인 특성으로 보는 것이다. 다른 한편 정직을 사회적 책임으로 보는 입장에서는 개인 간, 집단과 집단 또는 국가와 국가 간의 관계에 있어서 상대방에 대한 신뢰에서 비롯된다고 보았다. 이처럼 다양하게 이해되고 있는 개념들로부터 하나의 합일된 수준의 개념으로 정직을 정리한다는 것은 현실적으로 어려운 일처럼 보일 수 있다(송명자, 1995; 장희선, 2012: 10).

이렇듯 서양의 정직에 대한 관점과는 달리, 동양에서는 정직이라는 말을 서경(書經)과 시경(詩經)에서 찾아볼 수 있는 데, 여기에서는 無反無側, 王道正直(이치에 어긋남이 없고 왜곡됨이 없으면 임금의 도리는 곧을 것이다)라고 하여 임금이 갖추어야 할 첫째 덕목으로 지적하고 있다. 또한 맹자의 인의도덕론에서는 是非之心, 辭讓之心, 羞惡之心, 이 세 가지 마음을 정직성의 기초로 보았다. 그리고 정직은 인간이 선천적으로 갖추고 있는 것으로서 이것을 드러내는 양심은 생각지 않아도 아는 능력(良知)과 배우지 않아도 가능한 것(良能)으로 보았다(장희선, 2012: 10-11).

한자의 자의(字義)에서 보면, 정직의 '正'은 一(한일)과 止(그칠지)가 합쳐져 만들어 진 것으로, 이의 뜻은 오직 하나(一)인 마음에 그쳐(止)서 행동하면 '바르다'는 것이다. 또한 '直'자는 十(열십), 目(눈목), L(隱: 숨을 은의 옛 글자)이 합쳐져 만들어진 것이다. 이 뜻은 여럿(十)이 보면(目) 숨김(L)없이 드러난다는 데서 나온 것이다. 그리하여 정직은 우선 속이지 않는 정신생활과 관련된다. 정직의 반대어가 겉치레, 거짓말, 위선 등인 까닭도 여기에서 연유한다. '속이지 않는다'라는 것은 자신의 생각을 말이나 행동을 통해 원래 그대로 밖으로 드러낸다는 것을 의미한다.

(2) 정직의 중요성

개인과 개인, 집단과 집단 또는 국가와 국가 간의 관계에 있어서 상대방의 정직성에 대한 신뢰가 무너지면 모든 관계에서 단절이 일어나게 된다. 따라서 정직성은 단순히 한 개인의 가치를 넘어서서 집단과 사회 전체의 가치를 결정하는 요인이 된다(송명자, 1995: 36). 이러한 관점에서 볼 때 정직성은 인간관계의 핵심 덕목일 뿐 아니라 사회가 유지되고 발전하는데 있어 근간이라고 할 수 있다. 아래 소개하는 김인종의 글은 정직의 중요함을 우리에게 일깨워준다.

영국 속담에 "하루 동안 행복하려면 이발을 하고, 일주일 동안 행복하려면 결혼을 하고, 한 달 동안 행복하려면 말을 사고, 한 해를 행복하게 지내려면 새 집을 짓고, 평생을 행복하게 지내려면 정직해야 한다"는 말이 있다(김인종, 2011). 이는 "정직을 잃은 자는 더 이상 잃을 것이 없다"는 J. 릴리(J. Lyly)의 말과 같은 맥락이다.

정직이란 다른 사람뿐 아니라 자기 자신에게도 솔직한 것, 즉 자신과 다른 사람을 속이지 않는 것을 말한다. 우리가 사는 곳에서 가장 필요로 하는 미덕은 정직이다. 상대방의 말을 믿지 못하고, 약속을 지키지 않으며, 자기가 한 말을 부인하는 풍토가 형성되면, 인간관계는 그 시점부터 불신의 끈으로 묶이게 된다.

한 우산 회사에서 제작 과정 중 실수로 우산에 결함이 생기게 되었다. 하는 수 없이 회사는 이것을 바겐세일로 처분하기로 했으나 도무지 팔리지 않았다. 그러자 모 광고회사가 이를 인수해서 판매를 시작했다. 그런데 우산은 날개 돋친 듯 삽시간에 팔렸다. 과연 그 이유가 무엇이었을까? 아마도 그 주요 원인은 그 광고 회사가 이 상품을 팔기 위해 다음과 같은 광고문을 신문에 게재했던 것에서 찾을 수 있다.

"흠이 있는 우산을 싼값에 팝니다. 하지만 사용하기에는 불편이 없습니다."

광고회사는 사실을 있는 그대로 밝혔던 것이다. 고객을 구름 때처럼 몰리게 한 힘은 바로 '정직'이라는 무기였다(김인종, 2011).

그렇다면, 오늘날 직장생활에서의 정직과 관련하여 우리의 일반적인 현실은 어떨까? 직장이나 가정, 혹은 친구 사이처럼 인간관계에 있어서 가장 중요한 것은 정직에 기반한 신뢰라 할 수 있다. 아무리 오랫동안 신뢰를 쌓아온 친근한 관계일지라도 그것을 무너뜨리는 가장 쉬운 방법은 거짓말을 하는 것이다. 그런데, 한편으로 우리 사회가 거짓말을 인정하고 있다. 즉, 직장에서도 동료 간에, 상사에게, 고객에게, 또 자신에게 거짓을 말함으로 순간의 위기를 넘기고 있는 것이다.

한화그룹은 지난 2000년 3월 직원 100명을 대상으로 앙케이트를 실시하여 '직장에서 상사에게 하는 거짓말 베스트5'를 발표했다. 그 내용은 다음과 같다.

○ 1위: "지난번에 시킨 일 어떻게 됐나?"라는 질문에 "네, 거의 다 되어갑니다"라고 대답하는 위기모면형(23%)
○ 2위: "오늘 회식 어때?"라는 질문에 "하필 오늘 중요한 약속이 있어서요"라고 대답하는 알리바이형(20%)
○ 3위: "자네 휴가 또 쓰나?"라는 질문에 "집에 일이 생겨서요"라고 대답하는 핑계형
○ 4위: "B안보다 A안이 낫지 않아?"라는 질문에 "역시 선배님다운 생각입니다"라고 대답하는 아부형
○ 5위: 일찍 퇴근하기 위해 "몸이 안 좋아서요"라고 대답하는 핑계형

그 외에 직장인이 하는 거짓말에는 이런 것도 있다. 상사의 요청으로 상사를 찾는 거래처 사람에게 "지금 자리에 없습니다"라고 말하는 흔치 않은 거짓말부터 특근수당을 높이기 위해 실제시간보다 높여서 기록하는 경우, 영수증을 첨부해야 할 경우 빈 영수증을 받아서 임의대로 기록해서 제출하는 경우, 동료보다 빨리 승진하기 위

해 동료에 대해 거짓으로 험담을 퍼뜨리는 경우, 심지어 같은 업종 회사와의 경쟁에서 이기기 위해 계획적으로 허위 보고서를 작성하는 범죄행위까지 헤아릴 수 없다(손근영, 2000). 무엇보다도 "정직함은 진실을 사랑하는 마음에서 나온다. 정직함은 최고의 처세술이다. 정직만큼 풍요로운 재산은 없다. 정직은 사회생활에 있어서 지켜야 할 최소한의 도덕률이다. 하늘은 정직한 사람을 도울 수밖에 없다. 정직한 사람은 신이 만든 것 중 최상의 작품이기 때문이다."라고 했던 세르반테스(Saavedra Miguel de Cervantes)의 말을 신중하게 곱씹어볼 때라고 생각된다.

(3) 절대 정직과 기업경영

기업경영 관련 컨설턴트인 래리 존슨(Larry Johnson), 밥 필립스(Bob Phillips)의 공동저서 『정직한 경영 존경받는 기업(Absolute Honesty)』은 수많은 사례와 구체적인 실천지침을 통해 윤리경영의 해법을 제시한 책으로 평가받고 있다. 저자들에 따르면, 윤리경영은 추상적인 구호나 기업 이미지 광고의 카피가 아니라, 기업의 성장을 위해 반드시 도입해야 할 도구이며 경쟁력의 원천으로 존재한다. 다만, 여기에서는 절대 정직의 여섯 가지 원칙과 정직하고 성실한 기업문화를 가꾸기 위한 구체적 행동지침으로 구성되어 있는 이 책 내용 중 정직의 6가지 원칙을 소개하고자 한다.

■ 원칙1 : 진실을 말하라 : 회사에서 진실을 말하는 방법

절대 정직의 첫 번째 원칙으로 "진실을 말하라"고 제안한다. 유행에 민감할 수밖에 없는 컨설턴트답지 않은 평범한 훈계이다. 그러나 저자들은 독자들을 긴장시킬 만한 충분한 콘텐츠를 갖고 있기 때문에 단어에 집착하지 않는다. 이들은 우선 우리는 왜 "최선의 거짓말보다 최악의 진실이 낫다"는 초등학교 수준의 원칙을 잊게 되는지를 상기시킨다. 진실은 보복에 대한 두려움, 변화에 대한 두려움, 미움 받게 되는 두려움, 내 편이 없어지는 두려움, 경쟁우위를 잃어버리는 두려움 속에 묻혀진다. 정직은 두려움에 밀려 악화가 양화를 구축하듯이 우리의 문화에서 사라져 간다. 어떻게 할 것인가? 저자들은 정직이란 이처럼 어려운 일이기에 '진실을 말하는 법'을 학습하라

고 조언한다. 예를 들어 상사와 애매모호한 윤리적 문제에 직면한 개인은 가능하면 정서적 온도를 낮추고, 당사자가 불필요한 방어장치를 동원하지 않도록 출구를 마련해 주어야 하며, 개인적 또는 비공식적 제안을 활용함으로써 인간관계를 저해하지 않는 기술을 가지고 있어야 한다.

대부분의 경우 진실의 대가는 우리가 예상했던 것만큼 고통스럽지 않다. 특히 거짓말이 초래할 결과와 비교해 보았을 때 그 대가는 정말 아무것도 아니다. 일례로 의료사고를 낸 병원은 어떠한 경우에도 환자와 가족에게 사과하지 않는다. 법정에서 공격 자료가 될 수 있기 때문이다. 그러나 1994년 영국에서 실시된 조사에 따르면 응답자의 1/3 이상이 의사가 해명하고 사과했다면 소송을 벌이지 않았을 것이라고 답변했다. 과연 진실은 언제나 두렵기 만한 존재인가?

■ 원칙2 : 문제를 공략하라 : 논쟁이나 토론의 목적은 '승리'가 아닌 '진보'

절대 정직의 두 번째 원칙은 "문제를 공략하라"는 것이다. 저자는 윤리경영의 토대는 사람이 아닌 문제를 공격대상으로 삼는 건설적 대립의 문화 속에서 자라난다고 주장한다. 물론 건설적 대립의 문화를 구축하는 작업은 쉬운 일이 아니다. 조직구성원들 모두가 스스로 숙제를 할 줄 알고 귀와 입 그리고 마음을 열어야 하며 마무리를 지을 줄 알아야 한다. 물론 이 과정은 리더의 솔선수범 없이는 이루어질 수 없다. 저자들은 인텔의 앤드류 그로브(Andrew S. Grove)를 예로 들고 있는데, 그는 '그까짓 꺼 대충'의 사고방식과 진실의 왜곡을 용납하지 않았던 인물로 유명하다.

제2의 원칙에서 주목해야 할 또 하나의 사실이 있다. 저자들은 윤리적 딜레마를 해결함에 있어 너도 좋고 나도 좋은 윈윈의 해결방식이 결코 많지 않다는 점을 명심하라고 조언한다. 월드컴의 사내 감사인 신시아 쿠퍼(Cynthia Cooper)가 40억 달러에 달하는 손실을 변칙적으로 회계처리한 사실을 최고 재무담당자인 스콧 설리번(Scott Sullivan)에게 사실을 알렸다. 이들의 윈윈은 무엇이었을까. 아마도 회계조작 스캔들이 진정되기를 바라면서 침묵하는 것이었을지 모른다. 스콧 설리반은 회계 부정을 무마할 시간을 벌 수 있고 신시아 쿠퍼는 자신의 책무를 다했다고 합리화할 수도 있다.

그러나 이것은 윈윈이 아니다. 바로 월드컴의 주식을 샀던 일반 투자자들이 그 피해를 고스란히 나누어야 하기 때문이다. 저자들은 윤리적 문제 해결의 길이 얼마나 어려운지를 강조하고 있는 것이다.

■ 원칙3 : 반대하고 따르라 : 립포타쥬(Lipotage)는 정직한 기업문화의 적

우리는 상사 앞에서 동의하는 척 립 서비스(Lip service)를 해 놓고 나중에 방해공작을 벌이는 '립포타쥬'는 아닌가? 저자들이 강조하는 절대 정직의 세 번째 원칙은 립포타쥬에 대한 경계를 담고 있다. 저자들은 모든 조직구성원들은 자신의 견해를 솔직하게 밝힐 책임과 동시에 선택된 결정사항을 지지해야 할 두 가지 책임을 지닌다고 강조한다. 하지만 자신의 견해를 밝히는 게 어디 쉬운 일인가?

잭 웰치(Jack Welch) 같은 리더들이라면 냉혹한 현실이 밝혀질 때까지 반대의견을 장려하고 이후 실천과정에 헌신하도록 구성원들을 독려하겠지만, 모든 회사원들이 언제나 훌륭한 리더를 만날 행운을 갖고 있는 것은 아니다. 따라서 저자들은 절대 정직의 문화를 조성하기 위해 반대 의견을 제시할 줄 아는 특별한 훈련이 필요하다고 주장한다. 정직한 의견 표현을 상사나 조직에 대한 불충으로 간주하는 기업 문화라면 구성원들도 대책을 마련해야 한다는 것이다. 그러나 만약 변화를 위해 노력할 수도 없고 결정된 사항을 자신이 수용할 수도 없다면 어떻게 해야 하는가? 저자들은 조직을 떠날 준비를 하라고 권유한다. 인생은 길지 않기 때문이다.

■ 원칙4 : 진실을 환영하라 : 방어기제의 최소화

타인의 비판에 방어적으로 대응하는 경향은 인간의 본능에 가깝다. 호랑이를 만나면 도망치거나 싸우거나 둘 중 하나를 선택해야 한다. 물론 우리가 일하는 회사에서 누가 도전하거나 비판한다고 창으로 찌를 수는 없다. 하지만 언어로 공격하거나 비꼬거나 합리화하거나 무관심하거나 심지어 남에게 잘못을 전가하는 방어기제를 가동한다. 동료직원이 누군가 불법행위에 가담한 것 같다고 이야기하면, 대부분의 사람들은 그런 일이 일어날 수 없다고 부정하면서 상황을 피하려 한다. 이러한 본능적인 조

직구성원들의 방어기제는 절대 정직을 가로막는 장애물이다. 저자들은 타인의 방어기제를 최소화하기 위해 진실을 환영하는 조직문화를 구축할 것을 절대 정직의 4번째 원칙으로 제시한다. 물론 진실이 통용되는 커뮤니케이션 문화는 리더의 몫일 수밖에 없다. 권력을 가진 사람 앞에서 불편해 하지 않는 사람은 없으므로 그 갭을 메우는 역할은 리더의 책임이다.

■ 원칙5 : 메신저에게 보상하라 : 나쁜 소식(bad news)을 알린 메신저를 베지 말 것

절대 정직의 5번째 원칙은 진실을 말하는 자에게 보상을 내리고 그렇지 못한 사람에게 벌을 내리라는 것이다. 나쁜 소식을 가져 온 전령을 베지 않는다 해도 문제는 남는다. 우리 조직에는 무의식적으로 메신저를 죽이는 방법이 무궁무진하기 때문이다. 반대 의견이 제시되었을 때 흥분하는 리더, 상대방의 고언에 반응을 보이지 않는 리더, 예측하기 힘들고 신뢰성이 부족한 리더들은 자신이 의식하지 못하는 순간에 이미 나쁜 소식을 전할 메신저들을 베고 있는 것과 마찬가지이다.

이 책은 친절하게도 직원들의 불만이나 제안을 다룰 때 리더가 지켜야 할 원칙으로 'TARGET K' 기법을 알려준다. 문제점을 지적한 사람에게 감사할 것(Thank), 질문을 통해 상황을 파악할 것(Ask), 안심시킬 것(Reassure), 향후 계획을 알려줄 것(Give), 격려할 것(Encourage), 상황을 바로잡을 수 있는 행동을 취할 것(Take action), 당신이 취하는 행동과 결정과 문제해결 과정을 지속적으로 알려줄 것(Keep the Person informed) 등이 바로 그것이다.

■ 원칙6 : 성실성의 플랫폼을 세워라 : 윤리경영 시스템의 구축

리더는 전 직원이 옳은 일과 윤리적인 행동을 할 수 있는 시스템을 갖추어야 할 책임이 있다. 이 책임이 절대 정직의 여섯 번째 원칙이다. 정직을 실천할 수 있는 플랫폼이란 미란다의 원칙과 같다. "당신은 묵비권을 행사할 수 있고…"로 시작되는 TV와 영화의 단골 메뉴, 미란다의 원칙은 법을 집행하는데 필요한 지침을 세우기 위해 사법 관련자들이 오랜 기간에 걸쳐 고심한 처방전과 같은 역할을 한다.

정직한 문화를 원하는 리더라면 임직원들의 윤리적 행동지침, 교육체계, 보상체계와 같은 플랫폼을 만들고, 지키고, 개선할 수 있어야 한다. 제국을 건설하는 것과 마찬가지로 윤리경영에서도 리더의 의지가 필수적인데, 최고경영자의 의지는 윤리경영의 플랫폼으로 가시화된다(래리 존슨·밥 필립스, 2005: 8-11; 최인철, 2011).

(4) 기업의 경쟁력으로서의 윤리경영

"윤리를 잘 지키는 기업이 살아 남는다"라는 문구에서 보듯이 지구촌에서는 기업윤리가 경쟁력의 새로운 요소로 떠오르고 있다. 절대 정직의 기업경영에 대한 앞의 사례에서도 볼 수 있듯이, 경영과정이 투명하고 다수의 이익을 소중히 여기는 윤리경영의 기업은 소비자들로부터 신뢰를 얻어 갈수록 발전한다는 것이다. 이런 기업은 사회를 밝고 맑게 만드는 주인공의 역할을 한다.

미국 뉴욕에서 차로 한 시간 반 남짓 걸리는 조용한 소도시 뉴브런즈윅(New Brunswick)이 있다. 1880년대 이곳에 뿌리내린 세계적 의약품 및 생활용품 생산업체 '존슨 & 존슨'의 본관 건물에 들어서면 사람 키보다 조금 큰 석판에 새겨진 '우리의 신조(Our Credo)'를 만나게 된다. 1943년 이 회사 설립자의 손자인 로버트 존슨이 처음 명문화한 '우리의 신조'는 미국식 기업윤리강령의 대표격으로 꼽힌다.

50년 이상 윤리강령을 경영에 반영함으로써 기업의 사회적 책임이 강조되는 미국에서도 존슨 & 존슨은 '기업윤리'(business ethics) 분야의 선두기업으로 자리 잡았다. 자칫 그럴싸한 웅변에 그치기 쉬운 윤리강령이 존슨 & 존슨 기업경쟁력의 핵심요소로 떠오른 데에는 '타이레놀 사건'이 결정적 계기가 되었다.

1982년 미국 시카고 지역에서 '초강력 타이레놀' 제품을 복용한 사람이 사망하는 사건이 발생했다. 해열진통제인 타이레놀은 1970년대에 개발되어 당시 존슨 & 존슨의 총매출의 7%, 순이익의 17%를 차지하던 주력상품이었다.

경찰 조사결과 사망자가 먹은 타이레놀에 독극물이 들어 있었다는 사실이 밝혀졌다. 존슨 & 존슨은 즉각 소비자들에 대한 책임을 앞세운 자신들의 '신조'에 맞춰 대응

방안을 마련했다. 자체적인 소비자경보를 발령하고 원인이 규명될 때까지 초강력 타이레놀 제품을 절대 먹지 말도록 대대적인 홍보를 개시했던 것이다.

누군가에 의해 의도적으로 독극물이 주입되었다는 사실이 밝혀지면서 미국식품의약국(FDA)은 문제가 된 시카고 지역에 배포된 제품을 수거할 것을 권고했다. 그러나 존슨&존슨은 역시 '신조'에 따라 안전성에 문제가 없는 제품 3000만 병, 총 1억 달러(약 1,300억 원) 상당의 상품을 전국에서 스스로 모두 수거하였다.

"당시 사내에서는 '타이레놀' 브랜드를 포기하자는 주장도 나왔죠. 하지만 경영층은 신조에 맞춰 대응한 만큼 소비자들이 우리를 믿어 줄 것이라고 판단했습니다." 존슨&존슨의 인적자원관리 부문 마이클 커리 부사장은 당시 상황을 이렇게 설명했다.

소비자들은 존슨&존슨의 윤리적 태도를 신뢰하는 쪽으로 기울었다. 결과적으로 타이레놀은 현재까지 미국 시장에서 가장 많은 비율을 차지하는 해열진통제로 살아남았고 세계적으로 연간 15억 달러의 매출을 올리는 효자상품이 되었다.

커리 부사장은 "다른 '꼼수'를 생각했다면 존슨&존슨은 시장에서 신뢰를 잃어 기업의 존립 자체가 위태로웠을 겁니다. 신조가 우리 기업을 살린 거죠"라고 자랑스럽게 설명했다.

타이레놀 사건과 존슨&존슨의 대응은 미국 경제계 및 학계에 큰 파문을 일으켰다. '기업윤리'가 이름뿐인 신조가 아닌 '위기대처 능력'의 결정적인 요소로 부각된 것이다. 이에 따라 비즈니스 스쿨들이 잇따라 기업윤리 과목을 개설했고 미래의 경영자들에게 기업윤리를 필수과목으로 가르치게 되었다(오기성 외, 2011: 191–193).

3. 성실한 자세

백 권의 책에 쓰인 말보다, 한 가지 성실한 마음이 더 크게 사람을 움직인다.
- 벤저민 프랭클린(Benjamin Franklin)

성실함은 만물의 처음이요 끝이다. 성실은 만물의 근원이 되고 성실함이 없으면 만물은 존재하지 않는다. - 중용

1) 사례

지난 2016년 4월 한국의 대구신문의 조사 결과 대기업이 가장 선호하는 인재상 키워드는 '성실'과 '고객지향'인 것으로 나타났다. 특히 업종과 기업형태를 막론하고 어떤 기업에서도 모두 통하는 인재상은 '성실'에 있는 것으로 나타나 눈길을 끌었다.

이는 취업포털 잡코리아가 지난해 채용을 진행한 기업 21만 8천 304개사의 인재상을 분석해 주요 인재상 키워드를 조사한 결과이다. 조사 결과 기업 형태와 관계없이 대부분 기업에서 '성실성'과 '책임감', '열정' 등을 자사 인재상의 주요 키워드로 꼽았다. 이러한 경향은 기업별 인재상이 대동소이하다는 것을 의미한다.

대기업 · 계열사 · 자회사의 경우 성실성(10.2%)이 가장 많이 사용되었으며, 고객지향성(9.8%)과 열정(9.7%)이 그 뒤를 바짝 좇았다. 이어 △목표의식(7.4%), △책임감(7.1%), △도전정신(6.9%), △적극성(6.1%) 등도 지향하는 인재상으로 꼽혔다.

외국계기업이 가장 주목하는 3대 인재상 키워드는 △성실성(10.2%), △글로벌 인재(9.5%), △책임감(9.1%)이었다. 이밖에 △팀워크(7.4%), △열정(7.2%), △고객지향성(6.3%), △적극성(6.1%) 등도 많이 사용된 키워드였다.

중소기업과 벤처기업, 공공기관 · 공기업은 비중에 차이가 있었다. 그러나 이들 대부분의 기업과 기관에서 자주 사용하는 인재상 키워드에서는 성실성과 책임감이 나

란히 가장 많이 사용된 키워드 1, 2위로 나타났다.

보다 상세하게 순위를 보면 중소기업은 △적극성, △열정, △신뢰성, △팀워크, △주인의식이 차례로 가장 많이 사용된 키워드 3~7위를 차지했다. 중견기업은 △책임감, △고객지향, △목표의식, △적극성, △팀워크가, 벤처기업은 △열정, △팀워크, △창의성, △적극성, △도전정신이 각각 3~7위를 차지했다.[4)]

또한 이러한 조사 결과와 유사한 맥락에서 휴넷이 2016년 6월 직장인 691명을 대상으로 '직장생활과 인성'에 대해 설문조사 한 결과에서도 나타났다. 조사 결과 CEO에겐 '도덕성'이, 직장인에겐 '성실성'이 가장 중요한 인성 요소로 나타났다. CEO에게 중요한 인성 요소들로는 '도덕성'이 50.8%로 1위를 차지한 데 이어 '친화성'(19.7%), '성실성'(12.7%), '협동성'(6.4%)이 뒤를 이었다. 최근 계속해서 이슈가 되고 있는 기업 CEO들의 문제로 인해 도덕성이 가장 중요한 인성 요소로 꼽혔다고 할 수 있다. 반면 일반 직원에게 성실성(46.5%) 다음으로 중요한 인성 요소로는 '협동성'(29.2%)으로 집

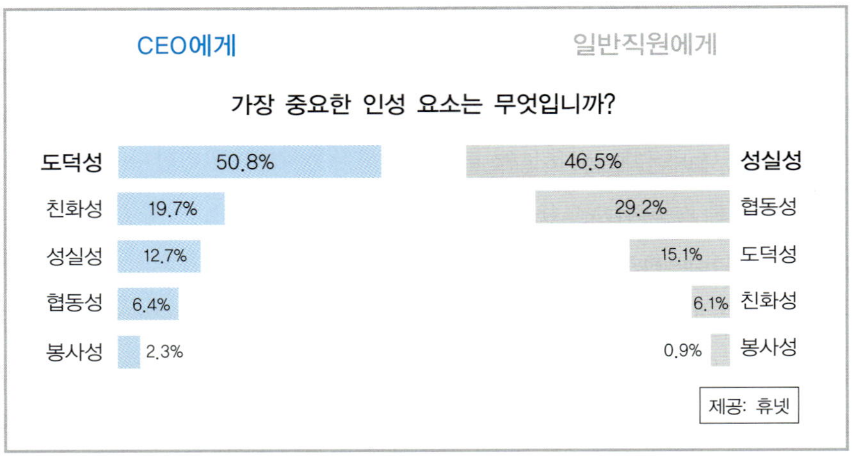

출처: 서울경제, 2016. 6. 16.

[그림 Ⅰ-2] 직장생활에서 중요한 인성

4) 대기업 신입의 덕목, 1위는 '성실성' 대구신문 2016. 4. 6.

계되었다. 이어 '도덕성'(15.1%)과 '친화성'(6.1%) 등의 순으로 나타났다.[5]

그렇다면 여러분이 몸담고 있는 대학, 기관, 직장에서 강조하는 중요한 키워드는 무엇인가? 성실성인가? 전문성을 가진 능력인가? 당신은 어떤 키워드가 가장 중요하다고 생각하는가?

2) 활동

다음 문항은 성실성과 관련하여 자신의 생활태도를 알아보는 문장들이다. 내용을 잘 읽고 해당하는 점수를 기록해 보자.[6]

전혀 그렇지 않다 1, 약간 그렇지 않다 2, 보통이다 3, 그렇다 4, 매우 그렇다 5

	문 항	점 수
1	어른이 되어 높은 지위에 오른다는 것은 중요하다.	
2	내가 어떤 일을 맡아서 할 때는 아주 잘하고 싶다.	
3	내가 나의 학업에 대해 세우는 기준은 매우 높다.	
4	내가 어려운 일을 해야 하는 상황이라면 보통 실패에 대한 두려움보다 성공에 대한 기대가 앞선다.	
5	나는 주어진 대학 강좌에서 주어진 과제를 잘하기 위해 항상 최선을 다한다.	
6	필요하다면 어려운 일도 숙달될 때까지 계속 노력한다.	
7	나는 과제를 좀처럼 미루는 편이 아니다.	
8	과제를 하다가 잠깐 TV를 보거나 스마트폰을 볼 때도 항상 공부를 생각한다.	
9	기술이나 능력을 필요로 하는 일을 좋아한다.	
10	남이 하지 않는 새로운 일이나 신기한 일을 하고 싶다.	
11	나는 어려운 문제의 정답을 찾는 것을 즐긴다.	
12	나는 나의 미래에 대한 공상을 많이 한다.	
13	나는 미래 계획에 대하여 많이 생각하는 편이다.	

5) 직장 생활에 중요한 인성 1위는? CEO는 '도덕성', 직원은 '성실성' 서울경제, 2016. 6. 16.
6) 곽은아, 조성윤 역음, 청소년을 위한 집단상담 워크북, 서울: 나눔의 집, 2009, pp.60-61.

14	나는 내가 하는 일에 대해 다른 사람들이 어떻게 생각하는지가 궁금하다.	
15	우리 부모님은 나를 소중히 여기신다.	
16	선생님이나 교수님과 좋은 관계를 맺고 유지하는 일이 중요한 일이다.	
17	나는 여러 사람이 협동해서 하는 일을 좋아한다.	
18	나는 게임을 한다면 많은 친구들과 함께 할 수 있는 게임을 좋아한다.	
19	같이 일하는 사람과 의견이 달라도 나는 일을 잘 할 수 있다.	
20	나는 내가 하는 일에 최선을 다하고자 한다.	
21	나는 어떤 일을 시작하면 보통 성공적으로 끝낸다.	

① 앞의 검사에서 '4' 또는 '5'로 답한 것은 무엇인가?

② 앞의 검사에서 '1' 또는 '2'로 답한 것은 무엇인가?

③ '1' 또는 '2'로 답한 내용들을 바람직한 방향으로 개선할 수 있는 방법이 무엇인지 다음 란에 기록하여 보자.

④ 내 생에 가운데 반드시 이루고 싶은 것을 적어보자.

3) 내용

(1) 성실과 성실한 자세의 의미

영어로 성실은 integrity가 가장 가까운 개념이다. integrity는 라틴어 integer(분수가 아닌 정수)에서 유래된 것이다. 정수와 같이 integrity를 지닌 사람은 분할되지 않고 완전하다. 성실성을 가진다는 것은 전일성(wholeness), 즉 전체적으로 일관성을 지니는 것이며, 도덕 원리를 준수하고 도덕적 양심에 충실하여 자기가 한 말을 실행하고 자기가 믿는 것을 지켜나간다는 것을 의미한다(Lickona, 2004; 정창우, 2015: 108). 성실한 사람은 편의에 따라 행위하는 것이 아니라 자신의 신념이나 정체성에 따라 행위하며, 또한 자신이 누구이고 무엇을 가치있게 여기는지 알고 있기 때문에 상황에 따라 일관되게 행위한다. 따라서 성실한 사람은 정직(honesty)하고, 신의(faithfulness)를 지키며 근면(diligence)하다. 정직은 바르고 곧음을 의미한다. 또한 정직은 대화에서의 정직과 행위에서의 정직으로 구분할 수 있다. 대회에서의 정직은 다른 사람을 속이지 않고 자신이 알고 있는 것을 최대한 사실대로 표현하는 것이다. 행위에서의 정직은 훔치거나 부정행위를 하거나 기만이나 속임수를 쓰지 않고 규칙에 따라 행위하는 것이다. 신의는 상대방의 신뢰에 반하지 않도록 성의 있게 행동하는 것을 의미한다(정창우, 2015: 108).

동양에서 성(誠)이란 진실하여 전혀 흠이 없는 완전한 상태를 말한다. 이것은 두 가지 측면에서 말할 수 있다. 하나는 실리(實理)의 측면에서 말하는 성 그 자체이고, 다른 하나는 인사(人事)의 측면에서 말하는 성실의 성이다. 즉, 성이란 진실무망하여 완전한 경지이니 하늘(天)의 도(道)이고, 성(誠)되려고 노력하는 것은 천도(天道)로서의 완전함을 향하는 인도(人道)로서의 성(誠)인 것이다. 중용에서 성이란 천의 도이고, 성되려고 하는 것은 인의 도(誠者天之道也, 誠之者人之道也)라고 한 것은 이를 일컫는 말이다. 그러나 이들은 별개의 것이 아니다. 성되려고 하는 인도로서의 정성을 극진히 하여 완전 무결한 천도로서의 성에 도달하여 하나가 되는 것이다.

성의 의미를 자원으로부터 살펴보면 성의 자원적인 뜻은 언(言)과 성(成)을 합한 글자이다. 글자 그대로 풀이하자면 '말한 바를 반드시 이루도록 혹은 그렇게 하는 일관하는 마음'을 말한다. 그러므로 성은 말을 그 의미대로 이룬다는 글자이다. 또한 실(實)은 집안에 재물이 가득 찼다는 뜻이다. 이는 속이 차게 열매가 여물다는 뜻도 포함하게 되었다. 여기서 속이 차게라는 것은 알차다는 것과 관련되며, 여기서 알은 곧 얼, 정신, 생각이라 할 수 있다. 이를 불교적 의미에서 보면, 결국 보편적 진리, 도 혹은 법이 속에 꽉 들어있다는 것을 의미하게 된다.

그러므로 성실이란 덕은 법, 진리, 도가 꽉 찬 것, 그러한 열매가 잘 여물어 있는 것, 혹은 말(言한) 바 곧 진리(도, 법)를 이름으로써 그것에 꽉 찬 것으로 해석될 수 있다. 그 상태에 도달한 것, 즉 도가 꽉 찬 실리(實理)의 측면에서 말하는 것은 성 그 자체이다. 따라서 그것은 천의 도이며, 인사의 측면에서 말하는 성은 그러한 도가 꽉 찬 상태에서 도달하고자 애쓰는 것으로서 사람의 도인 것이다(김태훈, 1999: 78-82).

성실은 사고, 감정, 그리고 행동의 방식과 관계있다. 따라서 특별한 선택이나 판단과 관계가 깊은 것은 아니다. 성실하게 행동한다는 것은 특정 가치들에 종사한다, 행한다는 것이며, 그 가치들을 진지하게 다룬다는 의미이다. 일반적으로 성실하지 못한 사람은 말과 행동이 일치하지 않는다. 말은 많으나 그에 따른 실천이 부족하다. 그러나 성실한 사람은 실천이 말에 미치지 못함을 부끄러이 여기기 때문에 쉽사리 말을 하지 않는다. 그래서 공자는 말에 앞서 행동의 실천을 누차 강조했던 것이다. 공자가 "군자는 할 말을 먼저 실행하고 난 뒤에 말한다(先行其言 而後從之)"는 것은 바로 그런 의미이다.

이러한 관점에서 볼 때, 성실이란 곧 참이다. 거짓이 없는 것이다. 맑고 깨끗한 마음이요, 순수무난한 정신이다. 언제 어디서 무슨 일을 하거나 어떤 사람을 대하거나 나의 정성을 다하고 나의 양심껏, 나의 능력껏, 나의 책임껏 하는 것이 곧 성실이다. 성실이란 정성되고 진실한 것이다. 인생의 여정은 관계의 맺음의 연속이다. 우리는 언제나 여러 가지 관계 속에 얽혀서 살아간다. 매일 직장이나 가정에서 여러 사람을 대하고 한 집안 식구와 접한다. 날마다 여러 가지 물건을 다루고 일을 처리한다. 학문이나 예술을 대할 때에는 진리와 마주서고 미의 향연에 참여한다. 인간이 산다고 하는 것은 여러 관계를 갖고 여러 관계 속에서 움직이는 것이다. 인생의 여정에서 이루어지는 어느 관계에서나 우리가 언제나 간직해야 할 근본 태도가 곧 성실의 원리이다. 성실은 만인이 걸어가야 할 인생의 큰 길이다. 성실은 언제 어디서나 통하는 인생의 화폐이다. 자사가 이야기했듯이 성실함은 하늘의 도(道)요, 성실해지려고 노력함은 사람의 도이다. 그래서 성실은 사람의 길일 뿐 아니라 하늘의 길이요, 우주의 원리인 것이다. 이러한 성실을 따라 생활할 때 그리고 그것에 지성을 드릴 때 그러한 행동에 모든 사람은 감동하게 된다(안병욱, 1970: 62). 러스킨(J. Ruskin)의 지적처럼 인생은 그저 흘러가는 것이 아니다. 인생의 여정은 성실로써 이루어져 가는 것이라야 한다. 우리는 하루하루를 그저 보내는 것이 아니고, 하루하루를 자기 자신이 가진 그 무엇, 성실로 채워가야 한다.

(2) 성실성과 성격 5요인 모델

참이나 거짓이 없는 것에 주목하는 도덕적 관점과는 달리, 심리학적 관점에서 성실성은 성취하려는 목표를 조직화하고 지속적으로 추진하려는 경향성으로 정의된다. 성실성은 성격 5요인 모델(big five personality traits)의 한 구성요인으로 사회적 규칙, 규범, 원칙들을 준수하며, 목표 지향적 행동을 촉진하고, 행동의 지속성을 지닌다(Costa & McCrae, 1992; 황영석, 2015: 4-5 재인용). 5요인 모델은 학자들 간에 약간씩 다르게 표현되어 사용되어 왔지만, 주로 신경증(neuroticism: N), 외향성(extraversion: E), 개방성(openness: O), 친화성(agreeableness: A), 성실성(conscientiousness: C)을 의미한다.

5요인 모델 중 하나인 성실성은 총 6가지의 하위요인으로 구성되어 있다. 첫째, 유능감(C1: competence)은 신중하고, 현명하며, 효율적이고 능력 있는 사람으로 자신을 평가하는 정도를 의미한다. 이 점수가 높은 사람은 자신의 인생을 잘 준비하고 있다고 느낀다. 반대로 낮은 점수는 자신의 능력이 부족하다고 보며, 인생을 잘 대비하지 못하고, 부적당하다고 본다. 정연성(C2: order)의 점수가 높은 사람은 깔끔하고 정연하며 단정하고 잘 조직되어 있다. 점수가 낮은 사람은 일이나 물건들을 깔끔하게 잘 조직화하지 못하고 자신을 불규칙적이라고 묘사한다. 충실성(C3: dutifulness)은 양심에 따라 행동하는 정도를 의미한다. 이 점수가 높은 사람은 윤리적인 원칙들을 엄격하게 고수하고 도덕적 의무를 성실하게 이행한다. 점수가 낮은 사람은 도덕적 의무에 대해 보다 무신경한 경향을 보이며 신뢰할 수 없다. 성취에 대한 갈망(C4: achievement striving)이 높은 사람은 포부가 크고 자신이 세운 목표를 달성하기 위해 많은 노력을 한다. 목적 지향적으로 인생이 나아가야 할 방향을 설정하고 부지런하다. 낮은 경우에는 게으르고 야망과 목적이 없으며, 종종 낮은 성취 수준에도 만족을 느낀다. 자기규제성(C5: self-discipline)은 과제를 시작하고 그것을 완수해 내는 능력을 뜻한다. 점수가 높은 사람은 완수해야 할 일에 의해 동기화되며, 일이 지루하거나 주의가 산만하더라도 시작한 일을 끝까지 완수해 낸다. 점수가 낮을 경우에는 싫은 일을 시작하는 것이 힘들고 쉽게 단념하며 그 일로부터 해방되기를 원한다. 신중성(C6: deliberation)은 행동을 이행하기 전에 주의 깊은 생각을 할 수 있는 정도를 의미한다. 점수가 높은 사람은 숙고하여 조심성이 있지만, 점수가 낮은 사람은 급하고 결과에 대한 고려 없이 말과 행동을 하는 경향이 있다. 반면, 자발적이고 좀 더 빠른 결정을 내릴 수 있는 장점을 가지고 있다(황영석, 2015: 4–5).

(3) 인생에 있어 성실의 의미

이른바 C6로 정리되는 성실성의 6가지 요소에 대한 이러한 설명은 분석적인 동시에 통합적인 관점이라고 평가할 수 있다. 성실성은 통합적 관점에서 볼 때, 현명하면서도 효율성을 갖는 능력, 주변이나 주어진 과제들을 정연하게 조직화하는 능력, 도덕적 의무를 양심에 따라 성실히 이행하는 특성, 설정한 목표를 위해 여러 노력을 기울이는 특성, 과제를 끝까지 완수해 내는 능력, 진중하게 숙고하는 능력 등을 의미한다. 이는 성실성을 포괄적으로 이해하는데 유용하다.

도덕적 의무를 양심에 따라 성실히 이행하는 특성과 관련하여 우리는 스티브 잡스(Steven Paul Jobs)나 미켈란젤로(Michelangelo)에 대해 주목할 필요가 있다. 스티브 잡스는 애플컴퓨터사의 공동 창립자이자 개인용 컴퓨터 시대를 이끈 카리스마 넘치는 선구자이다. 그의 성공적인 일생을 그린 영화 '잡스'의 한 장면의 내용이다. 스티브 잡스가 컴퓨터 내부의 부품배치를 보면서 이런 저런 평가를 내렸다. 그러자 이에 화가 난 개발자가 다음과 같이 말하였다. "누가 PC보드의 모양까지 신경 씁니까? 가장 중요한 것은 얼마나 잘 작동하는가 하는 것이지, 아무도 PC보드를 꺼내보지 않는다고요." 이에 스티브 잡스는 이렇게 말한다. "내가 봅니다. 비록 그것이 케이스 안에 있다고 할지라도 나는 그것이 가능한 한 아름다워야 한다고 생각합니다. 위대한 목수는 아무도 보지 않는다 해서 장롱 뒷면에 형편없는 나무를 쓰지 않습니다"(김용관, 2014 재인용).

미켈란젤로가 시스티나 성당의 벽화를 그릴 때 일이다. 그가 사다리를 타고 천장에 올라가 눈에 잘 띄지도 않는 곳까지 꼼꼼히 그림을 그리는 것을 보고 그의 친구가 "여보게, 그렇게 잘 보이지도 않는 구석진 곳에 인물 하나를 그려 넣으려고 그 고생을 하는가? 그것이 완벽하게 그려졌는지 아닌지 누가 알 수 있단 말인가?"라고 말했다. 이 말에 미켈란젤로는 "내가 알지"라고 말했다. 스티브 잡스나 미켈란젤로가 성공했던 것은 그들이 먼저 자기 자신에게 정직했다는 데 있다. 그리고 매사에 성실하게 살아감으로 먼저 자기 자신에게 인정받기를 원했던 것이다. 이렇게 인류 역사에서 성공을 거두고 위대한 업적을 남긴 사람들은 거의 대부분 성실하게 살아가던 사람들이다.

정연하게 조직화하는 능력과 관련해서는 안창호 선생의 일화를 떠올리게 된다. 주지하듯이 근세 한국을 대표할만한 인물 가운데 한 사람으로서 도산 안창호 선생은 애국자요, 교육자요, 개혁자이며, 뛰어난 웅변가였다. 젊은 나이에 불타오르는 열정을 가지고 열심히 독립운동과 사회 계몽운동을 하던 그는 앞으로 더 큰일을 하기 위해 새로운 학문을 더 받아들여야 함을 절감하고 1902년 24세의 나이로 미국으로 유학을 떠났다. 그는 공부를 하면서 한인공동협회를 만들어 교포들의 권익보호와 생활 향상을 위해서도 힘을 썼다. 그는 학비와 활동비를 조달하기 위해서 노동을 시작했다. 그때 있었던 유명한 일화 하나가 있다.

그는 한 미국인 가정의 1시간에 1달러를 받기로 하고 청소 일을 맡았다. 그런데 그는 청소를 할 때 눈에 보이는 곳만 하는 것이 아니라 사람의 손이 닿지 않는 곳까지 청소도구를 만들어 구석구석 깨끗이 청소했다. 베란다에서 땀을 흘리며 열심히 일하던 모습을 내려다보던 집주인이 감동을 받았다. 그 주인은 다른 사람들은 대충하고 마는데 마치 자기 집을 청소하는 것처럼 최선을 다하는 안창호에게 다가와 "당신은 도대체 어느 나라 사람입니까?"하고 물었다. 그리고 처음에 약속한 시간당 1달러에 50센트를 더 가산해 주었다고 한다. 안창호가 그 집 주인과 헤어질 때 집 주인은 이렇게 말했다. "당신은 청소부가 아니라 진정한 신사입니다." 남들이 하찮게 여길 수도 있는 '작은 일'에도 최선을 다했던 안창호는 독립운동이라는 민족의 대사(大事)에도 최선을 다하여 큰 업적을 남겼다(김용관, 2014). 이러한 에피소드는 깔끔하고 정연하며 단정하고 잘 조직되어 있음을 보여주는 안창호 선생의 정연한 조직화 능력과 관련된다고 볼 수 있다.

따라서 위대한 업적을 남긴 사람들의 사례를 통해서 보더라도, 인생은 그저 수많은 인파 속에 흘러가는 것이 아니라 성실로써 내가 이루어 나가는 것이다. 성실의 정신은 우리가 살아가면서 가져야 할 가장 중요한 것이라고 할 수 있다. 그렇기 때문에 인간으로서 우리는 지식을 배우고 지혜를 쌓아 나가는 것도 중요하지만, 보다 먼저 해야 할 것은 자기 자신에 대한 성실이다. 그리고 이를 바탕으로 일과 인간관계에서의 성실이 이루어져야 할 것이다. 이 세상에서 제일 중요한 시간은 바로 지금이고 현재일 수밖에 없다. 과거는 이미 지나가 버린 시간이며, 미래는 아직 오지 않은 시간이다. 내가 사용할 수 있는 시간, 내가 지배할 수 있는 유일한 시간은 오직 현재이므로 우리는 이 현재를 성실히 살아가도록 해야 한다. 이른바 '오래된 미래', '먼저 온 미래'라는 용어들이 있지만, 이러한 용어들 또한 현재를 위해 우리를 비추어 보는 거울의 역할에 주안점이 있다.

인생은 타인의 파도 속에 단지 떠내려 가는 것이 아니라 성실로서 이루어 나가는 것이며, 타성에 젖어 하루 하루를 보내는 것이 아니라 자신이 가진 것으로 채워 가는 것이다. 자신의 지혜와 양심을 다하고 능력을 다해서 오직 하늘을 향해 조금도 부끄러움이 없고, 거짓이 없기를 힘써야 하는 것은 인생을 바르게 사는 지혜이고 신념이기 때문이다. 그리고 이러한 삶이 바로 아름다운 삶의 모습일 것이다. 성실이라는 것은 참되다는 뜻이므로 즉, 거짓이 없다는 뜻일 수도 있다. 모든 사람이 다 위대해질 필요는 없지만 성실해질 필요는 있다. 성실의 원리를 생활 속에서 드러내고 실천하는 것이 곧 인간의 길이기도 하다.

성실이 인생의 주춧돌이라면 정직은 서까래이다. 성실한 마음을 가지고 성실하게 인생을 살아가려는 태도가 무엇보다도 중요한 일이기 때문에 우리는 성실을 인생의 주춧돌로 삼아야 한다. 생각하는 것, 말하는 것, 행하는 것, 모두 성실로 일관해야 한다. 성실한 마음과 정직한 행동으로 떳떳하게 내 힘으로 살아가려는 정신과 의지를 먼저 가져야 한다. 올바른 마음, 성실한 정신의 터전 위에 정직한 생각을 서까래로 삼아 자신의 인생의 청사진을 설계해야 한다. 올바른 마음의 터전 위에서 비로소 지식이 빛나고, 인격이 가치를 드러낼 수 있기 때문이다. 그러므로 우리는 먼저 올바른 마음을 가지는데 노력해야 한다.

인생은 깊이와 질이 더 중요하기 때문에 길이나 양으로만 판단하려는 것은 바람직하지 않다. 몇 년을 살아도 허송세월하는 사람이 있는가 하면 일 년을 살아도 알차고 보람 있게 사는 사람이 있다. 이를테면 길이와 양의 면도 좋지만 깊이와 질에 있어서도 알차게 살아야 한다는 뜻이다. 인생은 업적과 실적도 중요하지만 태도와 과정도 중요하다. 무엇을 얼마만큼 이루어 놓았느냐 하는 것도 중요하지만 어떤 태도와 정신으로 성실하게 인생을 살았느냐 하는 것이 더욱 중요하다. 우리는 큰일이건 작은 일이건 자기 일에 열과 성을 다하며 살아가야 한다. 성실을 다할 때 생의 보람과 희열이 있기 때문이다(이석기, 2013). 성실은 결과보다 과정에 더 중요한 의미를 부여한다.

이 세상의 치열한 생존경쟁에서 성공하기 위해서는 명석한 두뇌와 특출한 재능이 필요하다. 불타오르는 열정도 있어야 한다. 그러나 이것들보다 더 중요한 것이 있다. 그것은 '성실'이다(김용관, 2014). '성실'로 무기를 삼는 사람들은 어떠한 어려움 속에서도 끝까지 살아남는다. 이런 사람들은 조금 시간이 걸릴지는 모르지만 인생에 있어 무엇이 중요한지를 분명하게 깨닫고 있는 사람이고, 따라서 반드시 자기의 뜻을 이루게 되며, 타인으로부터, 후세로부터 인정받는 사람이 된다.

(4) 율곡 선생의 성실

성학집요(聖學輯要)는 율곡 선생이 1575년(선조 8년) 제왕의 학문 내용을 정리해 선조에게 바친 책이다. 율곡 선생께서 밝히고 있듯이 이 책은 제왕이 학문을 할 때 근본이 되는 것과 말단이 되는 것, 정치를 할 때 먼저 해야 할 것과 나중에 해야 할 것을 다룬다. 사람이 본래 타고난 덕을 밝힘(明德)으로써 얻을 수 있는 실제 효과와 백성에게 덕을 자각하게 하여 새로운 백성으로 거듭나게 하는(新民) 실제 자취의 얼개를 모두 대략적으로 밝힌 책이다(이이, 김태완 역, 2007: 12). 여기에서는 율곡 선생께서 수기(修己) 중 성실을 논한 내용을 소개하고자 한다.

> 신이 생각하건데, 분명하게 궁리(窮理)한 뒤에야 몸소 실행(躬行)할 수 있으며, 반드시 참된 마음(實心)이 있어야 실제 공부(實功)에 착수할 수 있습니다. 그러므로 성실은 몸소 실행하는 근본입니다(이이, 김태완 역, 2007: 146).

하늘에는 성실한 이치가 있기 때문에 기화(氣化: 기의 변화)가 쉬지 아니하고 유행(流

行)하며, 사람에게는 성실한 마음이 있기 때문에 공부가 계속되어 환히 밝고 틈이 없다. 사람이 성실한 마음이 없으면 하늘의 이치와 어긋나게 된다. 어버이를 모시는 사람으로서 효도해야 한다는 것을 모르는 자는 없지만 효도하는 자는 드물고, 형을 두고 있는 사람으로서 공경해야 한다는 것을 모르는 자는 없으면서도 공경하는 자는 적으며, 입으로는 부부(夫婦) 간에 서로 공경해야 한다고 하지만 집안을 가지런히 한 효과를 거두었다는 말은 듣지 못했다.

장유(長幼)와 붕우(朋友)의 경우도 그렇지 않은 것이 없다. 어진 이를 보면 좋아해야 한다는 것을 알면서도 마음은 색(色)을 좋아하는 데로 옮아가고, 사악(邪惡)한 자를 보면 미워해야 한다는 것을 알면서도 아첨을 받아들이기를 사사로이 좋아한다. 벼슬에 있는 자는 청렴과 정의를 말하면서도 일을 하는 데 있어서는 청렴하거나 정의롭지 못하며, 백성을 다스리는 자는 백성을 기르고 가르칠 것을 말하면서도 정치를 하는 데 있어서는 기르거나 가르치지도 않는다. 또 혹은 억지로 인의(仁義: 착함과 의로움)에 힘써서 겉으로는 볼만할 듯하나, 마음속으로 좋아하는 것은 인의에 있지 않다. 속이고 거짓된 것은 오래가기가 어려워서 처음에는 재빠르게 설치다가도 나중에 가서는 게을러지니, 이와 같이 되는 것은 모두 성실한 마음이 없기 때문이다.

마음이 성실하지 못하면 만사가 모두 거짓이 되니, 어디를 간들 갈 수 있겠는가? 마음이 성실하다면 만사가 모두 진실할 것이니 무엇을 한들 이루지 못하겠는가? 그러므로 주자가 말하기를 "성실이란 성인의 근본이다."라고 하였다.

뜻을 성실하게 하는 것은 수기(修己)와 치인(治人: 지도자로서 남을 다스리는 것)의 근본이다. 지금 비록 따로 한 장(章)을 만들어 그 대개를 진술하였지만 성실하게 한다는 의미는 실로 상하의 모든 장(章)을 꿰뚫고 있다. 예컨대, 뜻(志)은 성실함이 없다면 서지 않을 것이고, 이치는 성실함이 없다면 알지 못할 것이며, 의지는 성실이 아니면 확립할 수 없고, 이치는 성실이 아니면 깨달을 수 없으며, 기질은 성실이 아니면 변화시킬 수 없다.

반면, 『맹자』에서는 "성실함은 천도(天道)요, 성실하고자 하는 것은 인도(人道)이다."

라고 말했는데, 성실한 것은 천도 곧 자연의 길이요, 성실하고자 하는 것은 인도 곧 인간의 길이라는 것이다. 여기서 자연의 길이 성실하다는 것은 무엇일까? 바로 자연은 끊임없이 쉬지 않고 사계절이 차례대로 번갈아 바뀌면서 만물을 생겨나게 하고 길러내어 이루게 한다. 한 순간도 쉬지 않고 그야말로 정성스럽게 운행한다. 그래서 『중용』에서 "성실은 사물의 처음이요 끝이니, 성실하지 않으면 사물이 없는 것이다."라고 하였다. 자연이 이렇게 성실하지 않으면 어떻게 사물이 생겨나고 자라고 이루겠는가? 인간도 마찬가지이다. 그래서 "그러므로 군자는 성실을 귀하게 여기는 것이다."라고 말했다.

따라서 사람의 입장에서 멈추지 않고 운행하는 자연을 볼 때 정성스럽고 참되고 진리가 되는 것이다. 자연처럼 인간도 자신의 일을 정성스럽고 참되게 하는 것, 그것이 인간의 길이다. 부모가 자식을 기르는 것도 이렇게 해야 하고, 임금 또는 지도자가 백성이나 국민을 위해 나라를 다스리는 것도 이래야 하고, 공부하는 학생도 자신의 할 일을 그렇게 해야 하는 것이다. 사람이 이렇게 하면 믿음 곧 신뢰가 생긴다(율곡사업단, 2015: 36-37).

(5) 증자의 원칙 : 진실하고 성실한 마음으로 이루지 못할 것은 없다.

공자는 증자(曾子)의 효행(孝行)을 높게 사, 효(孝)에 관한 책을 지으라고 권유했다. 그렇게 해서 탄생한 책이 『효경(孝經)』이다.[7] 이 책은 공자(孔子)와 증자(曾子)의 문답 가운데 효(孝)와 관련한 내용을 간추려 싣고 있다.

효도(孝道)가 부모에 대한 진실하고 성실한 마음에서 우러나온 것이라면, 충성(忠誠)은 임금에 대한 진실하고 성실한 마음에서 우러나온다. 또한 학문(學文)과 덕행(德行)은 스승에 대한 진실하고 성실한 마음에서 우러나오는 것이다. 마음이 찾아가는 방

7) 효경은 유학의 기본 경전인 13經(경)의 하나이다. 증자가 저술했다는 설도 있으나, 공자가 직접 저술했다는 설, 공자와 증자의 문답을 다른 문인이 기술한 것이라는 설, 위에 거론된 사람이 아닌 다른 사람의 저술이라는 설도 있다.

향은 조금씩 다르지만 그 뿌리는 모두 진실하고 성실한 마음에 있다. 공자가 효도와 충성을 높게 산 이유 역시 그 밑바탕을 이루고 있는 '진실하고 성실한 마음'을 높게 여겼기 때문이다. 증자는 바로 이 '진실하고 성실한 마음'으로 자신의 단점을 넘어설 수 있었다. 그는 날마다 '다른 사람을 위해 일을 하면서 충실했는가?', '친구들과의 사귐에 있어서 믿음과 의로움을 잃지 않았는가?', '스승에게서 받은 가르침을 제대로 익히지 못했는가?' 이 세 가지를 반성하면서 '진실하고 성실한 마음'을 닦고 또 닦았다.

증자(曾子)는 공자가 제자들에게 가르치는 사상의 핵심을 '충(忠)과 서(恕)'로 이해했다. 이때 '충(忠)'은 다른 사람에게 충실한 것, 즉 온갖 정성과 힘을 다 쏟는 것을 뜻한다. '서(恕)'는 다른 사람의 처지를 생각하고 이해하여 용서하는 것, 즉 내 생각을 미루어 다른 사람의 처지를 헤아리는 것을 뜻한다.

공자가 증자에게 "나의 도(道)는 하나로 꿰뚫어져 있다."라고 말했다. 이에 증자가 "예. 선생님의 도(道)는 하나로 꿰뚫어져 있습니다."라고 대답했다. 공자가 나간 후, 공자의 여러 제자들이 증자에게 물었다. "그것이 무슨 말씀입니까?" 이에 증자는 "선생님의 도(道)는 충(忠)과 서(恕)일 뿐입니다."라고 했다.

증자는 학문 역시 '진실하고 성실한 마음'으로 해야 한다고 여겼다. 증자는 진실함과 성실함만 잃지 않는다면 아무리 '아둔한' 사람이라도 반드시 자신이 목표한 것을 이룰 수 있다는 교훈을 몸소 실천해 보여주었다. 증자가 보기에, 학문을 쌓고 덕행을 실천하는 데 있어서 방해물은 '게으름, 부끄러움, 고집, 막힘, 의혹'이지 '아둔함'이 아니다. 따라서 시간을 아껴 배우고 알맞은 때를 선택해 실천한다면, 아무리 '아둔한' 사람이라고 해도 반드시 큰 열매를 얻게 마련이다.

잘못을 알면서도 고치지 못하는 것은 게으름이다. 실천했는데 이루지 못하는 것은 부끄러움이다. 어진 사람을 존경하면서도 함께 하지 못하는 것은 욕됨이다. 알지 못하면서도 묻지 않은 것은 고집이다. 말을 하면서도 논리적으로 정리하지 못하는 것은 막힘이다. 혹은 기뻐했다가 혹은 화내는 것은 미혹(迷惑)이다. 실천하지도 못하면서 말만 앞세우는 것은 속이는 짓이다. 무엇을 말하면서 말을 아름답게 꾸미는 것은 헛된 소리일 뿐이다.

군자(君子)는 시간을 아껴 배우고, 알맞은 시기에 실천한다. 어려운 일을 피하지 않고, 쉬운 일이라고 무조건 하지 않는다. 오직 의(義)로운 일에만 나아간다. 날마다 아침에는 배움을 찾아 나서고 저녁이 되어서는 스스로를 반성한다. 그렇게 할 수 있도록 자신의 몸을 내던진다. 이것을 학업을 지킨다고 말한다.

군자는 학문을 배운 후, 그것이 넓지 못할까 근심한다. 학문을 넓게 한 후에는, 그것을 익히지 못할까 근심한다. 학문을 익힌 후에는, 그것을 깨닫지 못할까 근심한다. 학문을 깨닫고 난 후에는, 그것을 실천하지 못할까 근심한다. 학문을 실천한 후에는, 사양과 양보를 귀중하게 생각한다. 군자가 배워야 할 것은 이 다섯 가지뿐이다(고전연구회 사암, 2006).

그렇다면 우리는 어떨까? 우리는 공부를 한 후 그것이 넓지 못함을 근심하기보다 이를 어디에 사용할까 고민한다. 책을 몇 권 읽은 후 모든 것을 익혔다고 생각한다. 실천하지 못할까 근심하기보다는 '말'로써 주위 사람들에게 장바구니 풀어놓듯이 자랑스럽게 현학적으로 펼쳐놓는다. 나의 공부의 부족함을 생각하기보다는 오직 나를 타인들이 알아주지 않을까 하는 근심이 앞선다. 겉으로는 의(義)를 말하지만, 이익 앞에 서게 되면 자신의 가치판단과 행동을 합리화 시킨다. 반면 반성과 성찰 등은 타인을 가르칠 때 활용한다. "옛날에 배우는 사람은 자기를 위해(爲己) 공부하였는데, 오늘날 배우는 사람은 남을 위해(爲人) 공부한다"는 논어의 구절은 당시에도 현재를 살아가는 우리 시대에도 변함이 없다.

II 공동체윤리

원만한 직업생활을 위해 직업인이 갖추어야 할 직업윤리 중에서, 인간존중을 바탕으로 봉사하며, 책임감 있게 규칙을 준수하고, 예의바른 태도로 업무에 임하는 자세인 공동체윤리가 매우 중요하다. 공동체윤리를 실천하기 위해서는 '서비스(봉사)', '책임', '준법', '예절' 등의 자세가 중요한 역할을 한다.

학습목표

일반 목표

직업윤리를 실천하기 위하여 서비스(봉사), 책임감, 준법, 예절 등의 중요성을 인식하고 적극적으로 업무에 임하는 자세를 기른다.

세부 목표

1. 직업생활에서 서비스의 의미를 알고 이를 실천한다.
2. 직업생활에서 주어진 업무의 완수를 위한 책임의 자세를 설명할 수 있다.
3. 규칙을 지키는 생활이 주는 이점에 대해 말할 수 있다.
4. 대인관계에서 지켜야 할 예절의 의미를 설명할 수 있다.
5. 성별의 차이에 따른 매너를 지킬 수 있다.

주요용어

서비스(봉사), 책임, 준법, 예절

1. 서비스(봉사)

그릇이 큰 사람은 남에게 호의와 친절을 베풀어주는 것으로 자신의 기쁨으로 삼는다.
-아리스토텔레스(Aristoteles)

자기에게 이로울 때만 남에게 친절하고 어질게 대하지 말라. 지혜로운 사람은 이해관계를 떠나서 누구에게나 친절하고 어진 마음으로 대한다. 왜냐하면 어진 마음 자체가 나에게 따스한 체온이 되기 때문이다. -파스칼(Blaise Pascal)

1) 사례

어느 날 새벽 일본 도쿄 하네다공항 국제선 터미널 내 싱가포르항공 체크인 카운터에 젊은 남녀가 찾아왔다. 두 남녀는 싱가포르항공을 이용해 인도네시아 휴양지 롬복으로 날아가 결혼식을 올릴 계획이었다. 그러나 신부의 여권 만료 기간은 6개월도 안 남은 상태였고, 따라서 인도네시아 입국이 거부될 수 있는 상황이다.

"결혼식을 치를 수 없게 됩니다. 어떻게든 방법이 없을까요?" 남자가 물었다.

이는 분명 항공사의 재량을 넘어서는 일이다. 하지만 싱가포르항공 직원은 "안 된다"는 말 대신 "안 될 수도 있지만 어떻게든 해 보겠습니다"고 대답했다. 예식까지 남은 시간은 불과 13시간. 이때부터 직원들은 분주히 움직였다. 주일 인도네시아 대사관과 인도네시아 입국 관리소, 결혼식이 치러질 호텔, 웨딩플래너 등 모든 관계자에게 연락을 취했다.

"신원을 보증할 수 있다면 예외적으로 입국을 인정하겠습니다."

가까스로 인도네시아 입국 관리소의 긍정적인 답변을 듣고 싱가포르항공 직원은 결혼식 예정 호텔에 신분 보증을 요청했다. 다음 날 두 사람은 무사히 결혼식을 치렀다(성문제, 2014).

일본 기업인들이 가장 만족하는 항공사는 어디일까? 싱가포르항공이 일본 대형 항공사들을 제치고 당당히 수위를 차지했다. 일본 경제전문지 닛케이비즈니스(Nikkei Business)가 2년만에 실시한 항공사 만족도 조사에서 싱가포르항공은 2위와 큰 격차를 유지하며 1위를 지켰다. 이전 조사에서 3위 안에 들지 못했던 일본 양대 항공사

전일본공수(ANA)와 일본항공(JAL)은 각각 2, 3위를 차지하며 일본인들의 신뢰를 회복했다.

〈표 Ⅱ-1〉 닛케이비즈니스의 항공사 만족도 조사 결과

순위	항공사명	점수	서비스	좌석	운항 안정성 및 정확성	노선 네트워크·얼라이언스	코스트 퍼포먼스·마일리지
1	싱가포르항공	220.1	58.2	41.9	44.3	45.4	30.3
2	전일본공수	188.2	49.8	30.5	47.4	40.2	20.3
3	일본항공	169.9	47.3	28.9	46.7	28.9	18.1
4	터키시에어라인	162.3	40.7	31.4	23	33.2	34
5	에미레이트항공	157.3	44.6	44.1	31	18.6	19
6	루프트한자항공	137.5	22.7	17.3	33.5	47.6	16.4
7	타이국제항공	132	27.6	21.3	24.4	34.7	24
8	캐세이퍼시픽항공	129.6	29.1	21.8	28.6	29	21.1
9	핀란드항공	128.7	26.7	20.4	38.3	22.2	21.1
10	KLM네덜란드항공	103.5	22.2	13.9	25.3	22.9	19.2

위 조사는 닛케이비즈니스가 일본의 기업 회장, 사장, 임원 등 6,634명을 대상으로 지난 3년간 이용한 항공사에 대해 △서비스(승무원의 대응, 기내식, 엔터테인먼트), △좌석, △운항 안전성 및 정확성, △노선 네트워크 규모와 가맹하고 있는 얼라이언스, △코스트 퍼포먼스(비용 대 성능 비율)와 마일리지 등 5개 항목을 점수로 산정하여 이루어졌다.

싱가포르항공은 서비스 부문에서 최고 점수를 기록했다. 앞의 사례와 같이 '무조건 안된다고 말하지 않는 점'이 높은 평가를 받은 셈이다. 좌석 부문에서도 두 번째로 높은 점수를 받는 등 나머지 4개 항목에서 골고루 좋은 평가를 받았다. 특히 싱가포르항공이 에어버스 380기를 도입하면서 마련한 최상위 클래스 '스위트'가 좌석 부문 고득점 비결로 꼽혔다(성문제, 2014). 한국 항공사는 왜 단 하나의 항목에서도 10위권 내에 들지 못하였을까?

2) 활동

최선의 봉사는 최고의 친절에서 시작된다. 사소한 민원 하나라도 애정을 갖고 정성을 다하는 마음자세가 밑바탕에 있어야 한다. 틀에 박힌 강요된 친절이 아니라 직분을 다하는 기쁜 마음에서 우러나오는 친절이 되어야 할 것이다.

국립재활원 재활병원부에 따르면, 친절서비스의 3요소는 마음씨와 몸가짐, 말씨라고 한다. 마음씨에는 근무기관을 대표한다는 긍지와 자부심, 서비스하려는 봉사의 마음, 고객의 입장을 먼저 생각하는 마음이 포함된다. 몸가짐에는 단정하고 청결한 복장 · 용모, 겸손하고 정중한 태도, 적극적인 문제해결 자세와 신속한 업무처리가 포함된다. 말씨에는 부드럽고 정성스런 마음이 담긴 목소리, 알기 쉽고 품위가 있는 언어의 사용, 가급적 표준말의 사용이 포함된다.

8가지 친절한 마음으로서는 ① '어서 오십시오'의 환영하는 마음, ② '안녕하십니까'의 밝은 마음, ③ '예'하는 상냥한 마음, ④ '수고하셨습니다'라고 위로하는 마음, ⑤ '미안합니다'라는 겸손한 마음, ⑥ '덕택으로'라는 겸허한 마음, ⑦ '하겠습니다'의 봉사하는 마음, ⑧ '고맙습니다'라는 감사의 마음 등이 제시되고 있다.

이러한 친절서비스와 관련하여 간호사의 역할에 대해 현장에서 소개된 사례를 살펴보자. 경험에서 우러나온 사례와 유머, 춤, 노래를 가미한 '친절' 강의로 간호사들의 호응을 얻고 있는 고○○ 간호사(서울아산병원)에 의하면, 친절은 끊임없는 자기 훈련을 통해서만 몸에 밸 수 있다고 한다.

> "표정, 인사, 태도, 용모, 말씨를 곱한 것이 친절이에요. 아무리 큰 수를 곱해도 0이 곱해지면 답은 0밖에 나올 수 없잖아요. 친절도 마찬가지에요. 밝은 표정을 짓더라도 용모가 단정하지 않다던가, 말씨가 곱지 않으면 결국엔 0점짜리 친절인거죠."

결국 잘 어우러지는 것이 친절이라는 얘기이다. 친절의 첫인상은 밝은 미소를 꼽을 수 있다.' 웃는 얼굴에 침 못뱉는다'는 속담처럼 밝은 표정은 상대방에게 좋은 이미지로 어필할 수 있는 가장 큰 무기가 된다.

100점짜리 미소는 입으로만 웃는 것이 아니라 얼굴 전체로 웃는 것이다. 눈썹, 얼굴 근육 등이 함께 움직여야 자연스러운 미소가 나올 수 있다. 얼굴 근육을 부드럽게 하려면 눈썹을 위아래로 움직이고 아, 에, 이, 오, 우를 큰 소리로 외치며 악관절을 이완시켜주는 운동을 틈 날 때마다 해주는 것이 큰 도움이 된다. 이때 고객을 향하는 시선은 옆쪽으로 5도만 벗어나도 상대방에게 오해를 불러일으킬 수 있으므로 항상 미간에서 약간 아래 정도를 바라보는 것이 가장 안정적이다.

그리고 고객과의 거리는 가족이 아닌 이상 너무 가까워도 상대방이 부담스러워 할 수 있으니 7~80㎝가 적당한데, 50㎝ 정도로 다가가도 무리는 없다. 한편 병상에 누워 있는 환자와 대화를 나눌 때에는 환자의 허벅지 위치 정도에 서서 환자를 바라보며 얘기하는 것이 바람직하다. 그리고 상대방에게 여운을 남길 수 있도록 인사한 후에도 3~5초 정도는 고객을 바라보며 표정과 자세를 유지하는 것이 좋다.

옛 어른들은 미간을 복이 들어오는 입구, 코는 복이 내려오는 길, 입은 복을 담는 그릇이라고 했다. 내 얼굴에 찾아오는 복을 잘 맞이해서 담는다면, 내게도 복이 오고, 내가 대하는 고객 또한 행복한 하루를 보내게 될 것이다.

■ 친절한 인사법을 연습해보자.

① 어떤 서비스 교육에서는 고객에게 인사를 할 때 45°까지 숙여야 한다고 하는데, 60° 정도만 숙여도 예의에 벗어나지 않는다.

② 손을 배꼽 위치에 가지런히 포갠 채 인사를 하면 훨씬 공손하고 단정해 보인다.

③ 인사를 한 후에는 바로 고개를 들지 말고, 2~3초간 자세를 유지하는 것이 상대방에게 여운을 남길 수 있다(이미혜, 2006: 38).

3) 내용

(1) 서비스의 의미와 특징

오늘날 기업은 정보화, 세계화 등 기업 내의 급속한 변화 뿐만 아니라 기업의 사회적 책임과 기여의 중요성이 강조되고 소비자의 방어의식이 고취됨에 따라 기업의 조직적 기능이나 관리방식이 변화되고 있다. 이에 따라 기업에서 제공하는 제품만이 아니라 서비스에 대한 중요성과 인식이 높아가고 있으며 고객만족을 위한 서비스의 개선은 기업의 최우선적인 목표 중의 하나가 되고 있다. 또한 제품 및 생산기술이 고도화되고 제품의 사용 기능이 복잡해짐에 따라 서비스는 기업의 경쟁력 측면에서도 중요한 요소가 되고 있다 따라서 오늘날 대부분의 제조활동은 소비자에 대한 제품의 공급뿐만 아니라 제품의 공급과 사용 전후를 통해 부수되는 서비스의 제공이 병행되고 있음을 볼 수 있다(유시정 · 강길환, 2000: 184).

주지하듯이 서비스(Service)는 '노예'라는 뜻을 가진 라틴어 '세르브스(Servus)'라는 단어에서 유래되었다 한다. 이는 영어의 'Servant', 'Servitude', 'Servile' 등 '사람에게 시중을 든다'는 의미를 가진 단어와 유사하다. 이러한 의미에 기초하여 기업과 소비자의 상호관계 측면에서 서비스 개념을 보면, 서비스란 기업의 이익을 창출하고 계속 기업(On-going industry)으로 성장하기 위해서 고객에게 따뜻한 호감을 주고 신뢰관계를 구축하여 대내외적으로 높은 이미지를 선보이는 긍정적 평가, 즉 환대의 행위라고 할 수 있다. 현대사회에서 서비스는 단순한 제품 및 기업의 이미지 구축을 뛰어넘어 서비스 제공의 사전 · 과정 · 사후에 이르기까지 고객감동 실현을 통한 고객생애가치(life time value)를 함께 창출해가는 원동력이 되고 있다(김주영 외, 2016: 127).

물론 서비스에 대한 정의는 많은 학자들에 의해 다양하게 정의되고 있다. 먼저 미국마케팅협회(AMA)는 서비스를 제품판매를 위해 제공되거나 판매에 부수적으로 제공되는 행위, 편익, 만족이라고 정의하고 있다. 또한 헤스켓(James L. Hekett, 1990) 등은 서비스는 소비자의 편익이나 만족을 목적으로 인간, 또는 설비와의 상호작용을 통하여 제공되는 무형의 행위라고 정의하고 있다. 즉, 그들의 정의에 의하면 첫째, 서비스는 소비자가 주관적으로 요구하는 것으로서 만족이나 편익을 위해 제공하는 것을 의미하며, 둘째, 서비스는 재화 생산의 흐름과 과정에 의해 이루어지는 결과(stock)로서의 재화와 구별되며, 서비스 제공의 행위에 따라 서비스의 소멸성, 무형성 등 서비스의 주요 특징이 나타나고 있다. 셋째, 서비스의 생산자와 소비자 또는 서비스 시스템의 설비와의 상호작용은 서비스의 정의에서 가장 중요한 영향을 미칠 수 있다. 서비스의 창출과 제공의 과정은 이들 요소 간의 상호작용이므로 서비스의 생산과정에서 소비자가 필수적으로 참여하게 되며 상황에 따라 이질적인 서비스가 창출될 수 있다(유시정 · 강길환, 2000: 187–188).

일반적으로 제품은 유형의 물리적 실체로 고객에게 제공된다. 그러나 서비스는 고객의 편익이나 만족을 목적으로 하는 무형의 재화이다. 이러한 서비스의 특징 또한 복합적이다. 서비스의 특징을 정리해 보면 다음과 같다(현인규 · 이완영, 1999: 2–3).

첫째, 서비스 창출 과정에 고객이 직접 영향을 미친다. 서비스가 이루어지는 장소의 외형적 환경, 즉 장식, 인테리어, 가구, 소음, 색깔에 고객의 직접참여가 이루어지기 때문에 고객 관점에서의 서비스 시설이 필요하다.

둘째, 서비스는 생산과 소비가 동시에 일어난다. 제품처럼 저장되었다가 고객의 구매에 의해 사용 후에 느끼는 고객의 만족도가 아니라 동시에 이루어진다. 미리 만들어 놓을 수 없는 것이 가장 큰 특징이다.

셋째, 서비스는 소멸성(perishable) 재화이다. 서비스는 저장되지 않는다. 고객에 의해 사용되지 않는 한 서비스는 존재하지 않는다. 따라서 서비스 능력의 최대한 사용은 서비스기업들에게 경영상의 중요한 이유가 된다.

넷째, 고객이 근접하기 쉬운 장소나 위치에 영향을 받는다. 제조물품은 생산업자에서 도매업자 그리고 소매업자로 이어지지만, 서비스는 고객이 찾아오든지 서비스기업이 고객을 찾아가든지 고객과의 장소적 밀접함(use multisite locations)을 요구한다. 오늘날 인터넷 등으로 인해 이런 특징이 변화하고 있지만 이것이 서비스의 근본적인 특징임에 틀림없다.

다섯째, 서비스산업은 노동집약적이다. 대부분의 서비스 조직에서 노동력은 조직의 효율성을 결정하는 핵심요소이다. 특히 종업원과 고객과의 상호교류는 대단히 중요하다. 따라서 서비스는 제품의 한 부분이다.

여섯째, 서비스는 무형이다. 무형이라는 특성이 고객에게는 문제를 야기할 수 있다. 왜냐하면 보이지 않기 때문에 대부분 고객은 기업의 평판(reputation) 등에 의존한다.

일곱째, 성과측정이 어렵다. 개인마다 느끼는 서비스는 측정하기가 복잡하다. 제조물품의 경우 품질의 표준적 측정은 고객이 구매하기 전에도 일정한 기준에 의해서 가능하지만, 서비스는 각각의 고객에 대해 실시간으로(real time) 반응이 이루어진다.

여덟째, 서비스의 효과는 때로는 시간이 경과해야 그 효과를 파악할 수 있다. 대부분 서비스는 전달과정에서 느낄 수 있다. 그러나 진정한 효과는 시간이 경과한 후에 고객이 느끼게도 된 후 그 실질적 효과를 알 수 있다.

제품과 서비스의 차이를 구별하는 것은 쉽지 않다. 왜냐하면, 서비스가 제품에 수반되기도 하고, 제품에 서비스가 수반되기 때문에 다양한 상황에서의 소비자 구매는 제품과 서비스를 일련의 묶음(a bundle of goods and services)의 성격을 지니는 것으로 이해된다(현인규 · 이완영, 1999: 2-3).

(2) 친절과 서비스 매너

서비스와 관련하여 중요한 덕목은 친절이라고 할 수 있다. 영어의 being kind는 한글의 친절(親切)과 같기도 하고 다른 한편 다르기도 하다. 다시 말해 영어의 kind에 대해 우리말은 친절이라 하거나 우리말의 친절을 영어로 kind라고 하는 데는 적실한 점과 적당하지 못한 점이 있다는 것이다. 우리의 친절의 일상적 · 사전적 의미는 남에게 정답고, 친하고, 가깝고, 즐겁고, 화목하고, 고분고분한 것을 지칭한다. 이런 점에서 보면, 영어의 kind가 남에게 good, gentle, friendly, loving, tender-hearted하다는 정의와 차이가 크게 나지 않아 통역에 무리가 없어 보인다. 그러나 '남에게'의 그 '남'이 엄격히 말해서 두 언어권 또는 문화권에서 차이를 보인다. 우리의 친절에서 '남에게'란 전통적으로 주로 아는 사람, 같은 공동체의 구성원, 어떤 방식으로든 밀접하게 관계되어지는 사람을 지칭하지 아주 낯선 사람을 포함한다고 보기 어렵다. 그러나 영어의 kind의 경우 남이란 어디까지나 지기(知己)는 물론 낯선 타인에 이르기까지, 역사적으로 거의 무차별적으로 가리키고 있음을 알 수 있다. 이렇게 보면 친절과 kind 사이에는 같은 뜻도 있으나 다른 뜻도 있어 사용에 여러 상황을 고려해야 하는 주의를 요한다.

주지하듯이 사전적으로 친절이란 다른 사람이 필요한 욕구에 대한 배려와 우호적이고 관대한 대접을 의미하며 여러 방법으로 상대방의 생활을 편안하게 해주는 행동으로 정의된다. 학술적으로 친절은 상대방의 기대를 초과하는 인간 상호 간의 배려 행위로(the interpersonal action of caring), 감정이 이입되어 있고(empathetic), 자발적이며(spontaneous), 지도 가능하고(coachable), 선도하는 모델(a leading model)을 가지고 있어야 한다(Smith, 1992; 양광식 · 서원석 · 강병수, 2013: 3). 무엇보다 친절(Kindness)이란 타인의 필요한 욕구에 대한 배려와 우호적인 대응으로 성숙한 사람이 가져야 할 중요한 덕목이다. 삶을 풍요롭고 행복하게 하는 개인의 성격적 강점과 덕성에는 어떠한 것들이 있는가를 연구하는 긍정심리학에서도 친절을 타인에게 호의를 베풀고 선한 행동을 하는 것으로 정의하고, 타인을 돌보는 것과 관련된 인간의 내재적 강점인 인간애(humanity)의 구성요소로 평가하고 있다.

이러한 친절은 개인의 관계에서 타인의 요구에 대한 호의와 배려로 타인의 삶을 풍요롭게 하는 중요한 수단이다. 기업 또한 고객과의 관계에서 보유하고 있는 기술과 함께 수익을 증대할 수 있는 요인으로 친절을 활용한다. 사회적인 측면에서 친절은 정의, 평등과 더불어 지속가능한 사회조성을 위해 필요한 사회규범 또는 도덕적 가치를 의미한다.

한편, 친절은 상대방의 생활을 편안하게 해주는 행동이라는 측면에서 타인을 대하는 자세나 태도인 서비스와 연계하여 사용된다. 서비스는 비생산적인 노동 또는 재화이고 동시에 무형의 상품이기 때문에 고객과 직·간접적으로 맞부딪치는 모든 접점(moment of truth)에서 정확하게 고객의 요구를 만족시킬 수 있도록 서비스의 질을 유지해야 한다. 이러한 차원에서 서비스의 질은 서비스 제공자로부터 서비스를 받는 과정에서 느끼는 과정(process)과 서비스가 제공된 후의 성과에 대한 고객평가인 결과(outcome) 이외에 주변 환경과 디자인 등의 물리적 환경을 포함하여 서비스의 질을 평가하여야 한다(Brady and Cronin, 2001; 양광식·서원석, 2014: 47).

도덕적 관점에서 보면 친절은 전체적으로나 부분적으로나 선택의 여지가 있는 것이 아니다. 친절해도 좋고 친절하지 않아도 괜찮은 것이 아니다. 즉, 반드시 친절해야 하는 것이다. 이는 "보상을 구하지 않는 봉사는 남을 행복하게 할 뿐 아니라 우리 자신도 행복하게 하는 것이다"라는 간디(Mohandas Karamchand Gandhi)의 말과도 상통한다. 따라서 친절은 상황에 따라서 베푸는 자선이나 선택이나 봉사가 아니며 어떤 조건이 주어지면 할 수 있는 조건부적인 것이 아니라 절대적 의무요, 도덕적 명령이다. 칸트(Immanuel Kant)의 생각을 빌면 친절은, 즉 우리가 남에게 친절해야 하는 것은 선택적 조건부적 명령(conditional hypothetical command)이 아니라 하나의 무조건적 절대명령(unconditional absolute command), 즉 정언명령(categorical imperative)이다(황필호, 2001: 173).

친절은 칸트의 주장처럼 사람을 하나의 수단이 아니라 존경심을 가지고 항상 하나의 목적으로 대하려는 데서 가능하다. 또한 친절은 단순이 남아 베푸는 봉사가 아니라 인간으로서 지녀야 할 그리고 지켜야 할 도덕적 의무이다.

그런 의미에서 친절이 오늘날 서비스 산업에서 대외경쟁력 강화에 도움이 된다든지 회사 운영에 보탬이 된다든지 친절하다보면 자기 자신의 기분이 좋아진다든지 하는 따위의 공리주의 시각에서 나오는 것은 바람직하지 않다. 친절은 인간이기 위한 도덕인이기 위한 근본요청으로 의무로부터 나오는 것이다.

따라서 친절은 봉사의 정신을 바탕에 깔고 손님을 주인 대접할 수 있고 섬길 수 있는 마음가짐에서 영원한 것이다. 친절이란 대가를 바람이 없이 내켜 베풀 때 큰 빛이 나고 돋보이게 마련이다. 타산이 앞선다면 소극적인 인색함 속에 오랫동안 마음속에 자리잡지 못하는 일회성 친절이 된다. 따라서 친절은 사고 파는 것이 아니라 주고받는 것으로도 큰 뜻이 있지만 마음먹기에 따라서는 베풀어 사도록 하는 가치 있는 용역의 대가로서 그 자체가 소중한 가치이다(허신구, 1987: 352). 이렇듯 무조건적인 절대 명령으로서 친절과 함께 서비스 개념에서 중요한 윤리적 측면을 강조하는 용어가 바로 서비스 매너이다.

매너(manner)라는 용어는 'Manus'와 'Arius'의 복합어로써 'Manuarius'라는 라틴어에서 유래하였다. 'Manus'는 영어의 Hand, 즉 손이라는 뜻으로 사람의 행동, 습관의 의미를 갖는다. 'Arius'는 More at manual, More by manual이란 뜻으로 방식, 방법을 의미하므로 매너는 본래 사람의 손과 관계되는 방법이라는 뜻으로 쓰이다가 이것이 확대되어 사람이 에티켓을 지키기 위해 구체적으로 행동하는 방식의 의미로 사용되고 있다. 또한 매너는 예의라는 의미로서 서로 구분 없이 쓰고 있다. 에티켓이 형식(form)이라면, 매너는 방식(way)으로 양식 있는 사람의 타인 배려에 대한 언행을 형식화한 것이라고 정의되기도 한다. 그리고 매너, 에티켓, 예절, 예법이라는 용어는 사회의 질서를 지켜주는 예의범절로서 상대방을 존중해 주는 것이며, 인간관계를 원만하게 맺어줄 수 있는 원동력이다. 나아가 좀 더 적극적인 의미로는 인간관계를 성공적으로 이끌어 나갈 수 있는 사회적 환경과 시대에 따라 변천하는 보이지 않는 사회의 규칙이라고 정의되기기도 한다.

직장생활과 관련하여 볼 때, 매너의 기능은 크게 개인적 측면과 기업적 측면 두 가지로 구분하여 볼 수 있다. 개인적 측면에서의 매너의 기능은 조직 내에서의 자신의 능력 발휘라고 하며 이는 곧 비스니스 능력 중의 하나라고 할 수 있다. 기업적 측면에서의 매너의 기능은 서비스에 초점을 맞추어 이윤창출과 연결된 사회적 관계유지와 기업 이미지 구축이라고 할 수 있다(김주영 외, 2016: 127).

서비스는 현대에 이르러 '자신의 정성과 노력을 남을 위하여 사용한다'는 의미로 전환되었다. 서비스는 오늘날 하드웨어 사회(Hardware society)에서 소프트웨어 사회(Software society)로 이행되는 무한경쟁 시대에서 눈에 보이지 않는 강력한 무형의 상품이 됨으로써 고객 감동의 원천이 되고 있다. 기업은 기존의 상품 공급과 판매에 그치지 않고 제품의 이미지와 서비스, 고객만족을 포함한 총체적이고 전사적인 고객만족 경영(Total Custom Satisfaction Management)을 펼치고 있다. 이에 총체적이고 전사적인 고객만족 경영은 필수가 되었으며 성공적인 전략 실행을 위해서는 고객을 향한 전 직원의 정성스럽고 진심어린 서비스 매너가 요구된다.

서비스 매너는 고객을 대하는 기본적인 응대를 포함하여 매너의 기본 요소인 자기관리와 대인관계 매너, 타인과 경쟁업체, 고객에게 긍정적인 효과를 부여하는 이미지 메이킹, 변화하는 문화코드를 읽고 삶을 보다 풍요롭게 해주는 글로벌 문화에 대한 이해 능력을 포함한다. 뿐만 아니라 사회적으로 인정받고 성공하는 인재가 되기 위해서 내면적으로 바른 품성을 지니고 꾸준한 자기 개발 및 자기관리와 더불어 가까이는 직장 상사와 동료, 후배들 나아가서 고객과의 원활한 대인관계를 형성해 가기 위해 중요한 것으로 여겨지고 있다.

사회 초년생들에게도 기본적인 서비스 매너의 숙지와 실천은 직장 내에서 신뢰를 쌓고 적응에 도움을 주는 중요한 요소가 되며 차후에도 조직에서 바람직한 직장 문화를 형성에 도움을 주게 한다. 따라서 기본적인 예의범절을 포함한 서비스 매너의 중요성을 인식하고 몸에 익히도록 습관화해야 하는 것은 사회초년생 뿐만 아니라 대인 서비스 담당자, 관리자 모두에게 중요한 필수사항이 되고 있다. 서비스와 관련하여 국내 최고의 기업이 원하는 인재상이 최고의 서비스 마인드로 고객 감동을 실현시키는 서비스 지향형 인재, 즉 최고의 서비스로 고객을 감동시킬 수 있는 서비스 마인드를 갖춘 인재로 공시되어 있는 것도 단편적인 예라고 할 수 있다. 또한 각 기업에서 서비스 매너 관련부서를 개설하여 기본 매너 및 고객만족 실현을 위한 고객응대 서비스 교육을 실시하고 있는 것도 또 다른 사례라고 하겠다(박세아 · 주영애, 2012: 244-245).

(3) 진정성과 서비스

심리학에서 진정성은 일반적으로 내면 상태와 외부 행동 및 표정이 일치하는 정도로 여겨진다. 따라서 진실된 자신의 생각과 느낌을 외부로 표현하거나 행동으로 옮기면 진정성이 높다고 할 수 있다. 상대방을 위한 진심에서 우러난 표정이나 행동은 진정성이 높은 것이지만, 의무감이나 책임감 혹은 다른 목적을 달성하기 위하여 상대에게 보이는 표정이나 행동은 진정성이 낮은 것으로 간주한다.

서비스산업, 특히 마케팅 분야에서 진정성이 관심을 끌게 된 것은 서비스 품질 평가, 고객 만족, 고객 충성도를 향상시키기 위해 중요한 요인이라고 인식하기 때문이다. 직원이 고객에게 서비스를 제공하는 과정인 고객과 직원의 상호작용 속에서 고객이 서비스의 진정성을 높게 지각해야 하는 문제는 마케팅에서 중요한 의미를 갖는다. 경쟁이 치열해지면서 기업들은 자사의 고객을 만족시키기 위해 판매점과 같은 곳에 근무하는 직원들이 따라야 할 다양하고 세분화된 매뉴얼을 만들고 직원들을 교육시켰다. 아울러 직원들은 자신들의 내면의 상태와 상관없이 매뉴얼대로 고객에게 미소 지으며 서비스 과업을 수행했다. 그러나 고객이 원하는 것은 직원들이 매뉴얼에 따라 수행하는 의무적인 역할이 아니라 직원과의 인간 대 인간으로서의 진실한 상호작용과 직원의 마음에서 우러나온 배려와 서비스다. 진정성 있는 상호작용과 서비스만이 서비스 품질, 고객 만족, 고객 충성도와 연결되기 때문에 치열한 경쟁에서 진정성이 경쟁우위의 원천으로 주목받고 있는 것이다(Price, Arnould, & Deibler, 1995; Price, Arnould, & Tierney, 1995; 김문섭 · 강윤식, 2016: 86).

서비스와 진정성과의 관계를 연구한 기존 연구들에 따르면, 서비스 제공 기업 혹은 직원이 고객을 위해 진정성 있게 서비스를 제공하고 있다고 판단하면, 고객은 서비스의 진정성에 감동 받고 서비스의 품질을 높게 지각하게 된다. 반면, 기업이나 직원이 영리를 목적으로 서비스를 제공하고 있고 고객 자신은 영리 목적을 위한 수단이라고 느끼면, 고객은 서비스의 진정성을 낮게 인식할 것이고 결과적으로 제공받는 서비스 품질을 낮게 지각하게 된다. 서비스의 진정성은 지각된 서비스 품질을 통해 고객 만족과 신뢰를 거쳐 고객 충성도에 영향을 미친다. 직원이 제공하는 서비스의 진정성이 높을 때 직원의 긍정적인 감정이 고객에게 전이되고, 고객에게 전이된 긍정적인 감정은 다시 고객 만족과 고객 충성도[1]에 긍정적인 영향을 미친다(김문섭·강윤식, 2016: 86-87).

이러한 서비스의 진정성과 고객만족 간의 관계는 서비스 실패(service failure)라는 개념을 통해 보다 확장된 설명을 제공해준다. 일반적으로 서비스 실패란 서비스의 접점(한 명의 소비자가 시간적으로 상호작용하는 동안의 시간적 기간)에서 고객 불만족을 야기하는 열악한 서비스 경험을 말한다. 서비스 실패란 서비스 접점에서 소비자의 불만족을 불러일으키는 열악한 서비스를 경험하는 것이라고 할 수 있다. 구체적으로는 서비스를 제공받는 동안 발생할 수 있는 여러 실수들, 예컨대 고객에 대한 서비스 약속 위반 혹은 다양한 형태의 서비스 오류 등을 포함한다고 보았다. 이러한 실패는 서비스를 경험한 고객에게서 좋지 않은 감정을 유발할 수도 있고, 서비스 제공자를 교체하게 되는 유인으로 작용할 수 있기 때문에 서비스 기업에게 심각한 비용을 초래할 수 있다(Wenn, 1997; 김주영 외, 2016: 127-128).

소비자들은 어떤 상품이나 서비스에 대한 기대를 가지고 있으며, 그 기대와 성과의 차이에 의해 소비자 만족도가 달라진다는 기대불일치 이론의 입장에서 보면, 서비스 실패는 소비자의 만족과 밀접한 연관성을 갖는다. 즉, 고객은 서비스를 경험하기 전에 가지는 사전적 기대와 실제 서비스를 제공받으면서 인지하는 성과의 차이를 비교하게 되는데, 만약 기대보다 성과가 더 클 때 긍정적인 불일치를 느끼면 만족을, 기대보다 성과가 더 작을 때 부정적인 불일치를 느끼면 불만족으로 느끼게 된다는 것이다. 소비자들은 서비스를 구매하거나 이용하기 전 이에 대한 기대를 형성하게 되고 실제로 사용이나 경험을 통해 실제 제품 및 서비스의 성과를 자신이 가졌던 기대수준과 비교한다. 이때 기대보다 성과가 못한 것으로 판단되는 경우를 부정적 불

---

1) 과거의 경험과 미래의 기대를 바탕으로 현재의 서비스 제공자를 지속적으로 이용하고자 하는 고객의 의도

일치(negative disconfirmation)라고 하고, 반대로 기대보다 성과가 좋다고 판단되는 경우를 긍정적 불일치(positive disconformation)라고 한다. 일반적으로 소비자들은 긍정적 불일치가 더 클수록 더 만족하고 부정적 불일치가 클수록 더 불만족하게 된다(김주영 외, 2016: 130). 따라서 기대보다 성과가 좋다고 판단되는 긍정적 불일치가 일어날 경우 감정적, 정서적 반응으로서 고객감동은 증대된다고 할 수 있다.

(4) 한국의 서비스 정신

일반적으로 서비스 정신이란 도움이 필요한 사람에게 충분한 주의를 기울이고 친절한 행동을 하는 것이라 할 수 있다. 이 서비스 정신은 이제 서비스 기업은 물론이고 제조 기업에도 사용되고 있다. 왜냐하면 서비타이제이션(servitization)[2]으로 인해 제품이 서비스화되면서 제품과 서비스를 동시에 염두에 둔 제품이 늘어나고 있기 때문이다.

물론 기업 경쟁력을 결정하는 많은 변수에는 원가, 품질, 시장진입 시점, 유연성, 서비스 등 여러 가지가 존재한다. 예전에는 저렴한 원가만으로도 충분한 경쟁력을 갖출 수 있었다. 그러나 원가가 동일한 제품들 사이라면 아무래도 사람들은 우수한 품질의 제품을 선택할 것이다. 품질은 기능의 우수성을 말할 수도 있고 디자인의 우수성을 말할 수도 있다. 하지만 기업이 품질에 너무 치중하다가 필요한 시점에 제품을 시장에 공급하지 못하면 어떻게 될까.

이 경우 판매 기회를 놓칠 수 있기에 고객이 무엇을 원할지를 파악하거나 예측함으로써 이러한 품질을 갖춘 제품을 경쟁자들보다 빨리 시장에 내어 놓는 시장 진입 시점이 중요하다. 또한 모든 고객이 동일한 제품을 원하는 것이 아니기에 각자 취향을 반영할 수 있는 유연성도 중요하다. 유연성을 향상시킨 예로 베네통(Benetton)을 들 수 있다. 서로 다른 색상의 실로 옷을 만드는 다른 의류업체와 달리, 베네통은 흰색 실로 옷을 만들고 추후 고객의 선호도에 따라 서로 다른 색상을 염색하는 후염색

2) 제품과 서비스의 결합, 서비스의 상품화, 그리고 기존의 서비스와 신규 서비스의 결합현상을 포괄하는 개념

기법으로 엄청난 유연성을 창조해 냈다.

그러나 원가, 품질, 시장진입 시점 그리고 유연성이 모두 비슷하더라도 특정한 제품이 뛰어난 서비스를 포함 · 제공한다면, 고객은 그 제품을 선택할 것이고 결국에는 서비스가 가장 중요한 기업 경쟁력의 요인이 될 것이다. 앞으로는 서비스가 더욱 중요해질 것으로 생각된다. 자동차의 예를 들어 보자. 요즈음 전반적인 자동차의 성능이 좋아져 자가용 구입 때 사람들은 차량뿐만 아니라 차와 함께 누릴 수 있는 서비스에도 관심을 갖는다. 만일 차를 사는 경우 일정 시점에서의 기본적인 점검은 물론 스마트폰의 앱을 이용해 차 문을 자동으로 개폐하거나 덥거나 추운 날씨에는 시동을 미리 걸어 에어컨 또는 난방을 작동시킬 수 있고 제휴된 리조트 시설을 이용할 기회가 주어진다면 고객들은 당연히 이런 서비스가 주어지는 자동차를 구매할 것이다. 이를 제품의 서비스화, 즉 서비타이제이션이라고 한다. 이제 기업은 제품 자체는 물론이고 제품에 수반되는 서비스에도 신경을 써야 할 것이다.

제품에 포함된 서비스 외에도 제품을 전달하는 서비스 인력의 태도와 마음 또한 매우 중요하다. 제품의 특성을 제대로 설명해 제품의 성능을 최대로 발휘하도록 해 주려는 진정성 있는 서비스 정신을 갖춘 인력이 있다면, 아마 그 기업은 모든 것을 갖춘 최고의 경쟁력 있는 기업이 되는 데 부족함이 없을 것이다(박광태, 2016).

이러한 서비스의 중요함은 기업에서 직원을 채용하는데도 중요한 요소가 되고 있다. 예컨대, 스튜디어스가 그 사례이다. 멋진 유니폼을 입고 전 세계를 여행하면서 돈을 벌 수 있는 스튜어디스는 여성들이 선망하는 직업 가운데 하나이다. 스튜어디스의 자격 요건으로 중요한 것은 무엇일까? 과거에는 자격요건은 키 162cm 이상, 교정시력 1.0 이상, 전문학사 이상, 토익 550점 이상으로 명시하고 있었다. 그러나 아시아나항공과 계열 에어부산에 이어 대한항공도 2015년부터 객실 여승무원 신장 제한 기준을 없앴다.

공채 경쟁률은 보통 100대 1을 넘는다. 1차 서류심사에서 많은 인원이 통과하기 때문에 2차 면접이 관건이다. 전체 이미지와 어투, 태도, 워킹, 스피치 등을 살피는 실무면접부터 지원자의 인성과 지성을 모두 평가하는 임원면접을 치른다. 외국인을 상대로 한 간단한 영어 프리토킹도 있으며 면접 합격자에 한해서 체력측정도 실시된다. 공통적으로는 수영종목이 있고 이밖에 윗몸일으키기, 악력, 배근력, 유연성, 민첩성, 사이클, 높이뛰기 등이 있다.

단정하고 깔끔한 외모를 요구하지만 예쁜 얼굴보다 중요한 것은 사람을 편하게 대할 수 있는 인상과 고객우선의 서비스마인드 그리고 승객안전에 대한 책임감을 가질 수 있는 인재인지를 판단한다는 사실이다. 결국 이는 한마디로 진실한 서비스 정신이 우선시되고 있음을 의미한다. 실제로 어느 나라의 항공기를 이용해 보아도 한국항공사 승무원처럼 뛰어난 용모와 투철한 서비스 정신으로 무장한 여승무원을 만나기 힘들다고 한다. 이는 국제기관의 서비스 평가 결과로도 나타난다. 아시아나항공은 지난 2004년 '글로벌 트래블러(Global Traveler)'의 기내 서비스(Best Onboard SVC & Flight Attn) 부문에서 1위를 차지했고, 대한항공 역시 전세계 9개 항공사로 구성된 스카이팀(Sky Team)에서 매달 자체적으로 실시하는 평가에서 승무원 서비스 부문 1위를 지키고 있다(이지은, 2005). 2016년에는 스카이트랙스 세계 최고 이코노미 클래스(World's Best Economy Class)상, 세계 최고 이코노미 클래스 기내식(Best Economy Class Onboard Catering)상, 세계 최고 이코노미 클래스 좌석(Best Economy Airline Seat)상 등 3개 부문 최고 항공사로 선정되었다.

민간부문 서비스 정신의 사례가 이렇다면, 공공부문의 서비스 정신은 어떨까?

주지하듯이 공공부문의 서비스는 원칙적으로 공무원이 담당한다. 공무원을 다른 말로 '공복(公僕)'이라고 한다. 국가나 사회의 심부름꾼이라는 의미이다. 공복이라는 말처럼 우리사회에는 적지 않은 공무원들이 자신을 헌신해 우리 사회의 발전에 이바지해 왔다. 이들의 행위는 존경받을 일이다. 그러나 다른 한편에서 보면 당연한 것일 수 있다. 공무원은 국민의 세금으로 그 자리를 유지하고 삶을 영위하기 때문이다. 점포에서 물건을 사거나 식당에서 밥을 먹으면 당당하게 서비스를 요구하듯, 세금을 내는 만큼 국가와 공무원에 서비스를 요구할 권리가 있다.

하지만 우리 사회는 주객이 바뀐 것 같다. 종업원이 큰소리를 치고, 손님이 기를 펴지 못한다. 과거 권위주의의 잔재가 여전하기 때문이고, 그렇다 보니 정부와 국민 간 소통에 문제가 생기고 있다. 국민을 '섬김'이 있는 것이 아니라 여전히 공무원을 우리는 섬기고 있다.

이와 관련된 것은 무엇보다도 2015년 전국을 강타한 바 있는 '메르스 공포'를 들 수 있다. 2015년 5월 첫 메르스 환자가 발생했을 때 제대로 국민에게 정보를 전달해 대처하게 했다면 이처럼 사태가 커지지 않았을 것이다. 중동을 공포로 몰아넣은 심각한 전염병임을 알면서도 대통령에게 사건 발생 6일이 되서야 보고했다. 공직사회를 먹여 살리는 수많은 국민이 메르스에 대한 정보 없이 전염병에 노출됐다. 감염 환자 일부는 오히려 무책임한 '숙주'로 내몰렸다. 저급한 국민의식이 문제라는 얘기까지 나왔다. 국민은 서비스의 대상이 아니라 관리의 대상이다 보니 그런 상황이 벌어진 것으로 보인다. 결국 그동안 정부가 외쳤던 '공공 서비스 혁신'은 어디로 갔는지 알 수가 없다.

2015년 6월 13일 세계보건기구(WTO) 메르스 합동평가단은 정부의 메르스 초기 대응이 실패했다고 평가했다. 투명하고 신속한 정보 공개가 늦은 것을 첫 번째 실패 원인으로 지목했다. 또 위기관리에서 가장 중요한 거버넌스를 확립하지 못한 점, 질병의 확산을 정확하게 예측하지 못한 점을 꼽았다. 한마디로 총체적 부실 대응이라고 할 수 있다. 정부의 안일함과 준비 부족이 국민의 피해로 이어진 것이다. 오히려 뒤늦게 난리법석을 떨다 보니 국민들은 '과도한' 공포에 시달렸다. 그나마 잘한 것을 정부는 통제라고 항변한다.

우리 사회는 수차례 비슷한 경험을 했다. 2014년 세월호 사건이 그랬고, MB 정권의 소고기 파동도 다르지 않았다. 정부의 초기 대응 실패가 사건을 키웠고, 우리 사회에 아픈 상흔을 남겼다.

'반면교사'라는 말은 국가고시에나 나오는 사자성어일 뿐 의미를 잘 모르는 것일까? '소 잃고 외양간 고치기'도 안 하고, 고치겠다는 말만 반복해 왔음을 메르스 사태에서 다시 한 번 확인했다.

이 같은 문제는 결국 우리 공직 사회의 시선이 국민이 아닌 다른 곳으로 가 있기 때문이다. 국민 입장에서는 억울할 수밖에 없다. 크든 작든 공동체를 유지하기 위해 세금이라는 것을 내는데, 그들 눈에는 우리는 서비스의 대상이 아니라 관리의 대상일 뿐이다.

식당 서비스가 형편이 없으면 다시는 그곳에 가고 싶지 않다. 국가는 식당이 아니니 안 갈 수도 없다. 공무원 숫자가 100만명을 넘었다고 한다. 그러나 우리는 국민과 기업을 위한 종업원이 100만명인지, 관리자가 100만명인지 판단하기 어렵다. 심부름꾼은 바라지도 않는다. 서비스만이라도 제대로 받았으면 하는 바람이다.

고대 중국의 요순시절을 '태평성대'라고 한다. 요임금이 순회할 때 백성들이 "임금이 왜 필요한가"는 내용의 민요를 불렀다고 한다. 제대로 된 공공서비스는 국민이 사는 데 불편함을 느끼지 못할 정도로 알아서 하는 것이다(이근형, 2015).

(5) 노드스트롬(Nordstorm)의 서비스 정신

노드스트롬은 시애틀에 본사를 두고 100년의 전통을 자랑하는 미국 최고의 백화점 중 하나이다. 노드스트롬의 고객 서비스 정신은 창업자인 노드스트롬(John W. Nordstrom)으로부터 나왔다. 노드스트롬은 미국으로 이민 와서 철도 노동자, 벌목공, 광부 등 온갖 궂은 일을 하면서도 오직 근면과 성실을 통해 자수성가한 사람이었다. 1901년 그는 노드스트롬의 전신인 구두 가게를 열어 큰돈을 벌었다. 그 후 구두 가게는 노드스트롬이라는 백화점으로 성장해나갔다. 노드스트롬은 훗날 손자들을 모두 백화점의 신발 매장에서 일하게 했다. 그것은 고객들 앞에서 무릎을 꿇는 법을 가르치기 위해서였다. 이것이 오늘날 노드스트롬의 고객 서비스 정신의 밑바탕이 되었다고 할 수 있겠다. 노드스트롬은 고객에게 절대로 'No'라고 얘기하지 않는 것으로 유명하다. 이 백화점의 뛰어난 고객 서비스를 보여주는 널리 알려진 몇몇 일화가 있다.

〈사례 1〉

어느 날 중년의 아주머니가 옷 한 벌을 구입한 후 비행기를 타러 공항으로 나갔다. 그런데 공항에 가보니 비행기표가 없었다. 서두르다가 그만 비행기표를 노드스트롬 백화점 의류 매장에 놓고 온 것이다. 발을 동동 구르고 있는데 누군가 다가와서 아주머니에게 비행기표를 건넸다. 그 사람은 바로 의류 매장의 여사원이었다. 그녀는 고객이 놓고 간 비행기표를 들고 부랴부랴 공항까지 달려온 것이었다.

〈사례 2〉

어떤 노인이 노드스트롬 매장에 타이어를 반품하러 왔다. 그런데 그 타이어는 노드스트롬 매장에서 구입한 것이 아니라 다른 상점에서 구입한 것이었다. 하지만 판매사원은 두말 않고 타이어 값을 즉석에서 내주었다.

〈사례 3〉

세일이 끝난 다음날, 한 부인이 노드스트롬에 바지를 사러 왔다. 그녀는 세일 기간이 끝난 줄도 모르고 자기가 눈여겨두었던 고급 브랜드의 바지를 사고 싶어 했다. 그런데 그녀에게 맞는 사이즈가 모두 팔리고 없었다. 판매사원은 그녀가 원하는 바지가 백화점 내에 있는지 연락해보았다. 유감스럽게도 노드스트롬 매장 내에는 그 바지가 없었다. 그러자 건너편 백화점에 알아보았다. 거기에는 고객이 찾는 바지가 있었다. 판매원은 고객이 원하는 바지를 정가에 사와서 세일 가격으로 고객에게 팔았다.

〈사례 4〉

한겨울에 노숙자인 듯한 여인이 노드스트롬에 누더기를 걸치고 들어왔다. 백화점 안에는 은은한 향기와 감미로운 피아노 선율이 흐르고 있었다. 여인은 유유히 1층을 돌아보고 2층으로 올라갔다. 그 누구도 남루한 여인을 제지하지 않았다. 2층에 있는 드레스 매장에 들른 여인은 마음에 드는 드레스를 입어보고 잠시 보관해달라고 얘기했다. 물론 돈은 치르지 않았다. 그 여인은 판매사원에게 두세 시간 후에 돌아오겠다고 얘기하고 매장을 떠났다. 판매사원은 그 옷을 별도로 보관했다.

첫 번째 사례는 두말할 것도 없이 노드스트롬 백화점 판매원의 고객에 대한 서비스 정신을 나타내주는 일화다. 그렇다면 판매사원은 매장을 어떻게 하고 공항에까지 따라 나왔던 것일까? 노드스트롬은 오직 단 한 가지의 근무 규칙을 가지고 있다. "모든 상황에서 스스로 최선의 판단을 내릴 것. 그 밖의 다른 규칙은 없음."이 그것이다. 이 말은 어떤 상황이든 간에 판단은 매장 직원 자신이 내리는 것이라는 뜻이다. 매장의 책임자는 매장 직원이며 그가 바로 최대의 권한을 가지고 있는 것이다. 따라서 소신껏 일할 수 있는 것이다.

그렇다면 판매원은 매장을 비워둔 채 공항까지 나간 것일까? 그렇지 않다. 노드스트롬의 간부는 하루에도 몇 번씩 매장을 돌면서 판매원들에게 자기가 도울 것이 없냐고 묻는다. 판매원은 곧바로 간부에게 연락을 했고, 간부는 대신 그 자리를 지켰다.

두 번째 사례는 타이어 값의 지불 건이다. 여기에서 매장 직원이 지불한 타이어 값은 홍보비였다. 고객은 그 타이어를 노드스트롬에서 사지 않았다는 것을 이미 알고 있었거나 후에 알게 될 것이다. 그럼에도 불구하고 노드스트롬에서 환불을 해주었다는 것에 대해 그는 평생 잊지 않을 것이다. 노드스트롬의 판매사원은 한 사람의 확실한 고객을 잡기 위해, 또 그 고객의 입으로부터 노드스트롬의 좋은 이미지를 홍보하기 위해 최선의 결론을 내린 것이다.

세 번째 사례에서 부인은 맞은편 백화점에까지 가서 자신이 원했던 바지를 사온 노드스트롬의 판매사원을 평생 잊지 못할 것이다. 이로써 판매사원은 한 사람의 노드스트롬 평생고객을 얻었다.

네 번째 사례에서 판매사원은 이렇게 말했다. "저의 임무는 찾아주시는 손님을 친절하게 맞는 것이지, 그분이 어떤 신분의 사람인지를 판단하는 것이 아닙니다."[3)]

우리는 이러한 노드스트롬의 서비스 정신의 사례에서 "보상을 구하지 않는 봉사는

3) 노드스트롬을 배운 삼성, 매일경제; http://digest.mk.co.kr/Sub/Board/InfoBook.Asp?

남을 행복하게 할 뿐 아니라 우리 자신도 행복하게 하는 것이다"라는 간디의 말의 의미를 다시금 되새기게 된다. 고객에 대한 진정한 서비스는 어떤 조건이 주어지면 할 수 있는 조건부적인 것이 아니며 절대적 의무요, 도덕적 명령이라는 칸트적 서비스의 의미 또한 다시 떠올리게 된다.

(6) 서비스전략 : 고객을 안심시켜라. 서비스를 표준화하라.

서비스에는 경영철학이 담겨야 한다. 차별화된 전략이 있어야 한다는 말이다. 이와 함께 ▲서비스를 표준화하라, ▲고객 니즈를 정확히 파악하라, ▲고객을 안심시켜라, ▲로얄티 고객을 확보 유지하라는 것 등도 서비스의 금언(金言)이다. 이 같은 고객 서비스의 기본에 충실하지 않으면 고객이 그 기업을 퇴출시킬 수도 있다.

고객을 안심시켜라는 전략의 사례를 보면, 우선 시티은행을 들 수 있다. 시티은행이 독일에 첫발을 내디딘 것은 지난 1973년이다. 현지은행인 KBB의 소액주주 자격이었다. 그 후 15년이 지나도록 미국 내에서 쌓은 명성을 얻지 못한 채 시간만 보내던 시티은행은 전략을 전면 수정했다. 본토에서 축적한 소비자 금융의 노하우를 독일에 적용키로 한 것이었다.

우선 독일은행이 산업금융에는 강하나 소비자 금융에 취약한 측점을 이용했다. 독일은행들은 점심시간만 넘기면 대부분 문을 닫는다. 고객들이 주말 쇼핑 비용을 마련하기 위해 토요일 새벽부터 은행 문앞에 장사진을 치지만, 은행은 한두 시간 문을 여는가 하면 아예 문을 닫는 곳도 있다. 한마디로 일반 소비자의 편의를 무시한 것이다.

시티은행은 1989년 전격적으로 주6일 24시간 전화서비스 시스템을 도입했다. 고객들이 전화 한 통화만 하면 언제라도 서비스를 해주는 전략이었다. 폭발적인 인기를 끌었다. 도이체방크(Deutsche Bank), 드레스드너 방크(Dresdner Bank) 등 독일은행들이 뒤늦게 따라왔으나 소비자들 대부분은 거래은행을 시티은행으로 옮긴 뒤였다.

현재 독일인 절반 이상이 시티은행을 서비스 만점인 금융기관으로 인식하는 것은 무리가 아니다. 시티은행의 독일 내 지점은 현재 3백여 개이다. 이는 시티은행의 본

거지인 미국의 뉴욕 메트로폴리탄지역의 지점 수보다 많은 숫자이다.

미국 블루밍데일즈(Bloomingdales) 백화점의 경우도 마찬가지다. 이 백화점은 1980년대 미국 여느 백화점처럼 패션과 라이프스타일을 내세워 상당한 인기를 끌었다. 그러나 1990년 도산에 직면했다. 비용절감을 이유로 대고객서비스를 등한시한 탓이다. 고객이 서비스가 엉망인 백화점을 찾지 않는 것은 당연했다. 이를 깨달은 모든 직원은 철저하게 '무엇을 도와드릴까요'라는 캠페인을 실시하며 고객제일주의를 내걸었다. 이는 대성공했다. 이후 뉴욕의 직장여성들이 가장 선호하는 백화점으로 자리를 잡았다.

일본의 복사기업체인 캐논(Canon)과 리코(Ricoh)가 1970년대 거대한 미국 시장을 두드렸다. 복사기의 대명사로 불리는 제록스(Xerox Corporation)가 미국 시장을 장악하고 있어 틈새를 비집고 들어갈 틈이 없을 때였다. 제록스는 그만큼 일본 업체의 등장을 대수롭지 않게 여겼다. 그런데 시간이 흐를수록 일본 제품이 많이 팔리면서 제록스의 시장점유율이 점점 떨어졌다. 언제나 1등으로 자만심에 차 있던 제록스는 애써 이를 외면했다. 아니 인정하기 싫었다. 그러다 문득 이게 아닌데 하며 냉정한 시간을 갖게 되었다. 고객의 눈을 통해서 제록스는 제품과 서비스를 철저히 비교 분석했다. 그 결과 고객만족을 위한 서비스가 결여되어 있음을 발견했다. 제록스는 단순히 자신의 문제점만을 찾은 것이 아니었다. 일본 업체의 경영방법과 고객서비스 정신을 자사 경영에 접목시켰다. 열린 사고를 선택한 것이라 하겠다. 제록스는 이를 벤치마킹이라 불렀다.

제록스의 벤치마킹은 전 미국 사회로 전파되었다. 일본의 제품과 서비스가 고객에게서 어떻게 평가받고 인정받고 있는지를 겸허하게 받아들여 자신의 것으로 만들었다. 미국 기업들은 이를 원동력으로 일본 기업을 물리치고 1990년대 들어 장기호황을 거두었다.

서비스를 표준화하라는 전략과 관련하여 두드러진 사례는 맥도날드이다. 주지하듯이 전 세계인의 입맛을 통일시킨 세계 최대의 패스트푸드업체가 곧 맥도날드이다.

이 회사는 서비스의 표준화를 위해 '햄버거대학'을 만들었다. 사내 교육기관인 이 대학을 통해 직원들에게 끊임없이 교육을 시키고 있다. 맥도날드는 세계 곳곳에서 원자재를 공동구입하는 등 비용절감을 위해 노력하고 있다. 그러나 교육비는 비용절감 대상에서 제외했다. 교육의 중요성 때문이다. 서비스 향상을 위한 교육훈련 예산은 비용이 아니라 창조와 발전을 위한 투자라는 개념으로 인식했기 때문이다.

사회가 다원화되고 개개인의 성향이 천차만별인 점을 감안해 차별화된 서비스를 제공하는 사례도 늘고 있다. 즉, 고객의 니즈를 충족시켜 매출을 확대하는 개념이다. 리바이스(Levi Strauss)는 약간의 추가 비용만 부담하면 자신의 체형과 신체치수에 맞게 리바이스 청바지를 맞춰주는 서비스를 제공한다. 컴퓨터 통신판매로 일약 세계적인 컴퓨터회사의 하나로 떠오른 Dell. 이 회사는 무려 1천여종이 넘는 컴퓨터 사양을 갖추고 고객의 취향과 예산에 맞는 컴퓨터를 바로 조립해준다. IBM 등 세계 유수의 컴퓨터 업체들은 엄두도 내지 못할 일이다. 이밖에 미국의 신용카드 회사인 Capital One은 이자율, 연회비, 신용한도, 카드 색상 등의 조합으로 6천여 개가 넘는 세분화된 상품을 개발했다. 이 덕분에 각 고객별로 상황에 맞는 카드를 발급하는 것이 가능해짐으로써 고객이 폭발적으로 늘고 있다.[4)]

2. 책 임

가장 창조적인 퍼서낼리티(personality)의 현저한 특징은 단련된 책임감에 있다. 책임감은 모든 시대의 정신적 지도자들의 위대함을 이루는 특징이었다.

-로버트 레슬리(Robert Lesslie)

4) 김문권, 21세기는 서비스 혁명시대, SK Special Report; http://sk.co.kr/mag/mag9811/

책임과 권위는 동전의 양면과 같다. 권위가 없는 책임이란 있을 수 없으며, 책임이 따르지 않는 권위도 있을 수 없다. - 막스 베버(Max Weber)

책임은 창조로 가는 탯줄이다. - 파울 부버(Paul Buber)

1) 사례

지난 2009년 1월 15일. 승무원을 포함한 155명을 태우고 미국 뉴욕 라과디아 공항(La Guardia Airport)을 출발한 US에어웨이 1549편 여객기에 문제가 생긴 것은 이륙 후 3분 30초가 지나서였다. 새 떼와 충돌해 양쪽 엔진에 문제가 생겼고, 850m 상공에서 추진력을 잃었다. 그때 체슬리 설렌버거 기장 설리(전투기 조종사 때부터 사용해 온 호출명이자 애칭)는 '208초'라는 짧은 순간에 판단을 내리고 허드슨강에 비상 착수했다.

관제탑에서는 근처 공항으로 회항을 지시했지만, 설리 기장은 자신의 판단을 믿었다. 비행기가 허드슨강에 불시착한 순간부터 전원 구조까지 걸린 시간은 불과 24분. 승객 150명과 승무원 5명 중 누구 하나 목숨을 잃지 않았다.

설리 기장은 짧은 순간, 혹시라도 남보다 자신을 먼저 챙기지 않았을까? 그는 단호한 어조로 "208초 동안 단 한 번도 나의 안위를 생각하지 않았다. 어떻게 하면 승객들을 오래 보살피고, 전부 살릴 수 있을지에 대해서만 생각했다."고 말했다.

전원이 사망했어도 이상하지 않았을 상황을 기적 같은 결과로 이끈 것은 자기 자리에서 최선을 다한 이들이었다. 극 중에서 설리 기장(톰 행크스)은 불가능을 가능하게 만들기 위해 초능력을 발휘하지 않는다. 그저 묵묵하게 자신이 해야 할 일을 한다.

훌륭한 리더 곁에는 '어벤져스'급의 팀원들이 있었다. 부기장 제프 스카일스(아론 에크하트)는 끝까지 설리 기장을 보좌하며 승객을 챙기고, 여성 승무원인 도나 덴트(앤 쿠삭) · 쉴라 데일(제인 가버트) · 도린 웰시(몰리 하건)는 흔들리는 기내에서 두려움에 떠는 승객들을 안전하게 이끈다. 그들은 이렇게 말한다. "그저 내가 해야 할 일을 했을 뿐"이라고.[5)]

허드슨 강의 기적은 한국 사회가 겪은 엄청난 비극인 세월호 참사와 그 아픔을 떠오르게 한다. 극과 극처럼 비교되는 허드슨강의 기적은 감동을 주는 한편 보다 더 우리의 가슴을 답답하게 한다.

2014년 4월 16일 10시 30분 세월호는 침몰했다. 배가 기울어진 8시 49분부터 101분 만이었다. 구조된 인원은 172명. 헬기 3대가 바스켓으로 한 명씩 끌어올려 35명을 서거차도로 옮겼고, 123정이 선원 17명을 포함해 79명을 태웠다. 10시 전후에 도착한 어업지도선과 어선이 마지막까지 남아 승객 58명을 구조했다. 304명이 희생됐다. 전체 697쪽에 달하는 〈세월호, 그날의 기록〉은 이러한 당시 사실들을 전하면서 "바보같이 말하고, 마음에 들지 않게 말하고, 슬프게 말했다"고 적고 있다. 이는 무엇을 말하는가? 왜 이런 참사가 발생했을까?

2) 활동

(1) 능력인가? 책임감인가?

2013년 5월 22일 취업포털 잡코리아와 월간 인재경영이 공동으로 〈최고 vs 최악 동료 키워드〉에 관해 조사를 실시한 결과 책임감이 있는지의 여부가 최고 직장동료 또는 최악의 직장동료를 구분하는 기준인 것으로 나타났다. 이 설문 조사는 국내·외 기업에 재직 중인 남녀 직장인 1,121명을 대상으로 실시했다.

이번 설문에 참여한 직장인들에게 최고 또는 최악의 직장동료를 표현할 수 있는 단어를 복수응답으로 꼽아보게 했다. 그 결과 최고와 최악의 직장동료를 판가름하는 주요 키워드는 '책임감'과 '성실'인 것으로 밝혀졌다. 책임감과 성실성이 있고 없고의 차이에 따라 최고와 최악이 극명하게 나뉘었기 때문이다.

5) 이지영, 초능력 아닌 책임감이 만든 208초의 기적, 중앙일보, 2016. 10. 1.

〈표 Ⅱ-2〉 최고 vs 최악의 직장동료를 표현할 수 있는 단어 조사 결과

	최고 직장동료 키워드		최악 직장동료 키워드	
1위	책임감 있는	63.2%	책임감 없는	67.4%
2위	성실한	55.5%	불성실한	66.7%
3위	능력 있는	45.9%	이기적인	64.0%
4위	협동심 있는	40.2%	능력없는	48.8%
5위	따뜻한	38.9%	경솔한	28.2%
6위	긍정적인	36.3%	우울한	25.0%
7위	밝은	31.0%	화내는	23.8%
8위	센스 있는	28.6%	비난하는	21.6%
9위	재미 있는	22.1%	둔한	17.9%
10위	쾌활한	21.9%	반항적인	15.7%

먼저 직장인들이 선택한 최고의 직장동료를 표현하는 단어로는 '책임감 있는'이 응답률 63.2%로 가장 높게 나타났다. 다음으로 ▲성실한(55.5%) ▲능력 있는(45.9%) ▲협동심 있는(40.2%) ▲따뜻한(38.9%) ▲긍정적인(36.3%) ▲밝은(31.0%) 등이 상위에 랭크됐다. 이 외에도 ▲센스 있는 ▲재미있는 ▲쾌활한 ▲순발력 있는 ▲신중한 등의 단어도 최고의 직장인으로 평가하는 키워드인 것으로 나타났다.

반대로 직장인들이 생각하는 최악의 직장동료를 표현하는 단어로는 ▲책임감 없는(67.4%) ▲불성실한(66.7%) ▲이기적인(64.0%) ▲능력 없는(48.8%) ▲경솔한(28.2%) ▲우울한(25.0%) 등이라고 꼽았다. 그 외에도 ▲비난하는 ▲둔한 ▲반항적인 ▲냉소적인 ▲냉정한 등의 단어들은 최악의 직장인으로 평가하는 키워드인 것으로 조사되었다.

그렇다면 직장 내에서 일 잘하는 직원과 인성이 훌륭한 직원 중 어떤 사람이 더 높은 연봉을 받아야 할까? 질문 결과, 근소한 차이로 '인성'보다는 '능력'이 더 높게 평가되었다. 설문 참여자들 중 57.2%가 '인성(성실성, 대인관계)은 다소 떨어지지만 업무 능력이 출중한 동료가 그런 대우를 받아야 한다'고 답했고, 나머지 42.8%는 '업무 능력은 다소 떨어지지만 인성이 훌륭한 동료'가 더 높은 평가 또는 연봉을 받아야 한

다고 응답했다(잡코리아, 2013).

여러분이 다니고 있는 대학과 소속 학과에서 이러한 조사를 한다면, 예컨대 성적이 높은 사람이 인성이 좋은 사람보다 더 나은 평가를 받아야하는가, 성적을 기준으로 한 장학금이 봉사정신이나 타인배려 정신을 근거로 한 장학금 비율보다 높아야 하는가 등을 조사한다면 어떤 결과가 나올까? 자신은 어떻게 생각하며, 그 이유는 무엇인가?

(2) 책임자로서 어떤 결정을 내리는 것이 바람직한가?

당신은 책임있는 의사결정을 내려야 하는 의사이다. 다음과 같은 상황에 직면했을 때 어떤 결정을 내리는 것이 책임감 있는 결정일까? 팀별로 하나의 상황을 선택하여 어떤 결정이 책임감 있는 결정인지 토론해보자.

① 응급실호출: 병원외과에 인턴으로 근무하고 있는 의사인 당신이 응급실 당직을 맡고 있는데, 새벽에 출혈이 심한 응급환자가 왔다. 그런데 수술을 집도해야 할 외과과장은 당일의 큰 수술로 인한 피로 때문에 퇴근하면서 '호출금지' 지시를 내려놓은 상태다. 이런 경우 당신은 모른 척 다른 병원으로 이송해야 할까, 질책을 무릅쓰고 호출해야 할까?

② 장기매매: 10년째 신부전증을 앓고 있는 환자가 신장기증자를 데리고 의사인 당신을 찾아왔다. 그러나 눈치를 보니 자발적 기증이 아니고 장기매매 거래인 듯했다. 기증자는 역시 나름대로 신장을 팔아야 하는 절박한 사정이 있었다. 이런 경우 당신은 모른 척 수술을 해 주어야 하나?

③ 성감별: 산부인과 의사인 당신에게 사촌 누나가 찾아와 임신 중인 아기의 성감별을 요구한다. 그걸 요구하는 누나의 사정은 절박하고, 거절할 경우 집안 전체의 심한 비난을 감수해야 한다. 이런 경우 당신은 모른 척하고 성감별을 해 주어야 할까?

④ 안락사: 닥터 채의 남편은 간암 말기 환자로 전혀 소생할 가능성이 없는 상태에

서 극심한 고통에 시달리고 있고, 급기야는 당신에게 안락사를 요구하고 있다. 이런 경우 당신은 어떻게 해야 할까?

⑤ 제왕절개: 재정 형편이 대단히 어려운 산부인과 의원을 운영 중이지만, 당신은 인근의 다른 병원과는 달리, 제왕절개가 아닌 자연분만을 고집하고 있다. 그러나 산고가 두려운 환자 대부분은 제왕절개를 원하고 있고, 또 그것이 의료사고 위험도 낮추고 병원 수입도 증대시키는 효과가 있다고 한다. 이런 경우에도 의사로서 당신은 계속 교과서대로 자연분만을 고집해야 할까?

⑥ 새로운 치료법: 의사인 나는 불치병에 걸린 자신의 환자를 위해 허용량과 부작용이 확인되지 않고 있는 새로운 치료약을 자의적으로 투약한다. 물론 다른 치료약은 전혀 없는 상태이고 나는 그 약의 효과성을 확신하고 있다. 그러나 효과와 부작용이 불확실한 약을 임의로 투여하는 것은 옳은 일일까? 당신이라면 어떻게 하는 것이 책임감 있는 결정이라고 할 수 있을까?

⑦ 환자의 요구: 8세인 지혜는 희귀질환에 걸려 죽음을 기다리고 있고, 그 부모는 '평지기름'이라는 생약이 효과가 있다고 믿고 투약을 요구한다. 그러나 그 약물은 임상실험을 거치지 않아 사용승인이 나지 않았고 부작용 또한 미지수이다. 이런 경우 의사인 당신은 환자의 요구를 들어줘야 할까?(강민수, 2016: 405-406).

3) 내용

(1) 책임의 어원과 의미

'책임'이란 말은 고대 한자의 '책(責)'으로부터 발전하였다. 중국 고대한자의 '책(責)'은 최소한 다음과 같은 의미를 함축하고 있었다. 첫째, 직무로부터 나오는 것으로 "책임이 있다, 책임을 지다"의 '부책(負責)' 혹은 '직책(職責)', 둘째, "질책하다, 탓하다, 꾸짖다"의 '책문(責問)' 혹은 '책비(責備)', 셋째, "꾸짖다, 규탄하다"의 '견책(譴責)', 넷째, "처벌하다, 징벌하다"의 '책벌(責罰)', 다섯째, "요구하다, 독촉하다"의 '색취(索取)' 혹은

'책구(責求)', 그리고 끝으로, "빌려주다, 빌리다"의 '채(債)' 등이다.

오늘날 '책임'이 맡아서 해야 할 임무, 마땅히 해야 할 일 혹은 행위의 결과에서 생기는 손실이나 제재(制裁)를 받는 일을 뜻하게 된 것은 이런 자원으로부터 유래한 것이다. 이러한 책임의 자의(字意)는 어원학적으로 접근해 들여다보면 더욱 분명하게 나타난다. 책임(責任)은 '꾸짖을 책(責)'과 '맡길 임(任)'의 합자이다. 여기에서 責(책)은 '가시돋친 나무로 만든 회초리'의 상형으로 '채찍'을 본뜻으로 하는 朿(자)('가시랭이 치'의 변형)이며, 貝(패)는 '조개'의 상형으로 '돈', '재물'이 본뜻인 글자이다(김언종, 2009: 863-864).

한편, 가시랭이 치(朿)자는 '보리나 벼 이삭의 표면에 있는 까끄라기'를 말하는 것으로 곡식의 의미를 내포하며 '양식을 빌어간 사람에게 빨리 갚으라고 재촉하다'는 뜻으로 해석하기도 한다. 이는 '돈'이나 '재물'을 빌렸다가 약속대로 갚지 못하면 때로 채찍질하고 꾸짖으며 갚기를 독촉했던 옛 풍습과 관련된 것으로 보는 것이다. 이런 의미에서 責(책)의 본뜻은 '빚'이었다. 任(임)은 人(인)에 壬(짊어질 임)을 합한 글자로, 원래는 공구(工)를 짊어진 사람(人)의 모습이었는데, 그 '工(공)'이 '任(임)'으로 변화되었으며, 사람(人)이 짐을 짊어지듯(壬) '일을 맡다'의 뜻이 되었다. 壬(임)은 길쌈할 紝(임)의 본자(本字)로 아직 씨줄과 날줄이 걸려 있지 않은 '베틀'의 모양을 본뜬 글자라는 해석도 있다. 任(임)이 글자가 만들어진 은나라 때부터 중앙의 관리나 지방 수령의 뜻으로 쓰인 것도 '맡다', '일하다' 등의 뜻에 근거한다. 원래 유가경전에는 '책임'이란 말이 없었으나, 후에 유가에서 도의상으로나 정치상으로 '도맡아서 하지 않으면 안 된다'는 의미로 사용되었다(최영성, 2006: 161).

영어권에서는 책임이란 말이 'responsibility', 'accountability', 'obligation', 'duty' 등으로 상황이나 맥락에 따라 교차적으로 사용되고 있다. 이 가운데 우리말 책임과 가장 가까운 말은 'responsibility'라 할 수 있다. 이는 라틴어 'respondeo'로부터 유래하였다. 이 말의 원뜻은 '반응할 수 있는 능력'을 가리킨다.

책임이란 말의 중심에는 일관되게 '응답' 혹은 '관계에서의 응답'이란 의미가 있어왔다. 응당 책임을 맡는 행위자는 충분히 자기의 행위로 인한 것에 대해 설명하는 혹은 회답하는 사람이다. 그래서 책임이란 말이 '설명'을 강조하는 'accountability'로 사용되기도 한다. 이것은 이 말이 원래 관계적 개념에서 발달한 것임을 보여준다(F. C. Power, R. J. Nuzzi, D. Narvaez, D. K. Lapsley, & T. C. Hunt, 2008: 384; W. Horosz, 1975: 109; 김태훈, 2014: 4).

이와 더불어 또한 이 말은 법률적 소송절차상 법정에 소환된 사람이 자기의 의견이나 충고, 결심 또는 가장 일반적인 용법으로 답변을 제시한다는 뜻도 있다. '응답'으로서의 책임은 독일어 'Verantwortung'에 잘 반영되어 있다. 책임 있는 행위자는 질문한 사람에게 행위자 자신의 행위와 의도에 대하여 대답하거나 또는 응답할 수 있는 존재라고 할 수 있다. 이것은 스스로 질문자가 되는 경우에도 해당된다. 행위자는 응답을 통해 자신을 나타내 보여준다(W. Schweiker, 문시영 역, 2000: 96; 김태훈, 2014: 4-5).

라틴어 'respondeo'에는 또 다른 의미도 있다. 그것은 빚이라는 말과 연계된 것으로, 우리말 '책임'의 한자어 뜻과 유사하다. 빚이란 법률적이고 경제적인 문제들에 있어서 다른 사람들에게 갚아야 할 것을 의미하며, 따라서 이것은 정의의 명령이라 할 수 있다. 여기에서 강조되어야 할 사항은 지불약속이라는 맥락에서 제기되는 의무의 개념이다. 행위자는 타자에게 혹은 자신에게 빚지거나 약속한 것과 관련하여 반드시 그 행위를 설명할 수 있어야만 한다. 영어권에서 책임이란 말이 'duty' 혹은 'obligation'로 사용되는 것은 이런 맥락에서라고 하겠다(김태훈, 2014: 5).

(2) 책임과 자유

일반적으로 책임의 문제는 불행을 초래하는 일이나 범죄와 같은 사건이 발생했을 때 제기된다. 예컨대, 집에 불이 났을 경우를 생각해 보자. 재산상 손실은 물론이고 사람이 다치거나 죽을 수도 있다. 화재의 원인은 낙뢰일 수도 있고 누전일 수도 있다. 그러나 이 경우 하늘의 번개 혹은 낡은 전선에 책임을 묻는 사람은 없다. 번개와 전선은 화재의 물리적 '원인'을 제공했을 뿐, 그에 대한 '책임'을 질 수도 없고, 질 필요도 없다. 책임은 오직 인간만이 질 수 있다. 왜냐하면 오직 인간만이 자유의지를 가지고 있으며, 책임은 이러한 자유의지에 의해 발생한 행위의 결과와 관계할 뿐이기 때문이다. 화재의 원인이 낡은 전선에 의한 누전으로 밝혀질 경우, 화재라는 사건에 대한 책임은 전선이 아니라, 전선의 관리를 소홀히 한 집 주인 혹은 관리자에게 돌아간다. 이처럼 행위의 주체와 그 행위에서 비롯된 사건에 대한 책임의 주체를 동일시하고, 부정적인 행위 결과를 초래한 원인 제공자에게 그 결과의 책임을 묻는 것을 우리는 책임의 고전적 모델이라고 한다.

책임은 오직 인간에게만 가능할 뿐이라는 이러한 생각의 근저에는 인간과 자연의 날카로운 구분이 놓여 있다. 즉, 자연필연성과는 전적으로 다른, 오직 인간만이 소유하고 있는 자유의지에 대한 확고한 믿음이 자리 잡고 있다. 인간의 행위는 그의 자유의지의 소산이라는 의미에서 인과율의 사슬에 얽매여 발생하는 자연현상과는 질적으로 전혀 다르다고 보는 것이다. 인간과 자연의 근본적인 차이에 대한 이러한 믿음, 즉 인간의 자유의지에 대한 믿음은 행위의 결과에 대한 책임을 행위 주체, 즉 그 결과를 초래한 당사자 개인에게 묻는 것을 당연하게 만들었다.

일찍이 아리스토텔레스는 「니코마코스 윤리학」, 특히 3장에서 이 문제를 정면으로 다루고 있다. 그에 의하면 어떤 행위가 도덕적 판단의 대상일 수 있기 위해서는 그 행위가 행위자의 자발성(Freiwilligkeit)에 의한 것이냐 아니냐에 달려 있다. 그렇다면 어떤 행위가 자발적인지 아닌지의 여부를 우리는 어떻게 알 수 있을까? 자발적 행위와 비자발적 행위의 구분 기준을 아리스토텔레스는 고의성(Willentlichkeit)에서 찾는다. 말하자면 자발적 행위란 결과를 예측하면서 의도적으로 하는 행위와 분명한 결단에 의한 행위를 의미한다. 따라서 행위의 원인이 밖에 있는 행위, 즉 외적 강요에 의한 모든 행위는 비자발적 행위에 속하게 된다(이유택, 2008: 68-69).

우리가 우리의 행위 결과에 대해 책임을 지는 것은, 우리가 행위의 주체로서, 그 행위를 자유롭게 의욕 했기 때문이다. 이처럼 자유의지에서 비롯된 행위야말로 어떤 행위를 '그의' 행위로 만들며, 자연 안에서 발생하는 단순한 사건으로부터 벗어나게 해준다. 자유의지를 가지고 있지 않은 인간은 동식물이나 돌 혹은 다른 자연사물과 마찬가지로 책임에서 면제된다. 행위의 결과를 미리 예측할 수 있는 능력과 자유의지에 의한 행위 능력을 소유하고 있지 않은 존재, 즉 어린이나 의식불명 상태에 놓여 있는 인간은 도덕적으로든 법적으로든 책임과는 거리가 멀다. 책임과 자유는 이처럼 서로 불가분의 관계에 놓여 있으므로 책임의 이념이 정당화될 수 있기 위해서는 의지의 자유와 행위의 자유가 반드시 전제되어야 한다.

반면 레비나스(Emmanuel Levinas)는 흔히 우리가 상식처럼 수용하는 "책임은 자유에 근거한다."는 생각을 문제 삼는다. 이것은 나의 행위에 대해 내가 책임지려면 행위를 한 주체가 바로 나이며 내가 한 행위는 나의 자유로운 의지의 선택으로 한 행위임이 확정될 수 있어야 한다는 생각이다. 자유를 바탕으로 부여되는 책임을 우리는 일인칭 관점에서 본 책임이라 부를 수 있다. 하지만 이런 의미에서의 책임은 나의 삶을 내가 짊어진다는 의미에서 책임일 뿐 윤리적 의미를 갖지는 않는다. 윤리적 의미의 책임은 '타자를 위한 책임'일 때 비로소 성립된다는 생각이다. 그리고 그 책임은 감성에 근거한다.

레비나스는 나와 절대적으로 다른 이타성을 지닌 타자와의 만남을 '타자의 얼굴'과의 마주침으로 해명하며, 초월은 바로 고통 받고 상처 입은 얼굴의 모습으로 나타나는 절대적인 타자, 규정 불능의 무한자의 호소에 응답함으로써 무한책임의 윤리가 가능하다고 말한다. 따라서 주체의 자기 정립으로써 타자의 발생, 그곳에 무한이 발생하며 윤리가 그 의미를 지닌다. 레비나스의 윤리적 과제는 낯선 타자를 향한 자기초월의 공간을 열어 놓음으로써 자기중심적 자아의 자연적, 이기적 삶을 윤리적, 타자중심적, 이타주의적 삶의 차원으로 초월시키는 것이다. 따라서 레비나스에 의하면 절대적 타자로서의 하나님은 우리의 동료인 인간들에 대한 윤리적 관계 속에서만, 그리고 그 '얼굴을 마주 대하는 관계'를 통해서만 만날 수 있다고 말한다(박종균, 2008: 249-251).

결국 레비나스에 있어 인간존재는 궁극적으로 책임존재를 의미한다. 이렇게 해서 책임은 직접적으로 타자를 지향하는 윤리, 즉 '타자윤리'의 토대를 이룬다. 이때 타자는 우리에게 책임을 호소하는 자로서, 우리가 그의 호소에 응답함으로써 윤리적 지평에 발을 들여 놓도록 하는 자로 파악된다. 타자의 타자성이야말로 주체의 넘어섬, 즉 초월의 존재론적 가능 조건인 것이다(이유택, 2008: 73).

(3) 기업의 사회적 책임

최근 '윤리경영'이라는 화두가 과거 어느 때보다도 중시되고 있다. 미국의 최대 에너지 회사였던 엔론(Enron), 장거리통신 업계 2위 회사였던 월드컴(WorldCom)이 회계부정으로 결국 파산하게 되는 과정을 지켜보면서 많은 사람들이 기업의 사회적 책임의 중요성과 윤리경영이라는 것에 대해 고민하기 시작했다. 경영성과가 아무리 높아도 기업윤리 의식이 희박할 경우 시장과 사회로부터 신뢰를 상실, 결국 기업이 문을 닫게 된다는 사실을 일깨워 주었기 때문이다.

① 기업의 사회적 책임

기업의 사회적 역할은 크게 두 가지의 입장으로 볼 수 있다. 그 하나는 사회적 역할을 기업의 이윤추구로 보는 입장이다. 즉, 영리목적 이외의 사회문제에 대한 관여를 회피하고 효과를 가져오는 사회문제에 한하여 참여해야 한다는 입장이다. 이는 기업의 이윤추구가 사회의 이익에 도움이 된다는 고전경제학파의 입장을 수용하고 있다는 특성을 지닌다. 다른 하나는 기업의 사회적 책임론을 주장하는 입장이다. 즉, 대기업의 대두로 심각한 인간성, 사회적 문제에 직면하게 됨에 따라 기업경영자는 이러한 문제 해결에 노력해야 한다는 입장이다(오기성 외, 2014: 185-190).

(가) 윤리보다는 이익 우선

자유기업체제에서 기업경영자는 기업소유주의 고용인으로서 고용주에 대해서 직접적인 책임을 진다. 이런 책임은 고용주의 바람과 일치하도록 기업을 운영하는 것인데, 사회의 기본규칙에 순응하면서 가능한 한 많은 돈을 버는 것이라 할 수 있다.

물론 고용주는 자선사업을 목적으로 기업을 세울 수도 있으나, 어떤 경우든 기업경영자는 기업소유주의 대리인으로서 그가 지니는 주요한 책임은 기업소유주에 대한 것이다.

기업경영자도 자신의 권리를 지닌 한 인격체로서 양심에 따라 또는 그의 가족, 교회, 국가 등 대해 자발적인 책임을 질 수도 있다. 그러나 이때 기업경영자는 대리인이 아닌 책임자로서 행동하는 것이다. 즉, 기업경영자는 고용주의 목적을 위해 고용주의 돈, 시간, 에너지를 소비한 것이 아니고, 자신의 돈, 시간, 에너지를 소비한 것이기 때문에 이것을 사회적 책임이라고 한다면, 기업의 사회적 책임이 아니라 개인의 사회적 책임인 것이다.

기업경영자가 그의 능력범위 내에 '사회적 책임'을 지녔다고 하는 것은 무엇을 의미하는가? 기업경영자가 기업소유주를 위하지 않는 다른 행동, 즉 인플레이션을 막기 위해 생산품의 가격상승 억제, 환경오염 줄이기, 가난을 없애기 위해 능력 있는 노동자 대신 만성적 실업인의 고용 등의 행동을 했을 때, 기업경영자는 주주, 고객, 종업원들이 사용할 수 있는 방법보다는 다르게 돈을 소비했을 때만이 그들의 한 대리인으로서 봉사하고 있는 것이 아니라 독특한 '사회적 책임'을 행하고 있는 것이다.

이러한 과정들은 원칙과 결과라는 정치적 물음을 야기한다. 정치적 원칙 수준의 수준에서 세금부과 및 수익금의 지출은 정부의 기능이지 기업경영자의 기능은 아니다. 정치적 결과 수준에서 기업경영자는 물건의 생산, 판매, 회계의 전문가일 수 있으나, 사회적 책임을 위한 그 어떤 행동(예 : 인플레이션 억제운동)도 문제 해결에 전문가를 만들지 못한다.

'사회적 책임'을 시행하는 어려움은 자신의 이익을 희생해서만 선을 행할 수 있다는 데 있다. 실제로 '사회적 책임'의 문제는 행동을 위한 한 이유가 되기보다는 다른 근거에서 정당화될 수 있는 행동의 한 구실이다. 즉, 공동체에 자선사업의 실시나 통치를 위해 재원과 수단을 제공함으로써 기업에 이익이 되는 등의 행동은 '사회적 책임'의 실행으로 합리화하는 경우가 있다. 따라서 영향력 있고 특권을 지닌 기업인들에 의해 언명된 사회적 책임이라는 사실은 위선적인 겉치레이고 이는 자유경제를 침식하는 결과를 가져온다. 따라서 기업의 유일한 사회적 책임이란 게임의 규칙을 지키고 공개적이고 자유로운 경쟁에 참여하여 자원을 활용하고 기업의 이익을 증대시키는 것이다.

(나) 이익보다는 윤리 우선

이익보다는 윤리를 우선에 두는 입장은 기업의 도덕적 의무와 관련하여 두 가지로 분류될 수 있다. 즉, 직접적 의무와 간접적 의무이다(Thomas Donaldson, 유장선 역, 1990). 직접적 의무란 공식적이고 명시적으로 규정되어 있고, 하나의 규칙으로서 주주나 종업원, 공급자, 소비자와 같이 기업과 직접적으로 관련이 있는 사람들에게 대한 의무를 말한다. 예를 들면, 기업은 법이나 기업의 설립계획서에 의해 규정되어 있는 바대로 주주에 대한 직접적인 의무가 있다. 또는 노동조합계약에 의해 규정된 종업원에 대한 의무도 있다. 법규(기업은 잘못된 제품으로 인해 피해를 본 사람에게 보상해 주어야 한다) 또는 공급자와의 계약, 또는 종업원과의 연금 계약 등은 모두가 기업의 직접의무가 발생되는 것들이다.

간접의무는 반대되는 특성을 가지고 있다. 공식적으로 규정되어 있지도 않고 경쟁자나 지역사회, 일반 대중 등 기업과 직접 관련이 없는 사람들에 대한 의무이다. 공식적인 계약서가 존재하지 않음에도 불구하고 기업은 경쟁자와 공정한 관계를 유지해야 하고, 지역사회를 파괴하지 말아야 하며, 또한 일반대중에게 해가 가지 않도록 해야 하는 등의 의무를 가지고 있다. 직접적인 의무의 수혜자가 역시 간접적인 의무의 수혜자가 될 수 있다. 즉, 기업은 노동조합 계약과 연금계약을 존중해야 할 뿐만 아니라 종업원의 어떤 권리도 존중해 줄 의무가 있다. 기업이 얼마나 많은 의무를 가져야 하는 문제는 논쟁거리가 될 수 있지만, 기업이 어떤 의무를 가져야 한다는 데는 이론이 없다.

기업이 사회적인 도덕적 책임을 이행해야 한다는 이러한 주장은 고전적 견해, 즉 기업의 유일한 의무는 이익을 극대화시키는 것이라는 주장에 대립된다. 이는 도덕주의자의 견해라고 할 수 있다. 이들의 입장은 "기업의 기본적인 임무는 항상 도덕적으로 행동하는 것"이라고 본다.

이러한 입장은 사람들이 최고의 선, 도덕적 목적, 일반적 행복증진을 위해 가장 효과적인 수단은 각자가 자신의 이익을 추구하는 것이지만, 이때 개인의 이익은 도덕성과 일치해야 한다고 본다. 즉, 보이지 않는 손은 도덕적인 손, 공리적인 손이라고 주장하는 것이다(오기성 외, 2011: 185-199).

② 기업윤리와 기업의 사회적 책임

기업윤리란 기업경영의 상황에서 이루어지는 기업, 기업인 또는 기업종사자들의 행동이나 태도에 대한 규범체계로 행동이나 태도의 옳고 그름, 윤리적인 것과 비윤리적인 것을 가늠케 해주는 기준이라고 할 수 있다. 또한 기업윤리는 사회적으로 승인받은 기업행동의 규범체계라고 할 수 있다. 반면 기업의 사회적 책임이란 이윤추구라는 아담 스미스(Adam Smith)의 기업의 고전적 목표를 넘어서서 사회복지라는 보다 높은 차원의 목표를 전제로 한 기업행위의 규범체계라고 할 수 있다.

경영학자 캐롤(Carrol, 1979; 이상민 · 최인철, 2002)은 기업의 사회적 책임을 경제적 이윤창출, 법률 준수, 윤리적 책임, 자선적 책임 등의 네 가지로 구분하였다. 먼저 '경제적 책임'은 기업의 사회적 책임 중 제1의 책임이며, 기업은 사회의 기본적인 경제단위로서, 재화와 서비스를 생산할 책임을 지고 있다는 의미이다. 둘째, '법적 책임'이란 사회가 기업으로 하여금 법적 요구사항의 구조 내에서 경제적 임무를 수행할 것을 요구한다는 것이다. 셋째, '윤리적 책임'이란 법으로 규정화하지는 못하지만 기업에게 사회의 일원으로서 기대하는 행동과 활동들을 의미한다. 끝으로 '자선적 책임'이란 기업에 대해서 명백한 메시지를 갖고 있지 않지만 기업의 개별적 판단이나 선택에 맡겨져 있는 책임으로서 사회적 기부행위, 약물남용방지프로그램, 보육시설 운영 등 자발적 영역에 속하는 것이다. 따라서 사회적 책임을 가지는 기업이란 '이윤을 내기 위해 노력하는 동시에 법에 복종하며, 윤리적이고 성실한 기업시민'이기도 하다. 이를 정리하면 다음 그림과 같다.

제 4단계 자선적 책임(Philanthropic Resonsibility) *지역사회 공헌
제 3단계 윤리적 책임(Ethical Responsibility) *윤리적 기준 준수
제 2단계 법적 책임(Legal Responsibility) *법+규제 준수
제 1단계 경제적 책임(Economic Responsibility) *이익 극대화

[그림 Ⅱ-1] 캐롤의 기업의 사회적 책임 분류

이러한 맥락에서 최근에는 보다 적극적 차원에서 기업도 사회의 한 구성원이라는 기업시민정신의 개념 아래 기업의 사회공헌 활동이 확산되고 있다. 기업이라는 '시민'은 사회로부터 필요한 자원을 받아 생산물을 만들어 내며, 이에 대한 반대급부로 이익을 사회에 환원하는 사회공헌 활동을 통해 나눔의 경영을 실천한다.

최근에는 공익적 성과를 제품 및 서비스와 연결시켜 기업 이미지 제고 및 수익적 효과를 얻는 공익연계마케팅(CRM: Cause-Related Marketing) 활동이 활발해지고 있다. 지역사회 발전에도 기여하는 공익연계마케팅이 부각되면서 '나눔경영'이 기업에 있어 중요한 경영방식으로 자리 잡고 있다. 윤리경영과 기업의 사회적 책임이 경쟁력의 핵심 요소로 부상하면서 나눔경영도 진일보하고 있는 것이다.

일반적으로 나눔경영 활동은 기업이 독자적으로 추진하기도 하지만 시민단체(NGO)와 파트너십을 통해 효과적인 차별성을 꾀할 수 있다. NGO들은 지역사회의 현안을 잘 이해하고 있기 때문에 기업은 이들 NGO와 함께 보다 한층 발전된 나눔경영을 실천할 수 있다. 또한 나눔경영은 임직원의 활발한 참여를 유도하는 다양한 기금마련

프로그램으로 발전해 가고 있다. 그뿐만 아니라 기업 차원에서 자원봉사단을 꾸리거나 근무시간의 일부를 자원봉사에 할애하여 나눔경영에 참여할 수 있도록 지원하는 제도를 도입하고 있다. 임직원들은 자원봉사 현장에서 직접 땀을 흘림으로써 사회 구성원으로서의 보람과 직원 간 팀워크 향상은 물론 자기계발의 기회를 얻을 수 있게 된다.[6)]

(4) 공공기관의 사회적 책임과 위기관리

주지하듯이 공공기관은 공익적인 설립목적을 이행해야 한다. 사회적 책임 활동과 기업의 윤리가치에 대한 조직구성원들의 인식이 높은 경우 그렇지 않은 조직보다 조직몰입 수준이 높다는 사실에서도 알 수 있듯이, 공공기관 본연의 목적인 공공성을 달성하기 위해서는 민간기업보다 더욱 엄격한 사회적 책임활동, 즉 공적 책무성(public accountability)이 강조된다(남승하, 2014: 217).

그렇다면 우리나라 공공기관의 공적 책무성 인식과 그 실행 정도는 얼마나 될까? 지난 1995년 6월 29일 오후 5시 52분경 서울 서초동 소재 삼풍백화점이 부실공사 등의 원인으로 갑자기 붕괴되어 1천여 명 이상의 종업원과 고객들이 사망하거나 부상당한 대형 사고가 발생하였다. 그 사건을 계기로 건물들에 대한 안전 평가가 실시되었고, 긴급구조구난체계의 문제점이 노출되어 119중앙구조대가 서울·부산·광주에 설치되었다. 그로부터 8년 뒤 2003년 2월 18일 대구광역시 중구 중앙로역에서 지하철 대형 화재가 발생하여, 그 참사로 192명(신원 미확인 6명)이 사망하고 148명이 부상을 당하였다.

---

6) 예컨대, 기업들은 NGO와 함께 공익 활동을 펼침으로써 소비자와의 관계를 더욱 강화할 수 있다. NGO 입장에서는 파트너 기업으로부터 안정적인 재원을 확보할 수 있는 이점이 있다. 실례로, 미국의 사회공헌 컨설팅업체 콘 커뮤니케이션이 2004년 미국 내 일반인을 대상으로 조사한 결과 기업 마케팅 활동에 사회적 이슈를 연계하는 것에 대해 72%가 '바람직하다'라고 답해 공익연계마케팅에 대한 긍정적 반응을 보여주었다. 또한 3M은 나눔경영 활동의 좋은 모델을 보여주고 있다. 3M의 자원봉사 프로그램은 임직원이 봉사 프로그램을 찾아내고 적극적으로 의견을 개진하는 참여의 문화가 잘 정착되어 있다. 또한 직원들의 봉사시간 25시간마다 회사에서 200달러의 기부금을 지원하는 제도도 운영하고 있다. 이는 직원이 중심이 되고 회사는 지원하고 기틀을 마련해 주는 나눔경영의 좋은 사례이다; 윤세경, "지역사회에 '나눔경영' 확산을," 동아일보, 2005. 9. 29.

그리고 2013년 박근혜 정부 취임 이후 '국민안전 최우선'이라는 정부의 의지로 행정안전부는 안전행정부로 변경하고, 안전관리본부를 신설하였다. 그러나 이러한 선언과 조치가 무색할 만큼 2014년 초부터 대형 재난사고가 발생하였다. 2014년 2월 17일 마우나 오션 리조트 붕괴를 시작으로 세월호 참사, 터미널 화재, 요양원 방화, 그리고 지하철 방화사건 등 충분히 안전점검만 제대로 이루어졌다면 예방이 가능했던 인재 사고들이 잇따르고 있다. 정부의 사후대처 또한 실망스러울 만큼 소극적 대응으로 일관하고 있다.

무엇보다도 앞서 언급한 사건들 중 삼풍백화점 붕괴, 대구지하철 화재 참사, 세월호 참사는 현 사회의 어두운 단면을 적나라하게 보여준 사건들이다. 이는 20년이 지나도 변하지 않는 부조리, 책임회피, 부도덕, 비리, 부정부패, 무사안일, 형식주의가 누적된 한국사회의 모습으로 볼 수 있다. 특히 2014년 5월 14일 국회 안전행정위원회 '세월호 현안보고'에서 보인 당시 안전행정부 장관의 태도는 관료들의 무사안일주의를 그대로 드러내고 있다. 다음은 2014년 5월 14일 열린 19대 324회 2차 안전행정위원회 속기록 중 일부만을 발췌해서 제시한 것이다.

> 이○의원: 청와대의 누구한테 보고했어요?
> 장　　관: 제가 알고 있기로는 자치행정비서실하고 몇 군데 알려준 것으로 알고 있습니다.
> 이○위원: 아니, 구체적으로 누구한테 했느냐 이 말이에요.
> 장　　관: 그것은 제가 명단을 좀 봐야 되겠는데 일단 늘 하는 대로……
> 이○의원: 아니 장관, 배가 이미 침몰된 지 1시간가량이 지났는데 청와대에 보고하는데 누구에게 보고했는지, 보고를 한 사람이 장관이면 보고를 받은 사람이 누구인지 실명 확인을 못 해요?
> 장　　관: 제가 직접 보고를 한 것이 아니고……
> 이○의원: 그러면 누가 보고를 했어요?[7)]

이외에도 구조초기 대응 실패를 묻는 국회의원의 질문에 해경에 책임을 돌리고,

7) 국회; http://ko.pokr.kr/meeting/19324243823/dialog

구조자 · 탑승 명단 자료제출 요구에도 '해경이 가지고 있다'는 답변으로 일관했다. 더욱이 해양수산부장관과 해양경찰청장은 2014년 5월 16일 국회현안보고에 불참을 통보했다. 그들은 실종자 구조 등 현장 업무를 이유로 내세웠다. 그러나 이를 핑계로 국회의원들의 질타를 피하려는 속셈이 아니냐는 의구심을 자아냈다.

이렇듯 관료사회가 제대로 돌아가지 않는 것은 타성에 젖은 탓이다. 그리고 서로 책임을 미루고만 있어도 세월이 지나면 저절로 승진이 가능한 그릇된 관행이 가장 큰 이유이다. 책임회피를 위해 장 · 차관에게까지 결재서류를 올려 보내기 일쑤이며, 인사 · 승진 시스템이 조선시대보다 못하다는 자조 섞인 불만이 제기되는 것은 그런 까닭이다. 이런 처지에서 행정이 만족스럽게 돌아간다면 오히려 이상할 정도이다. 특히 세월호사건에서 초기 대응 시 해경이 상부기관에 팩스로 보고하면서 사건수습이 지연된 일은 한국의 관료의 불필요한 요식행위의 단적인 모습이다.

관료사회의 책임성에 대한 문제는 관료 개인의 문제로만 끝나는 것이 아니다. 이번 세월호 참사에서처럼 관료의 책임회피, 업무회피, 업무지연으로 수많은 사상자를 냈고, 결국 배안의 살아있던 생존자들을 제대로 구출하지 못하였다. 이러한 공공기관의 사회적 책임감 부재와 위기관리 능력 결핍은 국가전체 사회적 위기로 확대될 가능성이 있는 문제이다(권설아 외, 2016: 17–19).

3. 준 법

'정의의 여신' 디케(Dike) 왼손엔 저울을, 오른손엔 칼을 들고 있는 것이 특징인데 저울은 공평하고 엄정한 법의 기준을 상징하고, 칼은 법 집행의 엄격함과 강력한 권위를 상징한다.

죄는 지은 대로 가고 물은 흐르는 대로 간다.

1) 사례

1 존 케리 미국 국무장관은 아마 세계에서 가장 바쁜 사람 중 한 사람일 것이다. 2015년 1월 27일, 케리 장관은 오바마 대통령과 함께 사우디아라비아를 방문했다. 사우디 국왕 사망에 따른 조문외교를 펼치기 위해서였다. 마침 그날 미국 보스턴 일대에 폭설이 내려 시 당국은 비상사태를 선포했다. 그런데 케리 장관 집 앞의 눈이 방치되자 한 시민이 민원을 제기했고, 이에 시 당국은 시 조례에 따라 케리 장관에게 "눈을 치울 때까지 매일 벌금 50달러를 내라"고 통지했다. 이에 케리 장관 측은 즉각 잘못을 인정하고 하루치 벌금 50달러를 납부했다.

2 얼마 전 미국 연방하원의원 5명이 워싱턴DC 수단대사관 앞에서 인권탄압에 항의하는 시위를 벌이다 경찰에 체포되었다. 경찰은 의원들이 폴리스라인을 넘자 망설임 없이 그들의 손을 등 뒤로 모아 노끈형 수갑을 채웠고, 의원들은 순순히 체포에 응했다. 의원들 중에는 여당인 민주당 하원 원내 서열 10위 안에 드는 실세도 있었다.

3 영국의 철학자이자 작가인 버트런드 러셀(Bertrand Russell)이 88세 되던 1961년의 일이다. 러셀은 당시 핵무기 개발에 반대하는 시민불복종운동을 주도하던 중 그해 2월 18일 런던의 국방부 청사 앞에서 연좌시위에 참가해 대중에게 불법행동을 선동했다는 이유로 기소되었다. 중앙경찰재판소는 8월 12일 그에게 징역 1개월을 선고했다. 판결이 내려지자 방청객 한 사람이 외쳤다. "부끄러운 줄 알라, 88세 노인에게 징역이라니!" 그러자 판사가 응수하였다. "나잇값을 하시오." 판결 후 러셀은 1주일로 감형돼 병원구역에서 복역했다.[8)]

위의 세 사례가 보여주는 정의로운 판결은 한국에서도 일어날 수 있을까? 다음의 준법과 관련한 우리 국민들의 의식 조사를 토대로 그 가능성을 생각해 본다면?

8) 이석연, '국민만 지켜라'에서 '쌍방통행'으로 거듭나야, 신동아, 667호, 2015. 3. 19.

2015년 한국법제연구원의 조사 결과에 따르면, 우리 사회의 준법 정도를 묻는 질문에 대하여 잘 지켜진다는 응답자의 답변이 49.5%(매우 잘 지켜지고 있다 2.3%, 잘 지켜지는 편이다 47.2%)로 잘 지켜지지 않는다는 의견 50.0%(잘 지켜지지 않는 편이다 46.6%, 전혀 지켜지고 있지 않다 3.5%)보다 다소 낮지만 큰 차이가 없는 것으로 나타났다(현대호·김명아, 2015: 89-92).

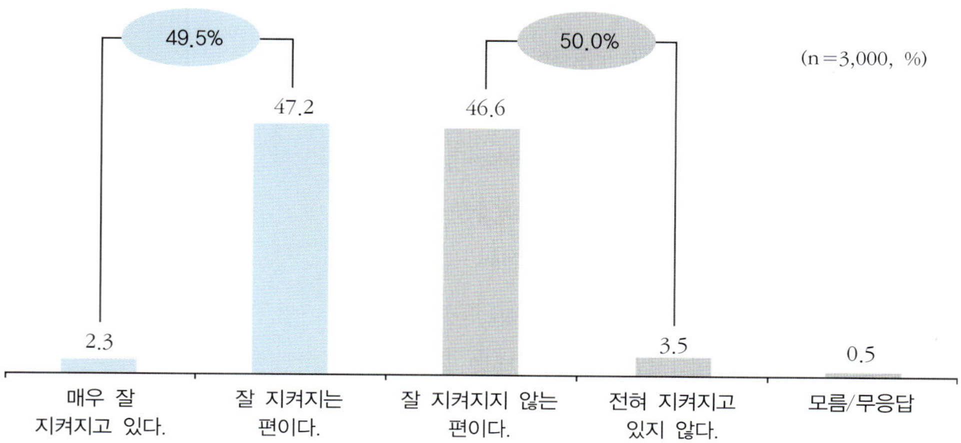

[그림 Ⅱ-2] 우리 사회의 준법 정도

우리 사회에서 법이 잘 지켜지고 있지 않다는 응답자(N=1,501)를 대상으로 그 이유를 물은 결과, '법대로 살면 손해를 보니까'라는 응답이 42.5%로 가장 높았고, '법을 지키지 않는 사람이 더 많아서'(18.9%), '법을 지키는 것이 번거롭고 불편해서'(11.2%), '법을 잘 몰라서'(7.2%), '법을 지키지 않아도 다른 사람이 모를 것으로 생각되기 때문에'(6.8%) 순으로 나타났다(현대호·김명아, 2015: 92).

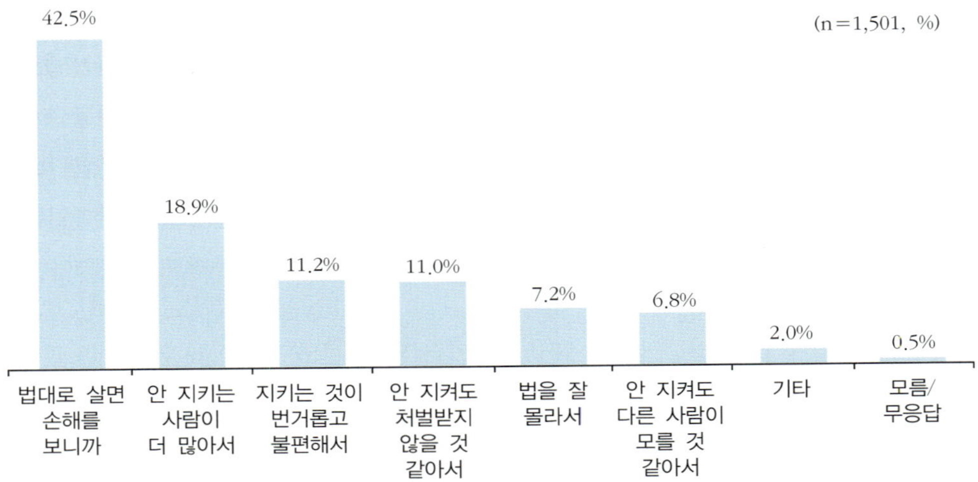

[그림 Ⅱ-3] 법을 준수하지 않는 이유

2) 활동

(1) 어떻게 하는 것이 법을 어기지 않는 결정일까?

여러분이 다음과 같은 상황에 직면하였다면 어떤 판단을 내리를 것이 좋을까? 아래와 같은 상황에서 어떠한 판단을 내리는 것이 법의 정신에 어긋나지 않을까?

[1] 아저씨의 고민

보람이는 일찍 어머니를 여의고 아버지와 함께 살고 있습니다. 그런데 며칠 전부터 보람이의 아버지는 시름시름 아프기 시작했습니다. 의사는 보람이에게 아버지가 희귀한 병에 걸렸다고 말했습니다. 아버지를 살릴 수 있는 한 가지 방법은 어떤 약을 구하는 것이었습니다. 그 약은 한 약사에 의해서 만들어졌습니다. 보람이는 약값의 절반을 가지고 약사에게 갔습니다. 그러나 약사는 그 약을 만드는 데 엄청난 돈이 들었기 때문에 약값을 전부 받기 전에는 약을 줄 수 없다고 말했습니다. 그래서 보람이는 약국에 몰래 들어가 약을 훔쳐서 아버지에게 드렸습니다. 이튿날 신문에 그 약국의 도난 사건이 보도 되었습니다. 보람이를 잘 아는 이웃아저씨는 보람이가 그 약국에서 몰래 나오는 것을 보았습니다. 아저씨는 약국 도난범이 보람이라는 것을 알고 어떻게 해야 할지 망설였습니다.

① 아저씨는 보람이가 범인이라는 것을 고발해야 합니까?
② 나쁜 짓을 한 사람을 보면 누구나 고발해야 합니까?
③ 경찰이 보람이를 체포했습니다. 보람이는 재판을 받게 되었고 검사는 보람이의 유죄를 주장하였습니다. 판사는 어떻게 판결을 내려야 할까요?
④ 사회를 생각할 때 보람이는 꼭 처벌을 받아야 합니까?
⑤ 만약 보람이가 당신의 가장 친한 친구라면 어떻게 하면 좋겠습니까?

2 우정

김씨는 부모님을 극진히 모시는 소문난 효자입니다. 김씨의 어머니는 몇 년 전부터 몸져 누워계십니다. 가정형편이 그리 넉넉하지 못하지만 김씨는 병든 어머니를 정성껏 간호했습니다. 어머니의 병은 더욱 깊어지고 어머니는 아들에게 고통을 호소해왔습니다. 어머니는 자살할 용기가 없었기 때문에 아들에게 자기를 죽여 달라고 했습니다. 김씨는 이런 사정을 친구인 이씨에게 털어놨습니다. 어느 날 고통에 몸부림치는 어머니를 본 김씨는 어머니를 편하게 해드리는 것이 효도라고 생각하고 독이 든 음식을 먹여 어머니를 죽게 했습니다. 김씨의 어머니가 돌아가셨다는 소식을 들은 친구 이씨는 김씨가 어머니를 죽였다는 것을 알았습니다. 이씨는 어떻게 해야 할지 망설였습니다.

① 이씨는 김씨를 고발해야 합니까?
② 김씨는 처벌 받아야 합니까?
③ 김씨가 체포되었습니다. 김씨는 재판을 받게 되었고 검사는 김씨의 유죄를 주장했습니다. 판사는 어떻게 판결을 내려야 할까요?

④ 만약 이씨가 김씨의 친한 친구가 아니라면 당신은 어떻게 하겠습니까? 사회를 생각할 때 김씨는 꼭 처벌을 받아야 합니까?(김신영 · 신동준, 2006: 29-31).

(2) 교통사고율로 보는 우리의 준법정신은 어느 정도일까?

자동차 1만대당 교통사고 사망자 비교

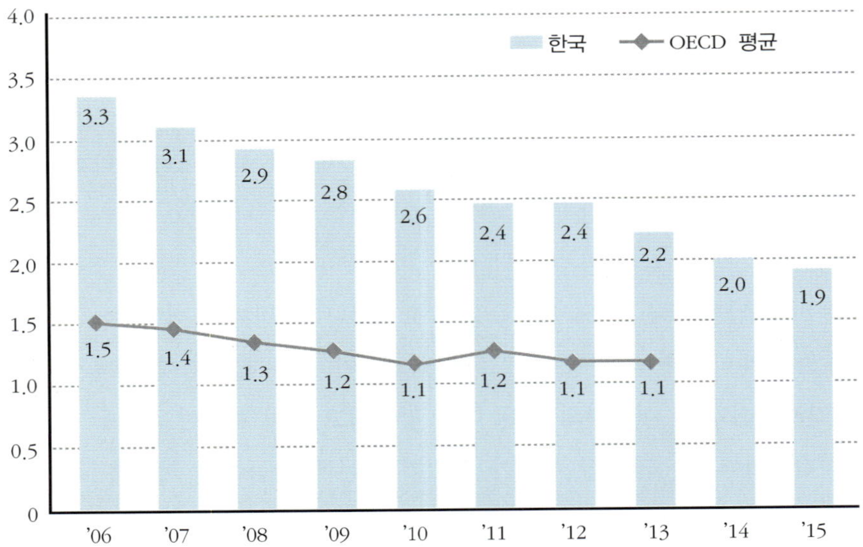

출처: 도로교통공단, 교통사고 통계요약(2016), p.44.

2015최근 5년간 교통사고 사상자 수

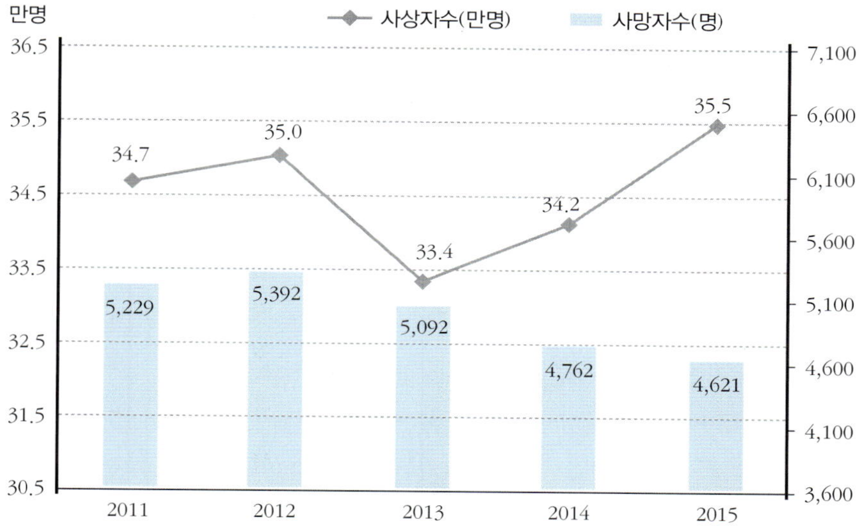

출처: 도로교통공단, 교통사고 통계요약(2016), p.19.

법규 위반으로 인한 교통사고 현황

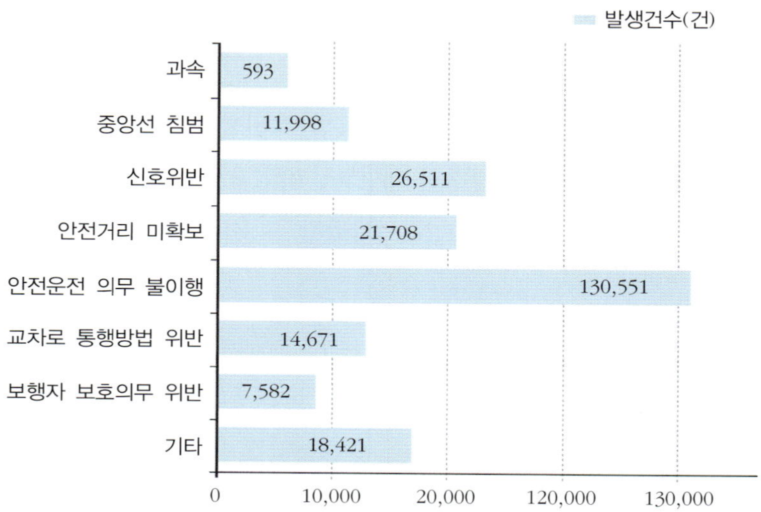

출처: 도로교통공단, 교통사고 통계요약(2016), p.10.

반면 2008–2010년 동안 우리나라에서 발생한 전체 교통사고와 신호위반 교통사고의 발생비율은 다음 그림과 같다.

월별 신호위반 교통사고와 전체 교통사고 발생건수 구성비 비교

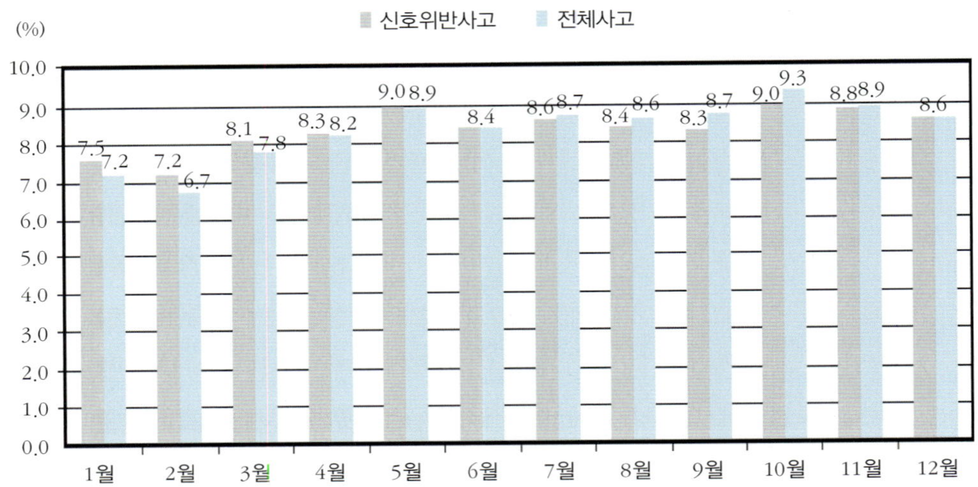

출처: 도로교통공단, 신호위반 교통사고 특성분석, 교통사고분석자료집(2012-1), p.4.

또한 2008–2010년간 가해운전자의 사고유발 요인별 신호위반 사고 발생건수 구성비는 전체사고와 비교하여 전방주시 태만, 심리적 요인에 의한 판단 잘못 등 인적 요인이 있는 경우의 사고 비율이 높게 나타났다.

가해운전자 인적요인별 신호위반 교통사고와 전체 교통사고 발생건수 구성비

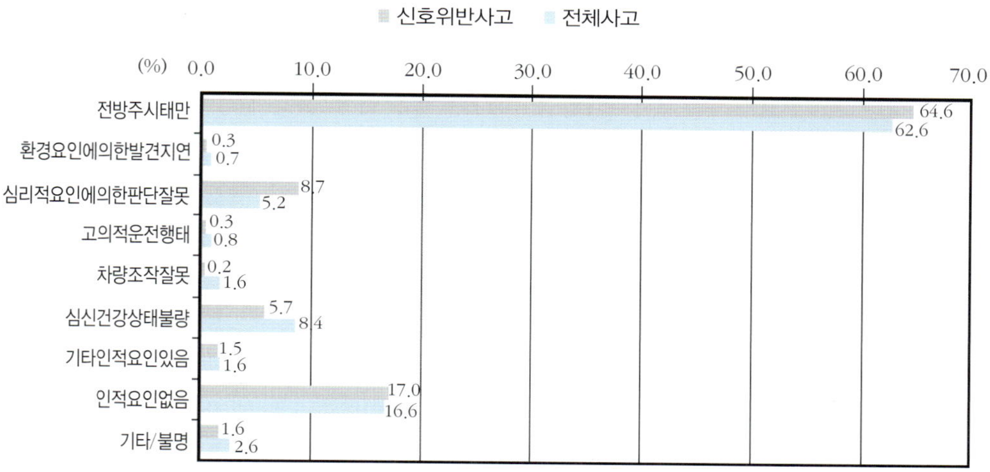

출처: 도로교통공단, 교통사고분석자료집(2012-1), p.8.

위에 제시된 '한국과 OECD 평균 교통사고율의 비교 결과,' '2015, 2016년 교통사고,' '최근 5년간 교통사고 사상자 수,' '법규 위반으로 인한 교통사고 현황,' '가해운전자 인적요인별 신호위반 교통사고와 전체 교통사고 발생건수 구성비 비교' 결과가 한국인의 준법 의식과 관련하여 주는 시사점은 무엇일까?

3) 내용

(1) 준법과 관련 개념의 의미

한 사회가 안정되고 질서있게 운영되기 위해서는 구성원들의 준법정신이 길러질 필요가 있다. 준법이란 사람의 개인적, 사회적 삶의 기초가 되는 여러 가지 규칙들, 즉 기본 생활 규칙과 공중도덕, 법, 그리고 기타 사회적 약속과 의무를 준수하고 실천하는 성향을 가리킨다. 이 준법은 공동체 구성원들이 더불어 행복한 삶을 사는데 필요한 기본적인 바탕이라 할 수 있다.

준법은 개인과 공동체 모두에 있어 그 존립의 기본이 된다. 개인적 측면에서는 인간이 자연 상태의 욕구에 따라 제멋대로 휘둘리다가 자기 파괴를 초래하게 되는 일을 방지해 준다. 공동체의 측면에서는 비개인적이고 추상적인 공동체의 규칙 그 자체에 대한 보다 고차적인 순응 성향을 지니게 함으로써 공동체의 안정과 질서를 가져다준다.

준법정신을 기르기 위한 가장 초보적인 형태는 역시 약속을 지키는 것으로 출발하게 된다고 하겠다. 약속은 자신과의 약속도 있고 다른 사람과의 약속도 있으며, 집단이나 공동체 내에서의 약속도 있을 수 있다. 준법정신을 기르는 일은 먼저 자신과의 약속이 지니는 의의와 가치를 깊이 인식하고 힘들고 어렵더라도 그것은 애써 지켜나가려는 자세를 기르는 일로부터 시작된다고 할 수 있다. 다른 사람과의 약속 이행은 정직이나 신의와도 관련된 것으로서 한 사람의 건실성과 건전한 사회 운영에 필수적으로 요구되는 것이라고 할 수 있다. 집단이나 공동체에서의 약속이란 가정이나 소집단, 직장 등에서 어떻게 생활하기로 서로 정하였을 경우 등이 이에 해당한다(유병렬, 2004: 318-319).

민주주의 사회는 법치주의를 기본으로 한다. 즉, 법치주의는 민주주의 사회가 정상적으로 작동하기 위해 필요한 핵심적 원리라고 할 수 있다. 그리고 이러한 법치주의가 올바로 실현되기 위해서는 국민들의 성숙한 법의식이 뒷받침되어야 한다. 왜냐하면 민주주의 사회는 구성원의 자발적인 참여를 필요로 하는데, 구성원의 법의식에 의해 뒷받침되지 않는 법치주의는 자발적 참여를 이끌어내기는 어렵기 때문이다. 하지만 우리나라 국민들의 법 준수 정도는 다른 OECD 국가에 비해 뒤떨어진 상태이고, 이것은 법질서에 영향을 줄뿐 아니라 경제 성장에도 부정적인 영향을 준다고 한다. 그렇다고 법질서 강화를 위해 감시와 단속, 처벌의 강도를 강화시키는 것이 과연 해결책이 될 것인가? 끊임없는 감시와 단속은 많은 사회적 비용을 초래할 뿐 아니라 정부와 시민 사이에 긴장과 불신의 관계를 만들어 내어 오히려 사회의 불안을 야기시킨다. 따라서 근본적 해결책은 감시와 처벌이 없어도 자발적인 동기에 의하여 법을 준수하는 시민을 양성하는 것이라 할 수 있다. 감시와 단속, 처벌을 피하려는 목적으로 법을 준수하는 사람은 당시의 처한 상황과 처벌의 강도에 따라 준법과 범법을 오가는 생활을 할 것이기 때문이다(김겸미 · 박성혁, 2014: 29).

공자께서 '대사구(사법부 장관)'라는 벼슬을 한 적이 있다. 이는 요즘의 법무부 장관에 해당한다고 할 수 있다. 그만큼 법을 잘 아는 사람이었다. 그럼에도 항상 법보다는 예를 중요하게 여겼다.

> "세상을 형벌로만 다스리면 백성들이 죄를 짓지 않고 형벌을 피할 수 있지만, 부끄러워하지 않을 것이다. 하지만 덕과 예로 다스리면 백성들이 부끄러워할 뿐만 아니라 착해질 것이다."

이 말의 뜻은 법이나 형벌을 없애자는 것이 아니라 도덕적인 삶을 사는 것이 법을 지키는 근본이 됨을 의미하는 것이다. 우리는 법이 모든 것을 해결해 줄 것이라는 법 만능주의적 사고보다는 인간다움과 인간다운 삶의 의미에서 법을 바라보아야 할 것이다. 또한 형벌을 피하기 위해 법을 지키기보다는 그 이전에 올바른 삶을 살기 위해 노력하는 사람이 되어야 할 것이다.

준법과 관련하여 많이 논의되는 관련 개념은 법의식이라 할 수 있다. 인간이 법에 대하여 갖는 의식을 총괄적으로 지칭하여 법의식을 개념화한 대표적인 학자로 레빈더(Rehbinder)를 들 수 있다. 그는 법의식(Rechtsbewubstein)을 다음의 세 가지 차원으로 구분하였다.

첫째, 법인식(Rechtserkenntnis)의 차원이다. 이는 법규범이 존재한다는 것, 그리고 그 법규범의 내용이 무엇이라는 것을 알고 있는 상태를 말한다. 이를 '법지식'(Rechtskenntnis)이라고도 한다. 법지식은 법인식의 객관적, 결과적 상태를 말한다.

둘째, 법의견(Rechtsmeinung)의 차원이다. 이는 법규범에 대하여 찬반의 의사를 갖고 있는 상태를 말한다. 법인식은 객관적, 사실적인데 반하여, 법의견은 주관적, 평가적인 점에서 명확히 구별된다. 법의견은 기존의 법에 대해서만 아니라 당위적 법에 대한 것도 포함한다.

셋째, 법의식(Rechtshaltung)의 차원이다. 이것은 법규범을 준수할 것인지 여부에 대한 의사를 갖고 있는 상태를 말한다. 법의식은 법의견을 바탕으로 한다. 하지만 법의견이 곧 법의식으로 나타나는 것은 아니다. 예를 들면, 법규범을 악법으로 판단하고 있는 경우에도 법규범을 준수하는 태도를 취할 수 있으며 반대의 경우도 마찬가지로 가능하다. 법의식은 법을 인식 · 평가하고 있는 사람이 법에 대한 자신의 행동까지도 결정하고 있는 상태를 말한다.

법의식과 비슷한 의미로 사용되는 용어에 법문화, 법감정, 법관념, 법정신 등이 있다. 우선, '법문화'(Legal Culture)는 대체로 한 사회에 있어서 법 또는 법체계에 대한 태도, 가치관, 의견을 가리킨다고 규정지을 수 있다. 개인에 따라 다르게 나타나는 가치관, 의견과 달리 한 국가 또는 한 집단 내에서 공통적으로 나타나는 법에 대한 태도를 법문화라고 부르는 것이다. 사람들이 법의 정당성에 대해 어떻게 생각하고 있고 어느 정도로 존중하고 있는지, 법에 대한 신뢰와 관심은 어느 정도인지를 알아보기 위해 국가 단위로 실시되는 '법의식 조사'는 좀 더 정확히 표현하자면 법문화에 대한 조사라고 할 수 있을 것이다.

법현상에 대한 정서적 요소를 강조하는 표현으로 '법감정'(Rechtsgefuhl)이라는 용어가 사용되기도 한다. 법감정은 법에 대한 경외심, 불신, 혐오감 등 법에 대한 정서적 반응 · 태도를 의미한다. 법규범은 기본적으로 정서적 요소를 배제하고 목적합리성을 지향하는 것이기 때문에 법의식에서 정서적 요소의 개입은 바람직하지 않은 것으로 여겨질 수도 있다. 그러나 규범이 내면화되는 과정에서는 법의식이 발전, 전환되는 과정이 필연적이며 법 자체가 정서적 반응을 바탕으로 하는 가치의 표상이라는 점을 고려해보면, 법감정 역시 법현상의 이해와 수용에 불가결한 요소라고 볼 수 있다(이영희, 2003: 177; 김해성 외, 2007: 15-16).

법일반에 관한 법의식을 '법관념'(Rechtsvorstellung)이라고도 한다. 법관념은 법일반에 대한 법의견 또는 법의식을 말한다. 이 단계에서 법의견과 법의식은 구별되지 않으며 명확한 형태를 갖춘 것도 아니다. 즉, 법에 관해 갖는 대강의 인식을 법관념이라고 부르므로 앞서 서술한 법의식 혹은 법인식에 비해 훨씬 모호한 상태를 가리키는 용어로 볼 수 있다.

법정신(Rechtsethos)도 법관념과 유사하게 사용되지만 법관념이 내면화되어 법행동에 있어 지주와 같은 역할을 행하는 상태라는 점에서 약간의 차이가 있다. 또한 이러한 법관념이 좀더 체계화된 이념으로 진전, 발전되거나 교조화된 체계를 갖출 경우 '법이념'(Rechtsidee)이나 '법이데올로기'(Rechtsideologie)라고 불리우기도 한다(김해성 외, 2007: 15–16).

이상의 준법 관련되는 여러 개념을 살펴보았다. 우리는 기본적으로 사람의 개인적, 사회적 삶의 기초가 되는 여러 가지 규칙으로서 법을 준수하고 실천하는 성향을 준법이라 규정하였다. 이를 다른 밀접한 개념과 관련하여 종합적으로 보자면, 준법은 무엇보다 기본적인 법지식을 가지고 현실 생활에서 직면하는 여러 상황에서 법규범을 준수할 것인지 여부를 결정하는 법의견을 피력할 수 있는 능력이다. 또한 법에 대한 긍정적 감정을 가지고 법행동에 있어 지주와 같은 법정신이 확립되어 법을 지키고자 하는 의지와 행동하는 능력을 포함한다고 하겠다.

(2) 준법의식과 유형

일반적으로 준법의식은 법을 지키려는 의식이나 의지, 법 복종에 대한 의무감, 실천능력이라고 할 수 있다. 준법의식의 이러한 맥락을 고려하면서 이진석(2010)은 준법의식을 보다 구체적인 하위 요소를 제시함으로써 준법의식의 범위를 명확히 하고 있다. 그는 준법의식이 법지식, 법 효능감, 법 소외감, 법 필요성, 위법행위 중화기제, 자아존중감, 자기효능감, 국가 만족감, 국가 신뢰감, 국가 소외감, 국가 참여, 사람에 대한 신뢰 등의 하위 요소로 구성된다고 규정하였다. 먼저 법지식은 법지식에 대한 자기판단과 사실적인 법지식에 대한 가부여부로 구성된다. 실제로 행동 결정이라는 것은 심리, 정서적 측면의 성격이 짙은 작용으로 '실제로 얼마나 많은 법지식을 가지고 있는가'라는 사실적인 측면과 '얼마나 많은 법지식을 가지고 있는 것으로 생각하는가'라는 심리적인 측면이 동시에 작용할 수 있다. 법 효능감은 자신의 법적 능력에 대한 신념의 수준을 말한다. 즉, 자신의 법적 행동 능력에 대한 믿음과 이에 대해 법적 기관이 대응할 것이라는 신념이다. 이에 비해 법 소외감은 법을 지배도구로만 인식하여 자신을 지배의 대상으로 여기고, 또한 자신을 법의 외부에 있는 존재로 여기는 감정(legal alienation)을 말한다. 법적 소외가 심화된 사회에서는 아무리 구성원들이 법에 대한 지식을 가지고 필요성을 인식한다 하더라도 법을 자신의 삶에 대한 자발적 규칙으로 받아들이거나 법생활에 주체적으로 참여할 수 없게 되므로 법치주의의 실현이 어려워지게 된다. 또한 개인적으로는 법적 강제가 느슨해지거나 그러한 강제에 익숙해질 경우 비행과 범죄를 반복하게 되므로 법적 처벌을 강화할 수밖에 없는 악순환에 빠지게 된다.

법 필요성은 사회구성원 간의 서로 상충하는 이해관계를 조화롭게 해결하기 위해 최소한의 약속으로서 법이 얼마나 필요한가를 느끼는 감정이다. 위법행위 중화기제는 자신의 위법행위나 타인의 위법행위에 대해 호의적인 태도가 형성되어 죄책감을 느끼지 않게 되는 정도를 말하는 것이다. 위법행위 중화기제가 광범위하게 형성되면 향후 위법행위를 방조하거나 저지를 확률이 높아지게 된다. 자아존중감은 개개인이 자기 자신에 대한 인지적 · 평가적 수준을 나타내는 하나의 심리적 경향으로서 인생에서의 일련의 경험에서 얻어진 자기에 대한 느낌, 또는 자기의 가치로움에 따라 형성되는 자기 가치감을 의미한다. 일반적으로 낮은 자아존중감은 청소년의 비행이나 범죄행동과 같은 부정적인 인간행동과 관련되는 요인으로 알려져 있다. 왜냐하면 자아존중감이 낮고, 자신의 태도에 대해 부정적인 사람이 상황에 대해 일탈적으로 대응하는 경향이 높기 때문이다. 그리고 자기효능감은 자신의 준법행위가 어떤 의미를 갖고, 어떤 영향을 미칠 수 있을지에 대해 생각하여 준법 여부에 대한 스스로의 판단을 내리는 결정력을 의미하는 것이다. 따라서 자기효능감은 준법과 위법 중 어떤 법적 태도를 취할 것인지에 대해 영향을 미친다.

반면 국가 만족감은 국가나 공동체에 대한 만족감 정도를 가리킨다. 준법의식은 개인적인 특성에 국한된 것이 아니라, 국가나 공동체와 같은 환경적 요소에 의해서도 영향을 받기 때문에 국가에 대한 소속감, 연대감, 친밀감과 같은 감정적 성향 등의 국가만족감은 준법의식에 영향을 준다. 이에 비해 국가 신뢰감은 국가가 얼마나 공정하고, 잘하고 있다고 믿는지를 의미한다. 그리고 국가 소외감은 국가가 나에 대해 기울인다고 생각하는 관심의 정도를 의미한다. 국가 참여는 국가 수준 영역의 사무에 실제로 참여를 경험한 적이 있는가의 여부와 관련된다. 공직 참여나 선거 참여, 시위 참여 등이 해당되며, 참여의 경험이 많을수록 준법의식이 높을 것이라고 예상한다. 끝으로 사람에 대한 신뢰와 관련된 것으로서 이는 일반적으로 법과 같은 제도에 대한 신뢰는 사람에 대한 신뢰에 영향을 받는다는 관점에 기초하고 있다. 즉, 사람에 대한 신뢰 성향이 제도와 같은 추상적인 형태의 신뢰에도 영향을 미친다는 것이다. 사람에 대한 신뢰는 다시 두 가지 차원으로 나누어서 생각해 볼 수 있다. 하나는 실제로 생활하면서 자주 접촉하는 주변인에 대한 신뢰이고, 다른 하나는 직접적인 관계가 없는 일반 시민들에 대한 신뢰이다(이진석 외, 2010: 156–158).

그렇다면 사람들은 왜 법을 준수하려고 할까? 법을 준수하려는 이유와 동기를 준법의식이라고 할 때, 법규범을 준수하려는 이유에 대해서 크게 법사회학적 접근과 사회심리학적 접근으로 나누어 고찰해 볼 수 있다.

우선 법사회학적 관점에서 독일의 법사회학자인 레빈더(Rehbinder)는 준법의 이유를 4가지로 제시하였다. 첫째, 법복종자가 법규범의 규범적 타당성을 인정하기 때문에 법을 준수하는 유형이다. 법규범을 단지 지지 · 찬성하기 때문에 준수하는 것이 아니라 그 규범이 준수할 수 있는 수준이라는 전제 하에 준수하는 것이다.

둘째, 규범을 준수하지 않음으로써 받게 될 제재나 불이익을 회피하기 위한 동기로 법을 준수하는 유형이다. 따라서 외견상으로 법을 준수하는 행위가 자발적으로 보일지라도 실제로는 타율적인 행위도 적지 않다는 것이다. 이것은 콜버그(Kohlberg)의 도덕성 발달단계에서 전인습 수준의 행동에 해당된다.

셋째, 법규범을 준수 · 이행함으로써 얻게 될 이익, 또는 이를 통해 법규범과 무관한 다른 목적을 추구하기 위해 법을 준수하는 유형이다. 이 유형의 경우, 준수행위는 자발적일지 모르지만 규범을 찬성 · 지지하기 때문에 법을 준수하는 첫 번째 유형과는 구분된다. 이것은 콜버그의 도덕성 발달단계에서 인습 수준의 행동에 해당된다.

넷째, 법준수 행위가 도리어 손해를 야기함에도 불구하고 스스로의 도덕률 또는 주입된 준법정신에 의해 엄격하게 법규범을 맹종적으로 준수하는 유형이다. 이것은 머튼(Merton)의 아노미적 일치에 가까운 행동유형이다.

반면, 사회심리학적 관점은 준법의 이유에 대해 크게 2가지 유형으로 제시하고 있다. 첫째, 이해타산적인 이유로 법을 준수하는 유형이다. 이러한 유형의 사람은 처벌의 강도 또는 위법행위에 대한 적발가능성을 준법의 기준으로 삼아 행동한다. 둘째, 규범성을 추구하여 법을 준수하는 유형이다. 개인의 이해득실을 넘어 공동체의 존립을 위해 법을 준수하는 것이다. 이러한 사회심리학적 분류에 대해 송성민(2007)은 각각 '이해타산성 추구형, '규범성 추구형'으로 이름을 붙였다. 정당성 인정형은 법사회학에서 제시한 정당성 인정형과 사회심리학에서 제시한 규범성 추구형이 같은 유형의 다른 표현으로 보았다. 다만 법교육의 영역에서는 도덕적 판단까지 확대될 수 있

〈표 Ⅱ-3〉 준법의식 구성 유형

유형	핵심 내용	추구 이익	국가 · 사회와의 관계	콜버그의 도덕성 발달 단계
정당성 인정형	준법은 공동체의 존립을 위해 매우 중요한 일이며, 법은 사회구성원의 합의에 기초했다는 점에서 준수의무를 가짐	개인 이익 + 사회 이익	국가 · 사회를 능동적으로 구성하는 개인 인식	인습적 수준 (3~4단계)
이해 타산 추구형	합리적인 선택을 하는 경제인의 자세, 위법에 대한 처벌을 잠재적인 손실로 계산하고, 준법을 하게 됨으로써 얻게 될 이득을 계산하여 비교형량 후 행위 결정	개인 이익	국가 · 사회 내에서의 개인 인식	전인습적 수준 (2단계)

출처: 송성민, 준법의식 유형에 따른 문제중심학습(PBL)의 효과에 관한 연구 : 노동법 수업을 중심으로, 서울대학교 대학원 석사학위논문(2007), p.23.

는 규범성 추구형보다는 정당성 인정형이 더 적절한 표현이라고 보았던 것이다(송성민, 2007: 17-19; 김겸미 · 박성혁, 2014: 33-35). 준법의식의 유형을 표로 정리하면 앞의 202쪽의 표와 같다.

(3) 한국과 미국 청소년 법의식 발달 비교

한국과 미국 청소년들의 법의식과 법지식, 법에 대한 태도, 법감정들을 비교한 연구 결과에 따르면, 양국 청소년의 법의식은 여러 부분에서 차이를 보이는 것으로 나타나고 있다. 한국과 미국 청소년의 법의식 차이에 대한 연구결과의 핵심내용을 소개하면 다음과 같다.[9)]

첫째, 한국의 청소년들의 법에 대한 신뢰도 평균이 4.09로 미국청소년의 5.09보다 유의미하게 낮아 법에 대한 신뢰의 정도가 미국에 비해 낮은 것으로 밝혀졌다.

둘째, 한국의 청소년들이 상황에 따라 법을 지키지 않을 수 있다는 인식이 평균 4.79로 미국청소년의 4.37보다 유의미하게 높았으며, 이는 상황에 따라 법을 지키지 않아도 된다는 인식이 높다는 것을 의미한다.

셋째, 한국의 청소년들의 법에 대한 공정성에 대한 인식의 평균값은 2.76이고 미국 청소년의 경우는 4.02로 상대적으로 매우 유의미한 차이가 있으며, 한국의 청소년이 법이 덜 공정하다는 인식이 팽배해 있음을 의미한다.

넷째, 한국의 청소년들이 법을 어렵게 생각하는지에 대한 인식을 보면 평균값이 4.80으로 미국 청소년의 평균값 3.51보다 유의미하게 높게 나타났다. 이는 한국청소년의 경우 법을 어렵게 느끼고 있음을 의미하며, 아울러 법에 대한 지식도 미국 청소년에 비해 유의미하게 낮게 나타났음을 볼 때 한국청소년의 법교육에 문제점이 있음을 시사하는 것이라고 볼 수 있다.

다섯째, 한국의 청소년들이 스스로 법을 얼마나 잘 준수하고 있는지에 대한 인식

9) 이 연구는 미국 청소년 109건, 한국은 105건을 접수하였으나 불성실하게 응답한 설문지를 제외하고 미국청소년은 101건 한국청소년은 99건을 분석한 결과이다. 표본수가 크게 만족스럽지 않으나, 선행연구가 없다는 점에서 매우 의미있는 선도적 연구라고 할 수 있다.

은 4.77의 평균값을 보이고 있음에 비해 미국 청소년은 5.58로 유의미한 차이를 보이고 있다. 또 자국 국민의 법준수 실태에 대한 인식도 한국청소년은 3.35인데 반해 미국 청소년은 4.45로 유의미한 차이를 보이고 있음을 알 수 있다.

여섯째, 한국 청소년이 법을 잘 지키는 이유가 처벌의 두려움이나 양심의 가책을 지적한 비율이 높은 반면, 미국 청소년의 경우 처벌의 두려움이 상대적으로 높게 나타났다. 한편 법을 위반하는 이유를 미국 청소년과 비교하였을 때 법대로 하면 손해를 본다는 인식이 상대적으로 높았으며, 미국 청소년은 사회에 대한 불만이 상대적으로 많았다.

끝으로 한국 청소년의 경우 자국 국민이 법을 준수하는 이유로 법은 사회적 약속과 양심의 가책이라는 이유가 상대적으로 높았으며, 미국 청소년의 경우는 처벌의 두려움을 그 이유로 인식하고 있었다. 한편 한국 청소년의 자국민의 법위반 이유로 지적한 것도 법대로 하면 손해를 지적하였으며, 미국 청소년의 경우는 자국 국민이 법을 위반하는 이유로 금전적인 이유가 가장 많았다(박종선, 2013: 358-359).

이러한 조사 결과, 특히 한국 청소년의 법인식 관련 조사 결과를 법인지발달론의 관점에서 보면, 어떤 해석이 가능할까? 그리고 어떤 준법교육이 필요할까?

탭(Tapp)과 레빈(Levine)의 법인지발달론은 규칙이나 권위체 등과 관련된 다양한 질문을 던지고, 피실험자가 이에 대해서 어떻게 응답을 하는가를 분석하여 3단계의 법인지 발달단계를 구안하였다. 이는 피아제(Piaget)나 콜버그(Kohlberg)의 영향을 받은 만큼 이들이 제안한 법인지 발달단계 역시 위계적인 구조를 가지는 순차적인 계열로 이해되고 있다.

이들이 제안한 단계는 ① 규칙-복종의 단계(Rule-obeying stage), ② 규칙-유지의 단계(Rule-maintaining stage), ③ 규칙-형성의 단계(Rule-making stage)의 3단계이다. 이러한 내용은 콜버그의 도덕판단 발달단계인 3수준과도 관련이 있는 것으로 볼 수 있다(Tapp & Kohlberg, 1971; Tapp & Levine, 1977; 박성혁, 1994; 이진석 외, 2010: 153). 단계별 주된 차이는 발달단계가 주목하는 내용요소가 도덕성인지, 아니면 법규칙 인지에 따른 차이라고 볼 수 있다.

법인지 발달단계는 다음과 같은 3단계로 정리해 볼 수 있다. 첫째, '규칙－복종의 단계'에 해당하는 사람은 규칙이란 범죄를 예방하고 물리적인 위해를 예방해 주는 것으로 인식한다. 둘째, '규칙－유지의 단계'에 해당하는 사람은 규칙을 질서유지의 필요성에서 인식하며, 사회의 안정을 위해 규칙을 준수해야 하는 것으로 인식한다. 마지막으로 '규칙－형성의 단계'는 무비판적으로 규칙을 옹호하거나 집착하는 수준을 넘어서 법규의 이면에 존재하고 있는 자유, 평등 등과 같은 보다 근원적인 가치를 추구하고자 한다. 3단계로 구분되는 법인지 발달단계는 규칙과 관련하여 인지구조가 어떻게 성장해 가는지를 제시해주었다는 차원에서 매우 큰 의의를 가진다고 볼 수 있다. 나아가 규칙 준수, 즉 준법과 관련하여 응답자의 사고방식이 어떠한 측면에서 귀인하고 있는 것인지를 보여준다는 점에서 의의가 크다고 볼 수 있다.

이러한 발달단계론의 관점에서 보면, 한국의 청소년들이 상황에 따라 법을 지키지 않을 수 있다는 인식이 높다는 점, 공정성에 대한 낮은 신뢰도, 처벌의 두려움이나 양심의 가책 등에 따라 법을 준수한다는 점 등을 고려해 볼 때, 규칙복종 단계와 규칙유지 단계에 머물고 있다고 할 수 있다. 그리고 이러한 결과를 기본 자료로 하여 우리는 자라나는 세대를 대상으로 하는 시민 준법교육의 청사진을 그려볼 수 있을 것이다.

우선 '규칙－복종의 단계'에 머무르는 청소년들을 그 상위 단계로 진입할 수 있도록 교육이 유도해야 한다는 사실을 생각해 볼 수 있다. 물론 외면적으로는 '규칙－복종'과 '규칙－유지'가 모두 규범을 준수하는 행위로 드러날 수 있다. 다시 말해 외면적인 행동양태만을 놓고서는 준법과 위법의 여부만을 가릴 수 있을 뿐, 그러한 행위를 하는 심리적, 인지적 근거가 단순히 맹목적인 복종에서 비롯한 것인지, 아니면 공동체의 혼란을 방지하고 안정과 평화 유지를 위한 것인지를 알 수 없다는 것이다. 하지만 그것을 판별할 수 있는가의 여부와는 별개의 문제로 사회 공동체의 구성원들이 맹목적인 준법 의지를 가지고 있을 때, 그 사회의 법체계는 매우 위태로운 상황임을 인식해야 할 것이다. 왜냐하면 맹목적인 복종이나 무비판적인 법준수는 의지가 빈약하고, 준법의 이유가 내면화되어 있지 않기 때문에, 언제든지 쉽게 무너질 수 있을 것이다.

따라서 자라나는 세대들에 대한 준법교육은 강압적이고 일방향적인 준법의 강요가 되어서는 안 될 것이다. 보다 합리적인 이유에서 준법의 정당한 근거가 무엇인지를 학습자 스스로가 판단하게끔 유도하고, 이를 통해서 보다 안정적으로 내면화된 준법의지를 함양할 수 있도록 노력해야 할 것이다. 나아가 '규칙-유지 단계'의 구성원만을 양산하는데서 만족해서도 안 될 것이다. 왜냐하면 법체계라는 것은 현재의 질서유지라는 뚜렷한 명분을 가지고 있는 동시에, 늘 보완해야 할 점이 있는 부분적 모순체계이기 때문이다. 사회의 구성원이 변하고, 문화가 변하고, 산업구조가 변화해 가는 속에서 법체계가 현실과 정합적 구조를 이루면서도 공정성을 잃지 않기 위해서는 '규칙-형성'의 의지를 가지고 있는 건전한 비판집단으로서의 시민들이 많이 필요할 것이다(이진석, 2010: 154-155).

(4) 한국인의 준법의식의 현주소

국민 10명 중 8명은 낯선 사람을 믿지 못하고, 자신은 법을 잘 지키지만 다른 사람들이 법을 지키지 않는다고 생각한다. 언제, 어디서 발생할지 모를 위험에 대비하기 위해 사생활을 포기하고서라도 곳곳에 폐쇄회로(CC)TV를 설치한다. 이마저도 모자라 차량마다 블랙박스를 설치해 서로 감시하고 증거를 수집한다. 법치 수준에서 경제협력개발기구(OECD) 34개 회원국 가운데 25위를 차지한 '법치 후진국' 대한민국의 자화상이다.

지난 2013년 흥사단 투명사회운동본부가 청소년 2만여 명을 대상으로 한 '청소년 정직지수' 조사 결과는 우리 사회에 큰 충격을 안겨줬다. 고교생의 절반 가량(47%)이 "10억원이 생긴다면 죄를 짓고 1년 정도 감옥에 가도 괜찮다"고 응답했다. 한국 청소년들의 낮은 준법의식과 도덕불감증을 여실히 드러낸 사례이다. 청소년들의 법의식

수준은 그 사회에서 법이 얼마나 잘 지켜지는지를 가늠할 수 있는 척도란 점에서 한국 사회의 준법 수준이 그만큼 형편없음을 보여주는 대목이기도 하다.

◈ 기초질서 위반, 문제없다?

기초질서나 사소한 법규는 위반해도 별문제가 되지 않는다는 의식이 우리 사회에 만연한 것이 사실이다. 경찰청에 따르면 지난해 경범죄 처벌법에 따라 범칙금 통고처분을 받은 경우는 5만5,455건에 달했다. 이 중 쓰레기나 오물 투기가 1만8,298건으로 가장 많았고, 음주 또는 주변을 소란스럽게 한 경우가 1만6,357건으로 뒤를 이었다. 기초질서 위반에 관대한 분위기를 감안하면 일상 속에서 위법행위가 훨씬 더 많이 일어날 것으로 추정된다.

교통법규가 무시되는 경우도 허다하다. 지난해 운전자가 과속으로 경찰에 적발된 경우는 792만8,073건으로, 지난 5년간 연평균 800만건 가량이 속도위반 단속에 걸린 것으로 나타났다. 신호위반도 지난해 190만9,004건, 2012년 188만3,692건, 2011년 186만6,688건으로 매년 비슷한 수준으로 발생했다. 이처럼 교통법규 위반을 사소하게 여기는 경우가 많지만, 해마다 발생하는 교통사고 10건 중 1건은 신호위반이나 과속으로 인해 발생한다.

◈ 법 위반 부추기는 사회

한국 사회의 준법 수준이 떨어지는 데에는 법 위반을 부추기는 사회적 분위기가 한몫하는 것으로 지적된다. 위법행위를 하고도 '안 걸리면 그만'이라는 사고가 팽배하다 보니 웬만한 편법은 용인되는 실정이다.

차량에 설치된 내비게이션의 과속 단속지점 안내 기능이 대표적인 예이다. 처음에는 위성항법장치(GPS)를 이용한 과속단속 경보기가 과속으로 인한 교통사고를 부추긴다는 이유로 불법 부착물로 간주됐다. 하지만 운전자 대부분이 이를 이용하면서 사실상 단속이 어려워지자 현재는 합법화된 상태이다. 과속을 단속하는 이유는 규정속도 준수를 통해 사고를 미연에 방지한다는 데 있지만 이 기능이 보편화하면서 제한속도는 '카메라가 있는 곳에서만 지키면 되는 것'이 되어버렸다.

최근에는 음주 단속을 피하기 위해 음주 단속지점을 실시간으로 알려주는 스마트폰 앱까지 등장했다. 앱 사용자가 단속지점을 지나면서 신고 버튼을 클릭하면 해당 지점이 지도에 저장돼 다른 사용자들과 단속정보가 공유되는 방식이다. 특히 과거 단속지점까지 표시돼 얼마든지 단속 장소와 단속 예상지점을 피해가면서 음주운전을 할 수 있게 한다는 점에서 음주운전을 부추긴다는 우려가 제기되고 있다.

◈ 법과 원칙에 대한 불신

법 집행과정이나 법에 대한 국민의 불신이 높은 것도 준법 수준을 떨어뜨리는 요인이다. 2013년 형사정책연구원이 성인 남녀 1,770명을 대상으로 실시한 '법집행의 공정성에 대한 국민의식 조사'에 따르면 응답자의 76.3%가 '돈이 많으면 법을 위반해도 처벌을 받지 않는 경향이 있다'고 답했다. 재벌과 권력자에 대해 상대적으로 관대했던 처벌이 이 같은 불신사회를 만들어냈다. 이 조사에서 '우리 사회에서 분쟁을 해결하는 데 가장 유용한 수단'을 묻는 질문에 '법'을 꼽은 응답자가 43%로 절반에도 미치지 못해 법에 대한 신뢰도가 떨어지는 것으로 나타났다.

심지어 3년 전 전국의 성인 남녀 2,937명을 대상으로 한 법률소비자연맹의 조사에서는 응답자의 42%가 '법을 지키면 손해'라고 답해 법에 대한 불신이 상당한 것으로 조사됐다. 이런 현실에서 국민에게 아무리 준법의식을 강조한다고 해도 냉소의 대상이 될 뿐이라고 전문가들은 지적한다.[10)]

10) 이태영, 위법 부추기는 사회… '나만 안 걸리면 그만' 의식 팽배, 세계일보, 2014. 3. 26.

4. 직장예절

자기 자신을 알려거든 남이 하는 일을 주의해서 잘 살펴보아라. 다른 사람의 행동은 나의 거울이다. 또 다른 사람을 알려거든 특히 그 사람을 아껴 주어라. 또 그 사람을 이해하려거든 먼저 자기 마음속을 들여다보아라. 네가 남에게 바라고 싶은 것을 네가 먼저 베풀어라. -시르렐(Schiller)

나 자신이든 다른 어떤 사람이든, 인간을 절대 단순한 수단으로 다루지 말고, 언제나 한결같이 목적으로 다루도록 행동하라. -칸트(Kant)

1) 사례

미국 콜롬비아 대학 MBA 과정에서 기업 CEO들을 대상으로 '당신의 성공에 가장 큰 영향을 준 요인이 무엇인가?'를 조사한 결과 응답자의 93%가 '대인관계에서의 매너(manners)'[11]를 꼽았다. 나머지 7%만이 실력이라고 대답했을 정도로 직장생활에서는 '대인관계의 매너'도 하나의 능력이라고 할 수 있다. 주위를 둘러보면 실력이 아무리 좋더라도 인간관계가 좋지 않아서 자신의 능력을 제대로 발휘하지 못하는 사람이

11) 매너와 에티켓은 엄연히 다른 뜻이다. 매너와 에티켓, 이 두 단어는 어원부터가 다르다. 매너는 'manarius'라는 라틴어에서 유래한 단어이다. 사람의 행동과 습관을 의미하는 단어 'manus'와 방법과 방식을 뜻하는 'arius'의 합성어인 'manarius'는 사람과의 관계에 더 치중한다. 그래서 매너는 '좋다'와 '나쁘다'로 구분된다. 에티켓은 'estiquier'라는 프랑스어에서 그 유래를 찾을 수 있다. 루이 14세가 집권하던 17세기, 궁중 법도와 규칙이 까다롭던 시절. 성에 출입하는 모든 사람은 그 법도와 규칙을 지켜야 했고, 이 법도를 성 안뜰 벽에 붙여 놓던 것에서 기인한 것이다. 이 때문에 에티켓은 '있다'와 '없다'로 구분할 수 있다. 조금 더 쉽게 이해해 볼까? 볼일을 보기 위해 화장실에 들어가려면 어떻게 할까? 에티켓이 있는 사람이라면 먼저 노크할 것이다. 매너가 좋은 사람이라면 안에 있는 사람이 놀라지 않도록 똑똑~ 가볍게 문을 두드릴 것이다. 일종의 무언의 법칙 같은 에티켓은 안 지켜질 경우, 난감한 상황이 발생한다. 반면, 매너가 잘 지켜지면 훈훈한 상황이 연출된다. 매너는 항상 상대방에게 초점이 맞추어진다. 영국 여왕이 청나라 고위 인사를 위해 만찬을 열었을 때의 일이다. 청나라 고위 인사는 핑거볼에 담긴 손 씻는 물을 마시는 물로 오인해 그 물을 마셔 버렸다. 그 모습을 본 영국 여왕은 당황한 기색 없이 그 물을 마셨고, 만찬에 참석했던 다른 손님들도 모두 물을 마셔 위기의 순간을 넘겼다: 삼성이야기; http://blog.samsung.co.kr/3415

있는 반면, 실력이 조금 모자라더라도 인간관계가 좋아 주변 인맥의 도움 덕분에 능력을 펼칠 기회를 잡고, 성공하는 사람들도 있다.

이는 우리가 사회에서 성공하고 싶다면 대인관계 능력을 어떻게 하면 향상할 수 있을지 고민해야 하고, 주위의 사람들과 사이좋게 살아가는 방법을 익혀야 한다는 것을 의미한다. 이렇듯 매너는 사회생활에서 좋은 인간관계를 형성하게 하며, 주변으로부터 인정과 지지를 얻는데 큰 역할을 하고 있다. 그렇기 때문에 개인의 성공과 조직의 성장을 위해 '좋은 매너'는 반드시 필요한 필수 요소임을 꼭 기억해야 한다.

회사에 다니다 보면 "저 사람 일은 잘하는데 성격이 안 좋아." 혹은 "저 사람 실력은 좋은 것 같은데 매너가 꽝이야."라는 평가를 받는 사람들을 종종 보게 된다. 그런 말을 듣는 순간 자신의 앞날을 고민해야 한다. 요즘 기업에서 좋은 학벌과 시험 성적을 위주로 직원을 채용한 뒤, 입사 후 그 직원의 직장예절 문제, 대인관계, 고객 응대 태도, 즉 인성이 문제가 되어 고민하는 인사 담당자들이 많다고 한다. 왜냐하면 업무를 처리하는 과정에서도 좋은 매너를 가진 직원이 그렇지 못한 직원보다 고객 응대 과정에서도 유연하게 마무리를 좋게 짓기 때문이다.

기업에 접수된 고객들의 불만 중에는 '처음에는 별일이 아닌 것으로 일을 끝내려고 했는데, 일 처리 과정에서 직원의 태도가 나를 열 받게 하였다.'는 내용이 상당수에 이를 정도이다. 처음엔 상품이나 회사에 대한 불만으로 시작되지만, 이를 처리하는 과정에서 성의를 다하지 않고 적당히 응대하는 직원이 못마땅하게 느껴지는가 하면, 자기 일이 아닌 듯 대수롭지 않게 여기는 직원의 무성의한 태도로 인해 고객의 불만은 증대된다. 마치 불친절한 직원이 고객을 응대하는 모습은 고객의 마음을 진정시키기보다 불 난 집에 부채질 하는 것과 같은 것이다. 이 때문에 좋은 매너가 늘 몸에 밸 수 있도록 노력해야 한다.[12)]

우리 주변에서 종종 매너 없는 직원들은 '나는 원래 그래. 하지만 나도 알고 보면 순수하고 좋은 사람이야. 이렇게 살아왔는데 어떻게 쉽게 바뀔 수 있겠어?'라고 말하

---

12) 한화그룹; http://blog.hanwhadays.com/2844

는 모습을 보게 된다. 특히 상급자가 그런 말을 하는 경우도 많이 보게 된다. 당신은 그런 말을 한 적이 없을까?

2) 활동

(1) 당신의 오피스 매너는 몇 점인가요?

□ 책상에서 음식을 자주 먹는다.
□ 평소 음식을 먹을 때 소리를 낸다(쩝쩝, 호로록 등).
□ 담배를 피운 후 냄새를 빼지 않고 자리로 돌아온다.
□ 옆 자리 동료가 뭐하는지 궁금해서 모니터를 훔쳐본 적이 있다.
□ 다리를 떠는 습관이 있다.
□ 생각에 잠기다 보면 나도 모르는 사이 책상을 두드리는 등 소리를 낸다.
□ 책상에 향이 강한 디퓨저(Diffuser)나 향초가 있다.
□ 동료가 자리를 비운 사이 그 책상에서 사무용품을 가져온 적이 있다.
□ 옆자리(혹은 앞자리) 동료와 친해 자주 자리에 앉아서 얘기를 나눈다.
□ 휴게공간, 회의공간 등 공용공간을 사용한 후 뒷정리를 하지 않는다.
□ 사무실 안에서 개인 통화를 하는 경우가 많다.
□ 지각이 잦다(주 2회 이상).
□ 출근시간이나 점심시간을 잘 지키지 않는 편이다.

■ 3개 이하: 아직은 괜찮아요.

그래도 아직은 매너있는 생활을 하고 있습니다. 그러나 자칫하면 동료들에게 불편함을 주는 사람이 될 수 있으니 조심해야 합니다. 작은 습관들은 지금부터 의식적으로라도 고쳐주세요.

■ 4~7개: 귀가 간지럽지 않으세요?

주변에서 당신의 매너없는 행동에 대해 얘기하는 단계입니다. 당신은 별거 아니라고 생각하겠지만, 사실은 아닙니다. 그래도 아직 늦지 않았습니다! 하나씩 고쳐 나가세요.

■ 8개 이상: 당신은 이미 노매너입니다.

회사생활 잘 하고 계신가요...? 이미 당신은 회사 내에서 공공연한 노매너 동료 명단에 올라 있습니다. 당신의 행동 하나하나가 주변 동료들에게 얼마나 큰 스트레스 요인이 되는지 본인만 모르고 있는 수준이지요. 그래도 아직 당신 주변에 당신을 좋아해주는 이들이 남아있다면, 이들을 위해서라도 본인의 행동을 고칠 필요가 있습니다.

출처: 직장인이라면 꼭 지켜야할 에티켓 체크리스트; http://fursis.com

(2) 나의 전화예절 점수는?

□ 자리를 비운 다른 직원의 전화벨이 울려도 내 전화가 아니니 전화를 받지 않는다.
□ 전화를 신속하게 받지 않는다(벨 소리 2번 이내에).
□ 메모지와 필기구를 준비하지 않은 채로 전화를 받는다.
□ 통화 시 발음과 말씨를 똑똑하게 하지 않는다.
□ 상대방의 말을 듣기만 하고, 확인 및 맞장구를 치지 않는다.
□ 상황에 맞는 끝인사를 하지 않는다.
□ 전화를 걸 때, 용건과 통화에 필요한 자료를 준비하지 않는다.
□ 통화 시 자신의 소속과 이름을 말하지 않는다.
□ 전화를 먼저 걸었는데 상대보다 먼저 전화를 끊는다.
□ 언제나 부정형으로 통화한다(예시: 그건 규정상 할 수 없습니다).
□ 다른 직원의 부재 시 메모를 남기지 않는다.
□ 상대의 처지(회의 중, 점심시간, 퇴근 후)와 무관하게 장황하게 전화한다.
□ 나이 어린 사람과 통화 시, 무시하는 듯한 말투로 전화 통화를 한다.
□ 부드러운 말씨를 사용하도록 노력하지 않는다.

■ 1~2개: 당신은 전화예절 우수사원! 당신의 전화를 받으면 오늘 하루가 즐거워요~

- 3~4개: 아쉽네요~. 조금만 노력하면 전화예절이 완벽한 사람이 될 수 있어요! 조금만 더 신경 써주세요~.
- 5~6개: 많은 노력이 필요합니다. 전화 상대를 존중해 주자고요~
- 7개 이상: 당신의 전화예절 때문에 많은 사람이 불편해하고 있어요~ 지금 당장 크게 반성하면서 기초부터 노력하기로 해요~

출처 : 삼성이야기; http://blog.samsung.com/3187

(3) 직장에서의 대인관계 체크 리스트 6

① 항상 상대방의 의견을 겸허하게 듣고, 자기의 부족한 점을 반성하고 있는가?

② 주어진 직분을 잘 지키며, 있는 힘을 다해 회사 전체의 능률을 향상시키도록 노력하고 있는가?

③ 상대방의 마음에 상처를 주지 않으며, 회사 전체의 분위기를 밝게 이끌기 위해 마음을 쓰고 있는가?

④ 정정당당한 경쟁을 통해 스스로의 능력을 발휘하며, 동료의 약점을 들추는 비겁한 행동은 하지 않는가?

⑤ 동료 누구에게나 똑같은 친절을 베풀고 있는가?

⑥ 언제나 동료들과 책임질 수 있는 교제를 하고 있는가?

출처 : http://www.osondoson.kr/saheye/sahae5.htm

3) 내용

(1) 직장예절의 의미와 사례

록펠러(John Davison Rockefeller)와 함께 19세기 미국 산업계를 대표했던 양대 산맥인 카네기(Andrew Carnegie)는 타인의 호감을 사는 법에 대해 다음과 같이 이야기한 바 있다. 즉, 첫째, 따뜻하고 성실한 관심을 기울여라, 둘째, 이름을 기억하라, 셋째, 말하기보다 듣기를 잘 하라, 넷째, 마음속으로부터 칭찬하라, 다섯째, 미소를 지어라,

여섯째, 상대의 관심 방향을 간파하라는 것이다. 이것은 직장생활에서 우리가 지켜야 할 예절의 기본 정신이라고 할 수 있다.

그렇다면 구체적으로 직장인에게 예절은 어떤 의미가 있으며 직장예절은 무엇을 의미하는가? 간단히 정리하면, 첫째, 예절이란 다른 사람을 생각하는 마음이며, 예절의 출발점은 남을 배려하는데서 시작된다. 이러한 예절을 기업의 관점에서 보면, 직장인이 바라보는 예절의 출발은 고객(내부고객과 외부고객 모두 포함)을 생각하는 마음이다. 따라서 직장예절의 핵심은 고객을 대하는 바른 자세, 태도, 마음가짐이라 할 수 있다.

둘째, 예절은 자신의 문제이며, 바른 예절은 자신을 돌아보는 마음에서 시작된다. 어떤 사람이 예절을 지키고 갖추기 위해서는 먼저 자신을 돌보고 사랑하는 마음부터 가져야 한다. 이러한 마음을 가진 사람은 부단히 자신을 수양하고 자존을 지키기 위한 노력을 게을리 하지 않는다. 때문에 직장인은 직장인으로서 갖추어야 할 소양을 쌓기 위해 부단히 노력하는 태도와 마음자세를 가져야 할 것이다.

셋째, 예절은 자신과 다른 사람이 함께 공존하기 위해서 지켜야 할 바른 태도와 마음가짐이라 할 수 있다. 이 사회는 나 혼자 사는 곳이 아니라 나와 다른 사람이 함께 살아가는 공동의 사회이다. 만일 어떤 사람이 자신만을 생각하고 다른 사람을 생각하지 않는다면 그 사회나 조직은 제대로 작동될 수 없을 것이다. 회사라는 조직체의 한 구성원으로 일하는 직장인은 자신과 함께 일하는 다른 사람, 동료와의 팀웍을 생각하지 않을 수 없다. 따라서 직장인에게 예절은 기업이라는 공동체 문화를 풍부하고 활력 넘치는 곳으로 만들기 위한 자세이며 마음가짐을 말한다고도 할 수 있다.

① 인사예절

회사 내에서의 인사는 가능한 한 적극적으로 하는 것이 바람직하다. 상황에 따라 인사하는 센스도 아울러 갖추고 있어야 한다. 상황에 맞지 않거나 형식을 제대로 갖추지 않은 인사는 오히려 결례나 군더더기에 불과하다.

(가) 상황에 따른 인사법

- 상사나 동료들과 만날 때의 인사: 처음 만났을 때는 정중하면서도 밝고 명랑하게 인사를 하고, 다시 만나게 될 때는 밝은 표정과 함께 가볍게 목례를 하는 것이 좋다.
- 작업 중일 때의 인사: 작업 중에 인사할 정도의 여유가 있다면 상황에 맞게 가볍게 목례를 한다. 그러나 도저히 인사를 할 수 없는 경우에는 하지 않아도 좋다.
- 모르는 타부서 사람이 인사를 하는 경우: 우선 인사를 한 후에 주위 동료에게 누구인지 물어보고 다음에 마주쳤을 때 가벼운 인사말을 먼저 건네면 더욱 좋을 것이다.
- 화장실에서의 인사: 화장실에서는 인사하지 않는다. 다만 눈이 마주칠 경우 목례 한다.

(나) 출퇴근 인사

▶ 출근 인사

- 아침에는 활기찬 표정과 태도로서 명랑한 인사를 나눈다.
- 윗사람이 들어서면 일어서서 인사를 한다.
- 늦었을 때는 상사 앞에까지 가서 사유를 겸손하고 분명하게 말한다. 그러나 이때, 먼저 사과부터 해야지 이유나 변명부터 하는 것은 예의가 아니다.

▶ 퇴근 인사

- 서로 수고의 위로로 인사를 나눈다.
- 아랫사람이 윗사람에게 '수고하셨습니다. 수고하세요' 인사는 사용하지 않는다.
- 상사가 일이 끝나지 않았는데 먼저 나갈 경우, '아직 일이 많으신가 보지요. 제가 할 일은 없는지요?' 하는 것이 예의다.

▶ 외출 시

- 외출할 때는 가능하면 미리 상사에게 말씀을 드린다.

- 반드시 언제, 어디로, 무슨 일로 가는 것을 서면으로 혹은 구두로라도 보고를 하고 나간다.

② 전화예절

(가) 전화를 받을 때의 예절

무엇보다 전화는 벨이 울리자마자 받는 것이 예의이다. 세 번 이상 벨 소리가 울린 후에 받을 때에는 '늦어서 죄송합니다'라고 말하는 것이 상대방에 대한 예의이다. 담당자가 바쁠 경우 옆 사람이 받고, 같은 부서에 걸려 온 전화를 받을 사람이 없을 때에는 자리가 멀어도 받도록 한다. 아울러 자기가 속해 있지 않은 부서에 온 전화라 해도 받을 사람이 없으면 수화기를 드는 마음가짐이 필요하다.

전화받는 사람의 목소리가 그 회사에 대한 첫인상을 심어준다. 수화기를 들면 직장 이름을 밝히고 인사부터 한다. '안녕하십니까. ○○회사 총무부 ○○○입니다.' 교환대를 거쳐서 올 때에는 '○○과 ○○○입니다' 혹은 직장 내 전화일 경우 '○○과입니다'라고 한다. 전화 통화는 항상 존댓말을 사용하는 게 좋다.

통화 시 항상 용건은 간단명료하게 메모한다. 메모 준비가 안 되어 있으면, '죄송합니다. 메모해야겠으니 잠깐 기다려 주십시오'라며 양해를 얻은 다음, 준비되면 '네, 말씀하십시오'라고 말한 후 메모한다. 메모가 끝나면 받아 적은 쪽에서 '다시 메모한 것을 읽어 볼 테니 확인해 주십시오'라고 용건을 바르게 적었는지 확인한다.

간혹 전화를 받을 사람이 통화 중일 때에는 '지금 통화 중이니 잠깐 기다려 주십시오'라고 이야기하며, 찾는 사람이 전화를 받을 형편이 아님을 밝힐 필요가 있다. 또 '○○○의 통화가 길어질 것 같으니 통화가 끝나는 대로 전화를 다시 걸어 드리면 어떨까요?'라고 예의 바르게 양해를 구하도록 한다. 급한 용건일 경우 메모를 써 보내 통화 중인 전화를 일시 보류하고 긴급 전화를 받도록 한다.

만약 전화를 받을 사람이 자리에 없을 때에는 '○○○는 지금 자리에 없습니다'라고 말한 다음 '용건을 일러주시겠습니까?'라든지, '들어오는 대로 전화를 걸도록 하겠습니다'라고 말하는 것을 잊지 말아야 한다. '○○○는 2시경에 돌아오리라 생각됩니다'라고 구체적으로 대답하는 것이 좋다.

전화를 끊을 때는 작별 인사를 잊지 않는다. 전화의 용건이 끝나면 간단하고 따뜻한 작별 인사를 잊지 말아야 한다. '실례했습니다' 또는 '그럼 안녕히 계십시오'라는 인사말 정도를 하고 나서 끊도록 하는 것이 좋다.

(나) 전화를 걸 때의 예절

먼저 자신의 소속과 이름을 먼저 밝혀야 한다. 예컨대, '○○회사 총무과 ○○○입니다. 김 ○○과장님 계시면 부탁드립니다'라고 하면 된다. 찾는 사람이 없을 때에는 전화받는 사람에게 '바쁘신데 대단히 죄송합니다. ○○회사 총무과 ○○○가 어떠한 일로 전화했었다고 전해주시면 고맙겠습니다. 수고하십시오'라고 부탁한다.

또한 전화 건 이유를 먼저 상대방에게 알리는 것도 중요하다. 전화를 건 이유를 먼저 말하면 상대방이 빨리 이해할 수 있다. 예컨대, '오늘 모임에 대한 일입니다만' 또는 '○○회사와의 상담에 대해 말씀드리고 싶습니다' 등 간결하고 요령 있게 한다.

때로 전화가 잘 안 들리는 때가 있다. 이럴 경우에는 솔직하게 말한다. 상대방의 소리가 작거나 잡음이 나서 잘 안 들릴 때가 있는데, 이럴 때에는 서슴지 말고 미안하다는 인사말과 함께 '전화가 잘 안 들립니다만…' 이라고 상대방에게 말하는 것이 좋다. 대화내용을 잘 알아듣지 못하여 자꾸 재차 묻는 것보다는 실례가 되지 않는다.

대화가 종료되면, 업무 전화를 건 쪽에서 먼저 끊도록 한다. 용건을 들은 사람 쪽이 먼저 끊으면 상대가 용건을 모두 말하기 전에 통화가 끝날 염려가 있다. 그러나 전화를 걸었을 때, 상대방이 아주 윗사람이거나 경의를 표해야 할 사람일 때에는 상대방이 끊은 것을 확인하고 수화기를 놓아야 한다.[13)]

③ 대인예절의 태도

㉠ 눈꺼풀을 올린다. 우선 눈썹을 한번 위로 올려보자. 이때의 표정 그대로 상대방 이름을 부르는 것이다. 눈꺼풀이 기분 좋게 떠지면 마음도 열리기 때문이다.

13) 삼성이야기; http://blog.samsung.com/3187

㉡ 인사는 주고받는 것이다. 인사는 밝고 자신 있게 하되, 나부터 먼저 하자. '그 사람 인사성 밝더라' 남녀노소 직급을 따지지 않고 인사 잘하는 사람은 늘 좋은 평가가 따른다. 종종 인사를 은근히 힘겨루기로 생각하는 사람이 많다. '그래도 내가 선배인데… ' '아니 왜 똑같은 직급인데 왜 내가 매번 먼저 인사를 건네야 하지?' 이런 고민은 불필요하다. 인사는 '남이 하기 전에 내가 먼저 한다'가 정답이기 때문이다. 인사할 타이밍을 놓치면 애매한 상황이 되기 쉬우므로 한 템포 빨리 인사하는 습관을 가지는 것이 좋다.

㉢ 단정한 옷차림이 중요하다. 앞뒤가 깨끗하게 닦이고 뒤축까지 깔끔한 구두를 신은 사람은 신뢰감을 준다. 직장생활 꼴불견 중 하나가 장소와 상황에 맞지 않는 옷차림이다. 과한 노출, 속옷을 입지 않아 비치는 속살, 옷을 먹은 허리살과 뱃살은 물론 며칠 째 땀 얼룩이 그대로인 셔츠 등은 상대방에게 불쾌감을 유발하는 옷차림이다. 야근 후 후줄근해진 옷이나 회식 후 냄새가 밴 옷을 다음날 연이어 입고 온다면 당연히 주위에 냄새가 날 수 밖에 없다. 부득이하게 입을 수밖에 없는 상황이라면 수시로 탈취제를 옷에 뿌려 음식냄새를 없애는 것도 방법이다. 패션니스타가 될 필요는 없지만 직장 분위기에 맞는 스타일의 옷을 골라 자주 세탁하고 단정히 다림질해 입도록 하자.

㉣ 완전한 표현이 중요하다. 정중하고 완전하게 표현하는 습성이 필요하다. "잠깐만요" 하기보다는 "잠시만 기다려 주시겠습니까?"라고 부탁하는 것이 좋다. 그냥 "네?"라고 하기보다는 "죄송합니다만, 다시 한 번 말씀해 주시겠습니까?"라는 질문을 하는 것이 좋다. 특히 회의 시에는 중요한 내용을 기록해두는 것이 좋으며, 발언 내용은 회의 주제에 어긋나지 않도록 한다. 자신의 생각을 피력하겠다고 길고 장황하게 말하는 것을 피하고, 여러 사람이 함께 회의에 임하는 만큼 간단하고 명료하게 알아듣기 쉽게 말하는 것이 좋다. 자기와 의견이 다르다고 해서 다른 사람이 말할 때에 중간에 끼어들거나, 안 좋은 표정을 짓는 것은 금물이다. 특히 불쾌감을 주는 발언이나 태도는 삼가야 한다.

무엇보다 자신의 의견이 반영되지 않고 자신의 의견과 반대되는 것이 회의에서 결정되었다 하더라도 받아들일 수 있는 것이 직장인이다.

ⓜ 의미있는 악수를 하자. 자신 있게 손을 내밀어 힘있고, 따뜻하게 또 진지하게 악수를 했다면 첫 출발은 잘한 것이다. 반대로 손목을 쭉 떨어뜨리고 눈을 쳐다보지도 않고, 간단히 악수했다면 일이 잘되기가 힘들 것이다. 국제화 시대를 살아가는 현대 직장인들에게 악수는 이제 낯선 인사법이 아니다. 반가움의 표현과 동시에 적절한 사회적 신체 접촉은 상호 신뢰감과 유대감을 쌓게 한다. 하지만 비즈니스에서 상대와 반드시 악수를 해야 한다는 강박관념에 휩싸일 필요는 없다. 신체가 접촉하는 만큼 실수를 하거나 상대에게 불쾌감을 줄 정도로 미숙하다면 과감하게 악수는 생략하자. 그렇지 않다면 우리에게는 허리를 숙여 존경함을 표현하는 우리만의 좋은 인사법이 있다. 외국인들에게 우리의 인사 문화를 설명하면 된다. 그들도 상대의 문화를 존중할 의무는 있다.

악수를 청하는 경우에는 상급자가 하급자에게, 사회적 지위가 같으면 여성이 남성에게, 윗사람이 아랫사람에게, 선배가 후배에게 청하는 것이 기본예절이다. 악수의 순서는 먼저 서로 아이컨택하며 웃으면서 악수하되, 맞잡은 손은 빈 공간이 없도록 깍지를 끼듯 맞잡는다. 한국식 악수에 있어서는 상대방에 따라 15도쯤 허리를 굽히고, 왼손은 아랫배에 살짝 얹어 놓을 수 있다. 이때 연장자는 2~3번 정도 손을 흔들고 손을 놓아 주며, 아랫사람은 같이 흔들지 말고 리듬만 타듯 응한다. 악수 후 자리를 이동하거나 대화를 나눈다.

ⓗ 모임에서 자신감 있는 사람이 돋보인다. 따라서 어디서든지 자기 자신을 자신감 있게 표현하고 자신을 바르게 소개하여야 한다.[14] 자신을 소개할 때는 이름을 다 밝힌다. "저는 김○○인데 아는 것이 아무것도 없습니다." 등 너무

14) http://www.osondoson.kr/saheye/sahae5.htm; 직장인에티켓, 서브원사보, 2014년 3월호; 서양식 인사 '악수' 한국형 매너 찾아라, 경남일보, 2013. 7. 3.

낮추는 것도 상대를 당황하게 한다. 자사의 부장님을 업무 차 방문한 손님에게 소개할 때는 "기획실의 김○○부장님입니다."가 바른 표현이다. 자신을 소개하면서 간단한 인사말을 건 내는 것도 좋다.

④ 명함 교환 예절

직장생활에서 인간관계 맺음의 첫걸음은 바로 명함을 주고받는 행위라고 할 수 있다. 명함을 주고받는 행위는 차후 다시 만날 수 있는 좋은 기회를 얻게 된다. 하지만, 명함에 낙서를 하거나, 명함을 꾸기는 등 명함 교환 관련 예절을 모르는 사람이 많은 것 같다.

처음 비즈니스로 만났을 때는 일어서서 악수로 인사를 많이 한다. 악수는 당신에게 적의가 없음을 나타내는 의미에서 시작하여 결속을 의미한다. 악수할 때는 적당한 힘을 주어서 상대방으로부터 스킨십을 통해서 친근함을 표현할 수 있다. 악수를 청할 때는 윗사람이 먼저 청하는 것이다.

명함 교환 관련 예절을 살펴보면, 첫째, 명함을 받을 때는 정성껏 받아야 한다. 인사를 하고 난 후 명함을 주고받는 것이 좋다. 굳이 명함을 받는 순간 두 손으로 떠받듯이 받지 않아도 된다. 왼손으로 받되, 오른손으로는 같이 주고받는 것이 자연스럽다. 악수와는 반대로 아랫사람이 먼저 건네는 것이 예의에 맞다. 하지만 여러 사람이 함께 주고받을 때에는 가장 지위가 높은 사람이 먼저 건넨다. 명함을 받을 때 유의해야 하는 점은 정성을 다해 받는 자세이다. 상대편의 명함은 당신에게 주는 기회의 선물이라고 생각하라.

둘째, 명함을 받으면서 그때 정리해야 한다. 명함을 꺼낼 때에 지갑이나 수첩에서, 또는 주머니에서 꺼내는 것 보다는 명함 집에 넣고 다니는 것이 좋다. 명함을 받아서 너무 유심히 명함을 쳐다보기보다는 간단히 훑어보고 자신과의 연관성을 생각한다. 나중에 직업별, 업무별, 개인별 등 용도에 맞게 명함을 분류해서 보관하는데 유리하다.

셋째, 상대편이 보는 앞에서 낙서해서는 안된다. 인맥관리를 한다고 상대편이 보는 앞에서 명함에다 낙서를 하는 경우가 가끔 있다. 상대편에게 물어보지 않고 낙서를 하는 것은 결례일 수 있으므로 유의해야 한다. 아무리 인맥관리가 중요하더라도 매너에 어긋난 인맥관리란 존재할 수 없다.

넷째, 질문은 상대편을 배려해서 한다. 명함을 주고받는 태도 하나하나가 당신을 판단하는 기준이 될 수 있다. 원칙을 중요시하되, 상대편을 배려하는 것이 매우 중요하다. 가끔 명함을 받고는 한자나 영어로 써서 이름을 잘 모르는 경우도 있다. 그럴 경우에는 상대편에게 양해를 구하고 물어보는 것이 좋다.

다섯째, 자신을 소개할 슬로건을 찾는 것이 좋다. 자신의 이름과 소속 회사를 밝힌다. 자신감 있는 목소리로 자신을 소개할 문구를 생각하는 것이 좋다. 자신이 맞는 슬로건을 찾는 것이 제일 중요하다. 예컨대, "언제나 도와드릴 당신이 있어…행복합니다. ○○○ 카운슬러입니다."라고 소개한다면 명함을 받는 사람이 호감을 갖게 될 수도 있을 것이다.

여섯째, 명함을 건네는 때 상대편의 가슴 높이로 전달한다. 상대편에 같은 위치에서 상대편의 가슴 높이로 이루어지는 것이 좋다. 제스처 역시 가슴높이를 벗어나게 되면 위압감이나 불편함을 줄 수도 있으니 유의해야 한다. 상대편으로 하여금 편안한 자세를 유지시키는 것이 중요하다.

일곱째, 명함을 교환하는 것 자체가 목적이 되는 것은 바람직하지 않다. 어떤 경우 이야기도 없이 명함만 달랑 받고 사라지는 사람이 있다. 명함을 주는 것은 서로 연락을 해도 좋다는 승인의 행위이다. 언제 어떤 이유로 만났는지, 상대방의 인상과 특기 등 자세한 부분을 기억했다가 정리하는 것이 좋다. 인맥관리의 첫걸음은 명함을 받는 행위에 머물지 말고 그 사람이 어떤 사람인지를 기억하는 것이다. 소중한 것을 배풀 줄 아는 미덕에서 출발해야 한다는 것을 명심해야 한다(윤영돈, 2007).

여덟째, 이름을 잊어 명함을 다시 꺼내보는 실례를 범해서는 안 된다. 대화중 상대방의 이름을 잊었다고 해서 주머니에 집어 넣은 명함을 다시 꺼내어 보는 것은 결례이다. 따라서 명함을 받으면 그 자리에서 상대방의 부서, 직위, 성명 등을 반드시 확인하여 대화중에 실수가 없도록 해야 한다.

아홉째, 상대방의 명함을 가지고 모서리를 접는다거나 빙글빙글 돌린다거나 등이 손장난을 하는 것은 상대방을 무시하는 태도이다. 테이블 위에 명함을 놓고 자주 내려다보면서 이야기하는 경우도 흔히 볼 수 있다. 이러한 태도는 잘못된 명함 에티켓이다(기호익 · 이의현, 2012: 367).

(2) 직장에서 긍정적 이미지와 무례함

현대사회에서 개인이 풍기는 이미지는 직장생활에 많은 영향을 미치고 있다. 이에 따라 최근 이미지 트레이닝이나 스피치 학원 등 자신만의 이미지 구축을 위해 노력하는 직장인이 늘고 있다. 자신의 업무 능력과 더불어 긍정적인 이미지 구축을 위해 노력하는 것이다. 왜 이미지 구축이 중요한 것일까?

첫째, 상대방에게 호감을 주는 인상은 무한한 끌림을 지닌 자석과도 같은 힘을 발휘하기 때문에 이미지로서 매우 중요하다. 우리는 첫 만남에서 극히 제한된 조건, 즉 외모로 첫인상을 바로 형성하기 때문이다. 미국의 행동 심리학자인 앨버트 메라비언(Albert Mehrabian)은 상대방으로부터 받는 이미지를 비중별로 구분하였다. 상대방에 대한 이미지는 눈으로 보이는 시각적 부분이 55%, 목소리와 같은 음성적 요소가 38%, 그리고 그 사람이 하는 말의 내용은 7%를 차지한다고 강조하였다. 즉, 첫인상이 이미지의 55%를 결정짓는다는 것이다. 처음 대면하는 순간, 시각적 정보만으로 나라는 사람에 대한 평가가 반 이상이 결정된다는 사실은 무시할 수 없는 측면이다. 물론 외적인 아름다움보다는 표정, 말투, 행동(예절), 단정한 옷차림 등이 훨씬 더 중요하다는 사실을 잊어서는 안될 것이다.

둘째, 고객이 보이는 이미지가 곧 회사의 이미지임을 유념해야 한다. ○○은행에서는 고객의 소리를 통해 가장 칭찬을 많이 받는 직원을 매달 '이달의 칭찬 사원'으로 홈페이지에 공지하였다. 이들 모두의 공통점은 친절함과 배려 그리고 헌신과 전문성이었다. 이들은 자신의 노력을 통해 회사의 고객들을 단골 고객으로 만들었다. 불특정 다수의 고객에게 좋은 이미지 주는 사원은 곧 회사의 이미지를 만드는 사람이다.

호감을 주는 이미지를 가진 직원은 주위에 많은 고객과 좋은 동료들이 모이게 된다. 때문에 고객을 직접 만나서 업무를 하는 직원들은 반드시 자신의 이미지를 호감형으로 만들 필요가 있다. 자신의 부정적인 이미지가 바로 회사의 이미지가 되기 때문이다. 직원의 첫인상은 고객에게 줄 수 있는 최고의 서비스이다. 직원의 긍정적인 이미지가 고객과의 관계 형성을 잣대가 될 수 있음을 항상 기억해야 한다. 무엇보다 항상 단정하고 깔끔한 복장을 유지하고, 블랙 컨슈머(black consumer, 보상금을 목적으로 의도적인 악성 민원을 제기하는 소비자) 같은 고객에게도 항상 친절하며, '안된다', '불가능하다' 등 부정적인 언어는 사용하지 않는다.[15)]

셋째, 올바른 보고 습관으로 스마트한 이미지를 만드는 것도 중요하다. 직장에서는 업무 보고를 통해서 자신만의 이미지를 어필할 수 있다. 여기에서 중요한 것은 보고할 내용에 대한 핵심을 정확하게 이해하고 파악하고 있어야 한다는 것이다. 이를 위해서는 상사가 지시한 부분에 대한 정확한 요구가 무엇인지를 알아야 한다. 보고를 할 때에는 반드시 '상사로부터 어떤 질문이 나올 것인지'를 미리 예상해야 한다. 예상 질문에 대한 답변을 미리 연습하면 질문에 대해 논리적인 답변을 해낼 수 있다. 자신이 보고할 내용을 미리 메모하거나 첨부자료를 준비하면 더욱 좋다. 간혹, 상사의 기분이 좋을 때를 기다려 결재를 받으려는 경우가 있지만, 이는 업무를 더디게 하는 요인이 될 수 있다. 보고시에는 결론 주로 대안을 먼저 말하는 순서를 취하는 것이 좋다. 물론 객관적 사실에 기초한 간단하고 명료한 보고는 필수사항이다.[16)]

15) 서구취업정보센터; http://www.dgs.go.kr/job/02/page.htm?mnu_uid=10518
16) 한화그룹; http://blog.hanwhadays.com/2844

◈ 상사가 죽이고 싶어 하는 문서

허술한 문서로 인해 발생되는 상사와의 소통단절이 미치는 악영향은 실로 엄청난 손실을 기업에게 끼치게 되어 있다. 그렇다면 어떤 문서가 좋지 않은 문서인지 그 대표적인 유형을 알아보자.

① 한눈에 안 들어와! : "문서는 한눈에 볼 수 있어야 하는데 말이야... 좀 시원하게 못 만드나? 게다가 희한한 글자체를 써 놔서, 가독성이 상당히 떨어지는데..."
② 본인의 생각은 없나? : "누구나 조금만 노력하면 얻을 수 있는 정보만 나열하는 거면 시키지도 않았을 텐데 말이야. 실무자의 의견을 보여 주어야 상사인 내가 그 의견에 대한 평가가 결정을 할텐데..."
③ 이거 책이야? : "앗! 10장이 넘는 거야? 이걸 지금 나한테 모두 읽으라고 주면 내가 읽을 것 같은가? 양이 많으면 간단하게 요약이라도 해야 하는 거 아니야? 이거 별첨으로 빼도 되는 것들이 전부 앞장에 나와 있으니 이거 원,..."
④ 앞뒤가 안 맞잖아! : "아까 나왔던 얘기랑 완전히 다르잖아. 이거 뭐 뒤죽박죽이고 논리가 없잖아. 완전 용두사미형이네, 앞부분만 거창하고 말이야."

출처 : 김진욱 외, 직장생활과 글로벌 매너(서울: 탑북스, 2015), p.114.

반면 직장생활에서 의도적이든 그렇지 않은 경우든, 우리의 행위는 타인에게 무례함으로 인식될 수 있다. 의식하지 못한 것일 경우 진정한 사과로서 용서받을 수 있지만, 그렇게 보이지 않을 경우나 더욱이 그런 행동이 반복될 경우 직장생활에 어려움을 겪게 되고, 타인에게 피해를 주게 된다.

직장 내의 무례함을 최소화하기 위해서는 우선 구체적으로 어떠한 언행들이 상대방에 대한 존중과 배려가 부족한 무례한 언행으로 인식되는지부터 명확히 인식할 필요가 있다. 누가 봐도 명백히 무례한 행동들 외에도, 알게 모르게 이루어지지만 당하는 사람은 불쾌감을 느낄 수 있는 언행들을 유형화 해보면 다음과 같다.

첫째, 회의에서의 무례함, 즉 혼자서 딴짓하기를 들 수 있다. 일반적으로 회의에서 상대방의 의견을 경청하는 것이 기본적인 예의이지만, 정작 현실에서는 회의 석상에서 딴짓하는 행동으로 인해 상대방에게 불쾌감을 주는 경우가 많이 있다. 예컨대, 발언자가 진중하게 의견을 이야기하는 도중에, ① 핸드폰으로 인터넷 검색을 하거나 문자를 주고받는 행동, ② 왠지 모르지만 종종 팔짱을 끼고 찌푸리는 얼굴 표정을 짓는 행동, ③ 발언자를 힐끗 곁눈질로 보면서 옆 자리의 동료와 소곤거리는 행동 등을 들 수 있다. 물론 앞서의 행동에 대해 '긴급한 문자였다', '잠시 사적으로 안 좋은 일이 생각났었다', '발표 잘한다고 옆 사람에게 이야기 했다'는 식으로 나름의 이유를 말할 수도 있다. 그러나 발언자의 입장에서는 '내 발표가 혹시 잘못 되었나?', '내 험담을 하는 것 아닌가?' 하는 등의 불안감을 느껴 자신감을 갖고 발언하지 못하게 되고, 결과적으로 회의 자체를 불쾌한 감정을 초래하는 자리로 인식할 수 있다.

둘째, 시간과 관련한 무례함, 예컨대 동료들의 업무시간 뺏기를 들 수 있다. 직장생활을 하다 보면, 동료들과 이런 저런 이야기를 하는 것은 당연하겠지만, 문제는 상대방이 현재 처한 시간적 상황을 물어보거나, 상대방을 고려하지 않은 채 자리에 찾아와서 소소한 이야기를 오랫동안 늘어놓는 것은 다소 무례한 행동으로 비춰질 수 있다. 즉, 상대방이 지금 대화할 시간적 여유가 있는지, 긴급한 일은 없는지 등을 먼저 확인하기보다는 ① '내가 지금 당장 이야기하고 싶은 것이 있으니, 당신이 시간 좀 내', ② '지금 일이 집중이 잘 안 되는데, 잠시 대화하며 리프레쉬 할까?', ③ '내가 지금 특별히 바쁜 일은 없는 데 이런 저런 이야기나 할까?' 등과 같은 식으로 대화를 요청하는 것은 불쾌감을 심어줄 수 있다. 특히, 상사가 위와 같은 식으로 시간 내기를 요청할 경우, 분명히 바쁘게 처리할 업무가 있다고 하더라도 거절하기가 쉽지 않다. 상사가 뭔가 특별히 중요한 말을 할 수 있거나, 때론 '당신만 바쁜가? 나도 바쁜데 어렵게 짬 내는 거야!'라는 핀잔을 들을 수도 있기 때문이다.

셋째, 사적 물건 · 공간에서의 무례함으로써 예컨대 타인의 물건 · 영역 등을 침범하는 경우이다. 회사 생활을 하다 보면 사무용품, 서적, 책 등을 가까운 동료에게 빌리곤 하는데, 이러한 상황에서 적절한 예의를 지키지 못함으로써 무례한 행동을 범하게 되는 경우도 있다. 예컨대, 당사자가 자리를 비운 사이에 전화(또는 쪽지 등)로 미리 이야기 하지 않은 채, ① 동료가 가장 아끼는 필기도구를 가져가 쓰기, ② 동료의 자리에 있는 간식을 상습적으로 가져가기, ③ 돌려달라고 요청할 때까지 마치 자신의 물건인양 활용하기 등과 같은 행동을 들 수 있다. 이러한 무례함은 비단 사적 물건에만 국한되는 것은 아니다. 공간적인 측면에서도 ① 동료 자리에 불쑥 들어와서 책상

위에 있는 자료를 '뭐해?'라며 마구 들춰보기, ② 동료의 자리 주변을 이유 없이 서성거리다가 지나가기 등과 같이 동료의 사무 공간을 침범하는 것도 무례한 행동으로 비춰질 수 있다.

넷째, 개인사와 관련한 무례함으로 예컨대 확인되지 않은 사실 퍼트리기를 들 수 있다. 한 집단 내에 있다 보면, 업무 이외에 구성원 개개인의 개인사에 대한 이야기도 심심치 않게 거론되는 경우가 많다. 그런데 유난히 남의 이야기하기를 좋아하는 사람들이 있다. 즉, 자극적이고 관심이 집중될만한 주제에 대해 이야기해서 다른 사람들의 흥미를 끌어내기 위해, 온갖 가십거리를 반복적으로 말하고 다니는 사람들은 무례하다고 인식될 수 있다. 예컨대, ① '저 분은 요즘 부부 사이가 안 좋아서 별거 중인 것 같더라고요', ② '저 집 아이들이 공부를 잘 못한다나 봐요. 그래서 요즘 심기가 안 좋던데…', ③ '저 두 사람은 워낙 친해서, 밖에서도 따로 만나더라고요' 등과 같이 개인사를 들추거나 확인되지 않은 이야기를 부풀리는 말을 퍼트리는 행동을 들 수 있다. 애초에 남을 곤경에 처하게 만들려고 이야기 한 것은 아니라 하더라도, 개인적으로 감추고 싶은 이야기이거나 사실과는 전혀 다른 이야기를 소문으로 퍼트리는 것은 상대방에 대한 배려가 없는 무례한 행동일 수 있다. 이와 관련하여 "남을 경솔하게 나쁜 쪽으로 판단하지 말아야 한다. 아무개가 지금 내 욕을 하고 있겠지, 혹은 그의 심중에는 나에 대한 나쁜 비판이 가득 차 있겠지. 이런 상상이 판단으로 옮겨지지 않도록 주의해야 하다. 그 결과는 확실치 않은 남의 마음과 행동을 나쁘게 규정짓고 동시에 나 자신이 악하게 만들어 버린다"는 알랭(A. Alain)의 말을 유념해야 할 것이다.

다섯째, 외모와 관련한 무례함으로써 겉모습 지적 · 비하하기 등을 들 수 있다. 우리는 상대방의 외모와 관련한 발언으로 불쾌감을 주는 경우가 종종 있다. 예컨대, ① '어제 머리 했나 봐? 그 머리는 좀 안 어울리는데?', ② '그런 스타일의 옷 좋아하나 봐? 난 별로던데', ③ '요즘 체중이 너무 늘어나는 거 아니야? 관리 좀 해야겠다' 등과 같은 말이다. 외모에 대해 말하는 사람들은 더 나은 헤어스타일과 옷을 추천해 주고

싫었거나 건강에 더 신경 쓰라는 등 상대방에 대한 애정과 관심 때문에 말한 것이며, 폄하할 의도는 없었다고 말할 수 있다. 그러나 다른 한편으로 생각해 보면, 외모에 대한 언급은 상대방의 개인적 취향, 기호, 사생활을 충분히 고려하지 않은 다소 무례한 행위일 수 있다. 특히, 상대방의 기분이 매우 좋지 않은 상황에서의 외모에 대한 언급은 칭찬도 조롱으로 들릴 수 있으며, 그 대상이 여성인 경우에는 성희롱으로 해석될 수 있다는 점에서 더욱 조심할 필요가 있다. 이렇듯 외모에 대한 지적을 받을 경우, 구성원은 하루 종일 기분이 안 좋고 자존심에 상처를 입는 등 불쾌한 감정으로 업무에 집중하기 힘들 수 있으며, 심한 경우에는 수치심과 무력감을 느껴 대인관계를 회피하는 등 직장생활에 적지 않은 타격을 입을 수도 있다.

여섯째, 사이버에서의 무례함으로 예컨대 이메일, SNS 매너 무시하기 등이 있다. 요즘은 업무의 상당 부분이 이메일이나 SNS를 통해 이루어지는 경우가 많은데, 이러한 사이버 공간에서의 예의가 제대로 지켜지지 않아서 불쾌감을 느끼는 경우도 있다. 예컨대, ① 매우 어려운 업무상 부탁(예: 장시간의 시간을 투입해야 할 수 있을 정도의 일)을 매우 간단하게 이메일상의 몇 글자로 부탁하기, ② 힘들게 처리하여 답장을 보냈으나, 확인만 한 후 감사의 이메일을 보내지 않기, ③ 긴급한 회신을 요청하였으나, 수신을 하고도 답장 안 하기, ④ 불쾌한 농담을 적거나 부적절한 사진 첨부하기, ⑤ 수신자와는 크게 관련이 없는 내용임에도, 항상 메일에 참조로 포함시키기, ⑥ 꼭 해당 이메일을 받아야 할 사람을 제외하고 메일 보내기 등이 해당된다. 특히, 이메일과 같은 사이버상에서는 상대방이 글을 쓰는 어조나 표정 등을 파악할 수 없기 때문에, 대면접촉 상황에서 보다 더욱 큰 당혹감이나 불쾌감을 경험할 수 있다(원지현 · 최병권, 2012).

"남과 사이가 좋지 못하거나 그 사람이 당신과 있는 것을 싫어하거나 당신이 옳은데도 그 사람이 동조하지 않으면, 그 사람이 책망받을 것이 아니라 정작 책망받아야 할 사람은 바로 당신이다. 왜냐하면 당신이 그 사람에게 마음과 정성을 다하지 않았기 때문이다."라고 한 톨스토이(Lev Nikolayevich Tolstoy)의 말은 타인들이 보여주는 당신에 대한 행위가 곧 당신이 갖고 있는 타인에 대한 진실한 마음과 정성의 여부를 보여줌을 의미한다. 타인을 탓하기 이전에 자신의 무례함이 없었는지 먼저 돌아보는 것이 필요하다.

5. 성예절

남녀 양성의 참된 협력이 있어야만 진정한 문명이 존재할 수 있다. 따라서 남녀가 서로의 차이를 인식하고 서로 상대방의 성질을 존중해야만 남녀간의 참된 협력이 이루어질 수 있다. -모루아(André Maurois)

다른 사람을 대할 때 그 사람의 몸도 내 몸같이 소중히 여기라. 내 몸만 귀한 것이 아니다. 남의 몸도 소중하다는 것을 잊지 말라. 그리고 네가 다른 사람에게 바라는 일을 네가 먼저 그에게 베풀어라. -공자

1) 사례

상당수 직장인들은 우리 사회의 성희롱 문제가 심각하다고 말하지만, 자신이 몸담고 있는 회사는 성희롱 문제가 심각하지 않다고 인식하는 것으로 나타났다. 성희롱 피해자 5명 중 1명은 회사를 그만두는 사례도 많이 발생하고 있다. 여성가족부가 지난 2015년 전국 공공기관 · 민간사업체 직원 7,844명과 성희롱 대처업무 담당자 1,615명을 대상으로 실시한 '2015년 성희롱 실태조사' 결과 이같이 나타났다고 2016년 4월 5일 세계일보가 보도하였다.

성희롱 실태조사 주요결과 (단위: %)

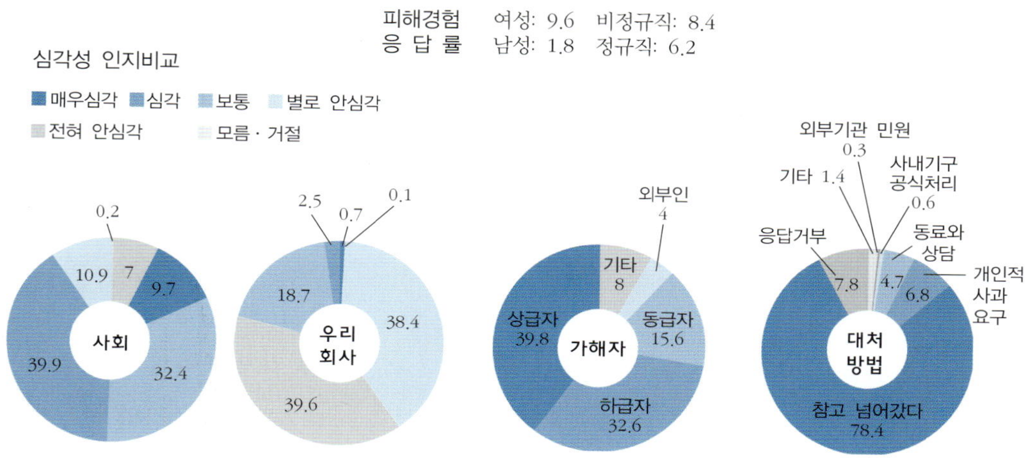

출처: 여성가족부

조사결과에 따르면 전체 응답자의 절반에 가까운 49.6%는 우리 사회의 '성희롱 문제가 심각하다'고 응답했다. '심각하지 않다'는 응답자는 11.6%에 불과했다. 그러나 자신이 재직 중인 회사의 성희롱 문제 심각성을 묻는 질문에는 심각하다는 응답이 3.2%로 낮았다. 응답자의 78%는 자신이 다니고 있는 회사는 성희롱 문제가 심각하지 않다고 생각했다.

실제 자신의 회사에서 벌어진 성희롱을 목격했거나 알고 있다는 사람은 10명 중 1명(13.8%)이 넘었다. 남성은 9.1%, 여성은 17.2%가 동료의 성희롱 피해 경험을 알고 있었다.

성희롱 피해 유형은 △외모에 대한 성적 비유나 평가(7.6%), △음담패설 및 성적농담(6.4%), △회식에서 술을 따르거나 옆자리에 앉도록 강요(4.7%), △특정 신체부위를 쳐다보는 행위(3.1%), △신체접촉(2.4%), △개인 성생활 질문(1.8%), △사적 만남 강요(1.8%), △성인잡지나 야한 동영상 보여주기(1.5%), △신체부위를 만지거나 만지도록 강요(0.8%), △자신의 신체부위 노출(0.7%) 등의 순이었다. 전체 응답자의 6.4%는 현재 다니는 직장에서 한 번 이상 성희롱 피해를 당했다고 호소했다.

성별로는 여성 응답자의 9.6%가 성희롱 피해 경험이 있다고 밝혀 남성의 1.8%보다 5배 이상 많았다. 고용 형태를 보면 정규직(6.2%)보다 비정규직(8.4%)이 성희롱 피해 경험이 많았다.

성희롱 피해 경험이 있는 여성의 46.7%는 성희롱 발생지로 '회식장소'를 지목했다. 남성은 '직장 내'라는 응답이 50.3%로 가장 많았다. 성희롱 행위자의 직급은 '상급자(39.8%)'인 경우가 가장 많았고 가해자의 성별은 남성이 88.0%로 압도적이었다.

그러나 피해자 10명 중 8명은 성희롱 피해를 받고도 '참고 넘어갔다'(78.4%)고 답했다. 그 이유로 여성의 50.6%가 '문제를 제기해도 해결될 것 같지 않아서'라고 응답했다. 남성은 72.1%가 '큰 문제라고 생각하지 않아서'라고 반응하여 여성과의 인식차이가 크게 나타났다. 정식 문제제기를 통해 성희롱 사건이 알려진 후 가해자의 35.3%는 직장을 떠났다. 그러나 그 여파로 성희롱 피해자가 직장을 그만둔 경우도 20.9%에 달했다(조병욱, 2016).

2) 활동

(1) 성존중지수 검사

다음은 당신의 성 존중 정도를 알아보는 간편 문항이다. 자신이 생각하는 바에 따라 '예,' '아니오'에 체크해 보자(조은경 외, 2010: 22).

	문 항	예	아니오
1	남자는 남자다워야 하고, 여자는 여자다워야 한다고 생각한다		
2	남자들이 터프하고 박력있게 하는 신체접촉을 여자들도 좋아한다고 생각한다		
3	성관계에서 여자가 적극적이면 헤픈 여자로 생각된다		
4	남녀관계에서 '열 번 찍어 안 넘어 가는 나무 없다'고 생각한다		

	문 항	예	아니오
5	성적인 접촉을 하기 전에, 상대(배우자 포함)에게 상호 간의 합의를 직접 물어보는 것은 창피하고, 무드를 깨는 것이라고 생각된다		
6	나의 언행에 상대가 확실하게 불쾌감을 표현하지 않는다면 동의한 것으로 간주한다		
7	성폭력 피해 중에는 피해자에게도 일정 정도 책임이 있을 거라고 생각된다		
8	여자와 남자는 의사소통 방식이 달라서, 이성간의 의사소통은 왠지 어색하고 불편하다		
9	대인(이성, 동성) 관계에서 화가 나거나 괴로울 때, 불편한 감정을 정중한 말로 상대에게 표현하기 힘들다		
10	대인(이성, 동성) 관계에서 내가 상대를 존경하기보다는 나를 존경해주는 상대가 훨씬 편하다		

- 0~1개 체크한 경우
  (0~1점) 당신의 성존중 의식은 아주 건강합니다. 앞으로도 상대를 더욱 존중하시길 바랍니다.
- 2~4개 체크한 경우
  (2~4점) 당신의 성존중 의식은 건강한 편입니다. 상대를 지금보다 더욱 존중하고 배려하는 노력은 더욱 아름다워 보일 것입니다
- 5개 이상 체크한 경우
  (5~10점) 당신의 성존중 의식은 적색 신호입니다. 자신이 소중한 만큼 상대도 소중한 인격체로 존중하려는 노력을 한다면 상대방도 행복할 것입니다

(2) 성희롱잠재지수 검사

다음은 당신의 성희롱 잠재지수를 알아보는 체크리스트이다. 당신이 생각하는 바에 따라 '예,' '아니오'에 체크해 보자.[17)]

17) 경남과학기술대 학생상담센터; http://counsel.gntech.ac.kr/se_vi/self_diagnosis_2.asp

	문 항	예	아니오
1	동료(선후배)와 함께 있는 자리에서 분위기를 띄우기 위한 성적 농담, 음담패설, 가벼운 신체 접촉은 서로간의 관계를 친밀하게 만든다.		
2	성적 경험을 자랑처럼 늘어놓는 동료의 말을 듣고 문제임을 알면서도 이의를 제기하지 않고 그냥 넘어간 적이 있다.		
3	동료(선후배)가 성희롱 피해를 호소해 올 때 '별일 아닌 데 참지 그래!' 식의 말을 한 적이 있다.		
4	뒤풀이 등의 술자리에서 동의를 구하거나 물어보지 않고, 이끌어내어 춤을 추거나, 기쁨조 역할을 요구한 적이 있다.		
5	뒤풀이 등의 술자리에서 상대가 싫다는데도 억지로 술을 마시게 하거나 술따르기를 요구한 적이 있다.		
6	상대의 동의를 구하거나 물어보지 않고 친밀감의 표현으로 스킨십을 한 적이 있다.		
7	주변인들이 보는 앞에서 컴퓨터로 성적 표현물의 동영상을 다운로드 받은 적이 있다.		
8	학업(업무)과 관련하여 특정 성을 지칭하여 표현하거나 특정 성을 배제한 채 정보를 공유한 적이 있다.		
9	성희롱 문제가 거론될 때, 남성들이 잠재적 가해자로 여겨져 불쾌하다.		
10	성희롱의 피해가 여성에게 많이 발생하는 이유는 여성이 지나치게 예민하거나 의사소통에 있어 여성들의 유연성 부족에서 기인한다고 생각된다.		

- 점수구간 : 5~10점
  - ㅇ 유형 : 빨간 신호
  - ㅇ 평가 : 위험합니다. 성희롱의 가해자가 될 확률이 높으시군요. 상대방의 성적 자기결정권을 존중하는 노력을 기울이십시오.
- 점수구간 : 1~4점
  - ㅇ 유형 : 노랑 신호
  - ㅇ 평가 : 잘 하고 계시지만, 성희롱의 가해자, 피해자가 되지 않도록 더욱 노력하십시오.

(3) 성적 의사소통능력 검사

성적 의사소통 능력이란 다른 사람과의 성적관계 속에서 내가 상대방에게 일방적으로 지배하거나 지배당하지 않고 평등하고 주체적으로 관계를 만들어갈 수 있는 능력을 의미한다. 점수가 중요한 것이 아니다. 이 테스트는 내가 가지고 있는 성적인 부분의 의사소통능력에 대해 점검해 보면서 내가 어떤 사람인지를 알아가고 상대와 어떻게 소통할 것인지 준비하는데 도움을 주기 위한 과정이다.[18]

	문 항	매우 그렇지 않다	다소 그렇지 않다	중간 이다	다소 그렇다	매우 그렇다
1	나는 기쁨, 슬픔, 분노, 불안 등 내가 느끼는 감정을 알 수 있다.					
2	나는 언제나 나의 감정과 느낌을 말로 표현할 수 있다.					
3	좋아하는 사람이 생겼을 때 (거절을 당할까봐 두려워도) 좋아한다고 표현할 수 있다.					
4	나는 나의 성적인 욕구에 대해 잘 알고 있다.					
5	나는 성에 관한 정보(임신, 피임, 낙태 등)를 잘 알고 있다.					
6	나의 성적인 욕구나 지식에 대해 상대에게 이야기 할 수 있다.					
7	내 감정과 느낌이 소중한 만큼 상대의 감정과 느낌을 존중한다.					
8	내가 원하지 않는 신체적 접촉에 대해(상대방이 실망을 할지라도) 싫다고 말할 수 있다.					
9	성관계 전에 피임에 대해 이야기 할 수 있다.					
10	상대가 무엇을 원하는지 알기 위해 구체적으로 묻고 듣는다.					
11	좋아하다가 싫어지는 감정이 생길 수 있음을 인정하고 받아들인다.					
12	상대방의 일방적인 요구에 부당함을 이야기 할 수 있다.					

- 50점 이상 : 자신의 감정이나 욕구에 대해 잘 알고 있으며, 상대의 감정이나 욕구를 이해하려고 노력하고 있군요.
- 50점 미만~30점 이상 : 자신의 감정이나 욕구에 대해 솔직하고, 상대의 감정이나 욕구를 이해하려고 노력하고 있지만, 조금 부족해요.
- 35점 미만 : 자신의 감정이나 욕구에 대해 잘 알지 못하고 표현하지 못하는 당신은, 아직 성적 의사소통에 대한 준비가 되어 있지 않네요.

18) 경남과학기술대 학생상담센터; http://counsel.gntech.ac.kr/se_vi/self_diagnosis_3.asp

3) 내용

(1) 칸트의 윤리학 통해 본 직장에서의 성예절

칸트는 인격들 간의 상호 존중의 규범을 "너 자신과 다른 모든 인격에 있는 인간성을 언제나 동시에 목적으로 대우하고 단순한 수단으로 대우하지 말라"는 정언명법으로 제시하였다. 이 정식은 성 관계에도 그대로 적용될 수 있다. 우리는 다른 성을 지닌 사람들과 직장생활을 하는 과정에서도 상대방을 언제나 동시에 '목적'으로 존중하고 단순한 '수단'으로 대해서는 안 된다.

칸트의 목적 자체의 정식은 '인격을 단순한 수단으로 대하지 말라'는 부정적 표현과 '인격을 동시에 목적으로 존중하라'는 긍정적 표현이 하나로 결합되어 있다. 인격을 단순히 수단으로 대한다는 것은 무엇을 의미하는가? 인간은 자기에게 필요한 것을 스스로 충당할 수 있는 자족적 존재(Autarkie)가 아니다. 그렇기 때문에 우리는 나에게 필요한 것을 얻기 위해 불가피하게 타인의 노동에 의존하지 않을 수 없으며, 따라서 나의 목적 달성을 위해 타인을 수단으로 이용하지 않을 수 없다. 칸트도 이러한 사실을 잘 알고 있었다. 칸트의 정식은 우리가 우리의 목적을 위하여 타인을 수단으로 사용하는 것을 배제하지 않는다.

그럼에도 불구하고 칸트는 인간을 단순히 수단으로만 사용될 수 없는 존엄한 존재로 보았다. 인간은 단순한 사물이나 대상과는 다르다. 인간은 이성적 존재로서 자신의 이성적 능력을 활용하여 자유롭게 목적을 정립하고 목적을 추구하는 존재로서 목적 자체(Zweck selbst)인 것이다. 이 점에서 칸트는 인간이 다른 사물들이 갖지 못하는 '존엄성(W rdigkeit)'을 지닌다고 보았다. 이런 이유에서 칸트는 자신의 정식에서 '단순히'와 '동시에'라는 수식어를 강조하고 있는 것이다. 달리 말해 우리는 타인을 수단으로 이용할 수밖에 없지만, 우리가 타인을 수단으로 이용하는 그 순간에도 타인을 단순히 수단으로만 이용해서는 안 되고, 동시에 다른 사람도 나와 마찬가지로 목적을 지니고 있는 존재로서 그를 존엄하게 대해야 한다는 것이다. 그렇지 않고 타인을 단순히 수단으로 대하는 것은 타 인격을 '목적적 존재'가 아니라 '수단적 존재'로 대하는 것이며－이것은 인격의 존엄성을 해치는 일이다－, 타 인격을 나의 목적을 위해 착취(exploitation)하는 것이다. 따라서 '단순한 수단으로 대하지 말라'는 정식은 두 가지 의미로 이해될 수 있다. 그것은 인간을 인격이 아닌 존재, 즉 단순한 '대상'으로 대해서는 안 된다는 것과 인간관계에서 타 인격을 '착취'하지 말라는 것으로 이해될 수 있다.

그러면 상대방을 목적으로 존중한다는 것은 무엇을 의미하는가? 칸트에 따르면, 상대방을 목적으로 존중하는 것은 상대방의 목적을 마치 자기의 목적인 것처럼 간주하고 그것을 촉진시키기 위해 노력하는 것이다. 즉, 상대방을 목적으로 존중한다는 것은 상대방의 자율적인 목적 정립 능력을 존중하고, 상대방이 정립한 목적이 실현될 수 있도록 힘 닫는 한에서 돕는 것을 의미한다(류지한, 2002: 184).

칸트는 인간에게 의무인 동시에 목적인 것을 두 가지로 대별한다. 그 하나는 자기 자신과 관련된 것으로 '자기완전성'을 제고하는 일이고, 다른 하나는 타인과 관련되는 것으로 '타인의 행복'을 증진하는 것이다. 직장에서의 성예절은 후자, 즉 타인의 행복을 증진해야 할 의무의 관점에서 조명될 수 있다.

칸트에 따르면 내가 타인에 대해 갖는 존경 또는 타인이 나에게 요구할 수 있는 존경은 인간 상호 간에 타인의 위엄(dignitas), 즉 인간은 누구나 어떠한 교환가치도 갖지 않는, 그 자체로서 가치있는 존재자임을 인정하는 것이다. 왜냐하면 인간은 어떤 인간에 의해서도, 그러니까 타인이나 자기 자신에 의해서 한낱 수단이 아니라 목적으로 대해져야 하는 존재이기 때문이다(Immanuel Kant, 백종현 역, 2002: 404).

이러한 '타인의 존경에 대한 의무'와 관련한 칸트의 윤리학적 관점에서 볼 때, 상급자 또는 근로자가 직장 내의 지위를 이용하거나 업무와 관련하여 다른 근로자에게 성적 언동 등으로 성적 굴욕감 또는 혐오감을 느끼게 하거나 성적 언동 또는 그 밖의 요구 등에 따르지 아니하였다는 이유로 고용에서 불이익을 주는 것은, 인간이면 누구에게나 마땅히 보여야 할 존경을 거부하고 바로 인간은 수단으로서 대우하는 것이 아닐까?

(2) 성희롱

① 성희롱의 의미

성희롱이란 일반적으로 상대방이 원하지 않는 일체의 성적 행위로, 굴욕감이나 혐오감, 수치심을 주는 행위를 말한다(김용화, 2012: 24). 법령에서 성희롱의 개념을 정의하고 있는 예는 「국가인권위원회법」과 「남녀고용평등과 일 · 가정 양립지원에 관한 법률」 및 「여성발전기본법」에서 찾아볼 수 있는데, ① '자기의 지위를 이용하거나 업무 등과 관련하여 성적인 말과 행동으로 상대방에게 성적인 굴욕감이나 혐오감을 느끼게 하는 것뿐만 아니라, ② 그러한 언동에 거부하는 것을 이유로 고용 등에서 불이익을 주는 것까지 포함한다. 성희롱은 강간이나 강제추행 등과 같이 형사처벌의 대상이 되는 범죄와는 구별되고, 단순한 친밀감의 표시와도 구별된다.

② 성희롱의 법적 개념

일반적으로 성희롱이란 상대방이 원하지 않는 성적(性的)인 말이나 행동을 하여 상대방에게 성적 굴욕감이나 수치심을 느끼게 하는 행위를 말한다. 성희롱의 개념을 정의하고 있는 입법례에서 나타나는 공통점은 '지위를 이용하거나 업무와 관련하여 성적(性的) 언동(言動) 등으로 성적 굴욕감(屈辱感) 또는 혐오감(嫌惡感)을 느끼게 하거나, 성적 언동 그 밖의 요구 등에 대한 불응을 이유로 고용에서 불이익을 주는 것까지 포함하고 있음을 알 수 있다.

그 밖에 「경범죄 처벌법」 제3조 제1항 제33호에서는 직접 성희롱을 정의하고 있지는 않으나 신체의 과다노출로 다른 사람에게 부끄러움이나 불쾌감을 주는 행위를 금지하고 있다. 또한 성희롱이 그 정도를 넘어서 성범죄에 해당하거나 그 밖에 형사처벌의 대상이 되는 경우에는 「형법」, 「성폭력범죄의 처벌 등에 관한 특례법」 및 「경범죄처벌법」에 따라 형사처벌의 대상이 된다.[19]

19) 찾기 쉬운 생활법령 정보; http://oneclick.law.go.kr

해당 조문	성희롱의 정의
「국가인권 위원회법」 제2조 제3호 라목	"성희롱"이란 업무, 고용 그 밖의 관계에서 공공기관의 종사자, 사용자 또는 근로자가 그 직위를 이용하거나 업무 등과 관련해 성적 언동 등으로 성적 굴욕감 또는 혐오감을 느끼게 하거나 성적 언동 그 밖의 요구 등에 대한 불응을 이유로 고용상의 불이익을 주는 것
「남녀고용평등과 일·가정 양립지원에 관한 법률」 제2조 제2호	"직장 내 성희롱"이란 사업주·상급자 또는 근로자가 직장 내의 지위를 이용하거나 업무와 관련하여 다른 근로자에게 성적 언동 등으로 성적 굴욕감 또는 혐오감을 느끼게 하거나 성적 언동 또는 그 밖의 요구 등에 따르지 않았다는 이유로 고용에서 불이익을 주는 것
「양성평등기본법」 제3조 제2호 및 「양성평등기본법 시행령」 제2조	"성희롱"이란 업무, 고용, 그 밖의 관계에서 국가기관·지방자치단체 또는 각급 학교 및 공직 유관 단체의 종사자, 사용자 또는 근로자가 다음의 어느 하나에 해당하는 행위를 하는 경우 ◦ 지위를 이용하거나 업무 등과 관련하여 성적 언동 등으로 상대방에게 성적 굴욕감이나 혐오감을 느끼게 하는 행위 ◦ 상대방이 성적 언동 또는 요구에 대한 불응을 이유로 불이익을 주거나 그에 따르는 것을 조건으로 이익 공여의 의사표시를 하는 행위

③ 직장 내 성희롱의 의미와 유형

직장 내 성희롱이란 사업주·상급자 또는 근로자가 직장 내의 지위를 이용하거나 업무와 관련하여 다른 근로자에게 성적 언동 등으로 성적 굴욕감 또는 혐오감을 느끼게 하거나 성적 언동 또는 그 밖의 요구 등에 따르지 아니하였다는 이유로 고용에서 불이익을 주는 것을 말한다.

성희롱을 본인의 의사와 무관하게 타인에 의해 행해지는 성과 관련되는 행위양식이라고 보면, 성희롱은 단순히 신체적인 것만을 의미하는 것이 아니라 성과 관련되는 감촉, 감정, 욕망, 사고, 이미지 등을 포함하는 포괄적인 의미를 지니게 된다.

편의상 시각적 성희롱, 언어적 성희롱, 육체적 성희롱, 기타 성희롱으로 정리해 보면, 시각적 성희롱은 눈과 관련되는 성희롱을 말한다. 상대방을 불쾌하게 하거나 무시하는 시선, 외설적인 사진, 그림, 낙서, 출판 음란물 등을 게시하거나 보여주는 행위, 직접 또는 팩스나 컴퓨터 등을 통하여 음란한 편지, 사진, 그림을 보내는 행위,

성과 관련된 자신의 특정 신체부위를 고의적으로 노출하거나 만지는 행위, 몸을 흔드는 등 성행위를 상징하는 몸동작, 허리띠를 풀거나 바지를 치켜 올리는 행위 등 성적인 부담이나 불쾌감, 고통을 가하는 시각과 관련되는 것들이 사례가 될 수 있다.

언어적 성희롱은 말과 글을 통한 성희롱을 말한다. 농담, 외모나 몸, 옷차림에 대한 평가나 비유, 성적인 사실관계를 묻거나 성적인 내용의 정보를 의도적으로 유포하는 행위, 성적 관계를 강요하거나 회유하는 행위, 음란한 내용의 전화통화 행위, 술을 따르도록 강요하는 행위, 지속적으로 성적인 칭찬을 하기, 성적인 이메일이나 문자 메시지를 보내거나 위협하여 성적인 굴욕감을 주는 것 등 말이나 글로 하는 유형을 말한다.

육체적 성희롱은 몸을 통한 성희롱을 말한다. 스쳐 지나가기에서 강간까지 원치 않는 신체적 접촉과 관련되는 행위를 말한다. 신체를 잡거나 건드리기, 더듬기, 엉덩이를 움켜쥐는 행위, 무릎에 앉히는 행위, 뒤에서 껴안기, 입맞춤이나 포옹하는 행위, 안마나 애무를 해주거나 강요하는 행위, 눈을 가리는 행위 등 육체적이거나 심리적인 고통을 주는 행위들을 말한다.

시각, 언어, 육체와 직접 관련되는 것 외에도 간접적 성희롱도 성립될 수 있다. 공공장소나 사무실 등에서 외설적인 컴퓨터 게임을 즐기는 행위, 부담스런 성적인 분위기를 조장하는 행위, 퇴폐음란 장소에서의 회식하기, 제3자를 통해 전해지는 모욕적인 성적 언동 등 기타 사회 통념상 성적 굴욕감 또는 혐오감을 유발하는 행위 등도 성희롱으로 볼 수 있다.

그러나 구체적인 상황에서 어떤 유형의 성희롱인지를 구분하기는 쉽지 않을 뿐더러 복합적인 성희롱도 많고 성희롱이 아닌 경우도 많다. 성적 모욕감을 주는 욕설을 하면서 껴안는 복합적인 성희롱도 있겠지만 껴안았다고 언제나 성희롱이 되는 것은 아니다. 관계에 따라 맥락에 따라 다르게 판단될 수 있다. 성희롱 핵심은 '원치 않는 성적 접근'에 있다. 이 기준으로 보면 흔히 성폭행이라고 하는 것들을 모두 성희롱으로 볼 수 있다. 성을 매개로 이루어지는 유형·무형의 성적 침해, 강간 및 강제추행,

음란물 전시 및 음란전화, 음란통신, 어느 한쪽의 일방적인 성적 침해, 가정 내 폭력 등을 성희롱에 포함시킬 수 있다고 본다(김대군, 2015: 312-313).

(3) 직장 내 성희롱에 대한 대처 방법[20]

① 여성

- 성적인 농담이 불쾌하다면 그 자리를 떠나거나 싫다고 분명히 말한다.
- 누군가로부터 성적인 제안이나 압력을 받았을 경우 동료 여직원과 정보를 공유한다.
- 음담패설이 싫다면 절대 웃거나 동조하지 말라.
- 지나치게 노출이 심한 옷을 입지 말라.
- 회식 자리에서 술에 취해 허술한 모습을 보이지 말라.
- 직장에서 애교를 무기로 삼지 말라.
- 무거운 것은 남자가 들고, 커피 값은 남자가 내야 한다는 식의 여성차별적 의식은 스스로 버려라.

② 남성

- 사적인 여성(애인 · 아내)과 공적인 여성(동료 · 부하 · 상사)관계를 구분해 언행을 조심하라.
- 여성의 외모에 대해 칭찬할 때는 밝고 명료한 톤을 사용하라.
- 부하 직원에게 성적인 압력을 가하거나 제안할 때는 해고당할 각오를 해라.
- 유부남은 절대 여직원에게 데이트를 요구하지 말라.
- 동료들과 대화 시 품격이 떨어지는 어휘(야, 계집애가, 자기! 누나!)를 사용하지 말라.
- 회식 자리에서 술에 취해 실수를 하지 말라.

20) 김미경, '밝고 건강한 직장을 만드는 성희롱 예방과 성예절' 강연회, 조선일보, 2003. 9. 27.

③ 기업

- 평사원에서 임원까지 성희롱의 무지에서 벗어나게 하라.
- 우리 회사는 그런 일이 없다고 자만하지 말라.
- 성희롱 발생을 인정하라. 은폐하지 말라.
- 예방교육에 만전을 기하라.
- 성희롱 발생 시 무조건 회사에 이익이 되는 사람을 두둔하지 말라.
- 성희롱 상담부서를 개설하고 기업 구성원의 인권을 옹호해라.
- 남녀차별적 근무환경을 개선하라.
- 성희롱 피해자가 가해자나 동료로부터 다시 '보복형 왕따'를 당하지 않도록 감독하라.

(4) 여성 존중 예절

오늘날 전 세계적으로 통용되는 여성 존중은 멀리 서양의 기독교 정신이나 중세의 기사도에서 그 기원을 찾고 있다. 남성은 무엇보다도 먼저 여성 존중의 몸가짐을 몸에 익히도록 하는 것이 중요하다.

여성 존중의 일반원칙을 살펴보면, 우선 서양에서는 방이나 사무실을 출입할 때 여성을 앞세우고, 길을 걸을 때나 자리에 앉을 때는 여성을 오른쪽에 위치하도록 하며, 또 상석에 앉도록 하는 것이 원칙이다. 문을 열고 닫을 때, 뒤에 오는 사람을 위해서 잠시 문을 잡아주는 것은 일반적인 예의이다. 남녀가 같이 문을 들어서고 나갈 때는 남성이 문을 열고 먼저 들어가거나 나가서, 여성을 위하여 문을 잡아 주는 것이 좋다. 좁은 계단을 올라갈 때는 남성이 여성보다 앞서고 내려갈 때는 여성이 앞서는 것이 예의이다.

승강기를 탈 때는 내리는 사람이 전부 나온 후 타는 것이 상식이다. 남성은 아주 복잡하지 않는 한, 여성이나 어린이 그리고 노인을 앞세운 후 타고 내리는 것이 예의이다. 승강기 내에서는 잡담을 금하고 악수를 하지 않으며 시선은 층계 표시등이나 벽에 부착된 글자를 보는 것이 예의이다. 특히 여성이 함께 타고 있을 때에는 불쾌한 언행을 해서는 안 된다. 아파트나 호텔 승강기에서는 여성이 타면 남성은 모자를 벗어 손에 들어야 한다.

길을 걸을 때나 앉을 때에 남성은 여성을 우측에 위치하도록 하는 것이 예의이다. 서양에는 “A lady on the left is no lady.”라는 말까지 있다. 단, 차도 옆의 보도에서는 위험하므로 여성을 보호하기 위해 남성이 차도 쪽에서 걷는 것이 예의이다.

여성 혼자 있는 사무실 등을 방문할 경우에는 출입문을 조금 열어 놓는 것이 좋다. 경우에 따라서는 공공장소에서 만나는 것이 좋다. 반대로 남성이 여성 손님의 방문을 받았을 때도 마찬가지이다.

반면 ‘레이디 퍼스트’ 대접을 받는 여성들도 여성으로서 지켜야 할 예의가 있다. 서양 에티켓에서는 “여성은 결코 오만불손해서는 안 되며, 언제나 친절 · 선의 · 품위 · 총명 · 절도 · 예의 등을 갖고, 우아하고 아름답게 행동할 것”을 강조하고 있다. 여성들 중에 ‘레이디 퍼스트’ 대우를 받을 때, 친절을 그대로 받아들이지 못하고 우물쭈물 눈치를 살피는 사람이 적지 않으나 그럴 필요가 없고 또 그래서도 안 된다. ‘레이디 퍼스트’ 대접을 받으면 미소를 짓고 “감사합니다” 하면서 가볍게 목례를 하고, 부담없이 호의를 받는 것이 좋다(안전행정부, 2012: 2-3).

(5) 직장에서 상호존중의 남녀간 대화법 사례

함께 직장 생활을 하는 남녀 동료 사이에는 아무리 마음을 열고 대화하려 해도 자꾸 어긋나는 경우가 있다. 번번이 같은 문제로 부딪히기보다는 자신의 표현 방법을 조금만 바꿔 본다면 어느새 주위에는 다정다감하고 믿음이 가는 사람들로 가득함을 깨닫게 될 것이다. 남녀의 대화법상 서로 다른 특성이 있다는 점에 유념하여 대화에 임한다면 상호 존중의 대화뿐 아니라 업무의 성공적 수행을 위한 협력적 대화가 될 수 있을 것이다. 인터넷에 의미있는 남녀간의 공감과 존중, 협력을 지향하는 대화에 대한 내용이 있어 소개해 본다.

첫째, 투덜대는 동료 이해하기이다. 남자는 집중하고 있을 때 다른 일을 요청받으면 투덜대거나 화를 낸다. 이럴 때 여자는 그가 화내는 이유가 자신의 부탁 때문이라고 오해하지만, 그는 단지 하던 일을 계속하지 못하는 상황에 대해 불만을 표시하는 것뿐이다. 또 여자가 일이 힘들다고 말하면 남자는 불평이 많다고 오해하기 쉬운데, 이것은 자신의 수고로움을 이해해 달라는 의미다.

둘째, 위로하기와 격려하기이다. 여자가 어떤 일로 실망했거나 스트레스를 받았다면 "그래, 나도 그런 적 있지. 크게 실망했겠군" 하며 그녀의 기분에 대해 공감하고 있다는 의사표시를 해 준다. 하지만 같은 상황일 때 남성에게는 위로보다 격려가 힘이 된다. 일을 못해 침울한 그에게 "아직 시간이 있어요" 라든지 "당신이라면 잘할 거예요"라고 격려의 말을 건네 본다.

셋째, 현명하게 거절하기이다. "글쎄요...", "다음에...", "잘 모르겠는데요..."라는 식의 애매한 표현으로 '상대방이 알아들었겠지'라고 생각할 때가 있는데, 대개의 남자들은 알아듣지 못한다. 남자는 예, 아니오가 확실해야 일을 신속하게 처리한다. 하지만 여자는 적당히 부정적인 의사만 표시해도 그 의미를 이해한다. 오히려 지나치게 직접적인 거절은 거부감을 느끼게 할 수 있다.

넷째, 상대의 말에 귀 기울이기이다. 남자는 자신감 넘치는 태도를 좋아하지만 여자들은 자신의 특별한 문제들에 귀를 기울여 주는 남자를 신뢰한다. 여자 동료의 설명이 미처 끝나기도 전에 모든 답을 안다는 듯 행동하면 잘난 척한다는 인상을 주기 쉽다. 참을성 있게 듣고 말할 때를 기다리는 것이 좋다.

다섯째, 협력을 이끌어 내는 질문법이다. 다그치는 듯한 질문은 여성으로부터 협력을 이끌어 내지 못하므로 "일은 끝냈어요?"보다 "어떻게 돼 가요?"라고 묻는 것이 좋다. 또한 남자는 사적 표현이 들어가면 프로답지 못하다고 여기기 때문에 "내가 일을 잘 했나요?"라고 묻기보다 "이 제안서 마음에 드나요?"와 같이 공적인 문장으로 질문을 던지는 것이 좋다.[21]

---

21) 직장에서 남녀간 대화법; http://www.loveject.com/communication/237.html

참고문헌

강민수, 딜레마토론을 활용한 NCS 기반 직업윤리 프로그램에 관한 연구: 예비간호사를 중심으로, 학습자중심교과교육연구, 16권 2호, 2016.

경기대학교, 재직근로자의 직업윤리의식 조사, 서울: 노동부, 2006.

고대혁 외, 도덕교육의 체계적 이해, 서울: 양서원, 2014.

고전연구회 사암, 2천 년을 기억하는 스승과 제자, 서울: 포럼, 2006.

곽은아 · 조성윤 역음, 청소년을 위한 집단상담 워크북, 서울: 나눔의 집, 2009.

권설아 외, 한국의 위기 대응과 정부 책임성 : 삼풍백화점, 대구지하철 화재, 세월호 참사를 중심으로, 한국위기관리논집, Vol.12 No.2, 2016.

기호익 · 이의현, 신세대의 명랑한 직장생활 예절, 서울: 대진, 2012.

김겸미 · 박성혁, 법태도와 준법의식의 관계 분석, 법교육연구, 제9권 제2호, 2014년 4월.

김대군, 윤리교육에서 성희롱 예방교육, 윤리교육연구, 제102호, 2015.

김두겸, 일본자본주의 정신 그 형성배경과 과정, 서울: 삼성경제연구소, 1995.

김문섭 · 강윤식, 서비스 진정성과 대인관계지향성이 항공사에 대한 고객 충성도에 미치는 영향에 관한 연구, 한국항공경영학회지, 14권 3호, 2016.

김미경, '밝고 건강한 직장을 만드는 성희롱 예방과 성예절' 강연회, 조선일보, 2003. 9. 27.

김성훈, [미국] 도덕적 인간, 도덕적 기업 : 미국 기업과 윤리. 국제노동브리프, 4(10), 2006.

김신영 · 신동준, 한국 청소년의 법의식 척도개발 및 적용에 관한 연구, 서울: 한국청소년개발원, 2006.

김용화, 성희롱 판단기준에 대한 소고, 법학연구, 제20권 제1호, 2012.

김정운, 일과 놀이의 이분법을 넘어, Venture Digest, 2003.11.15.

김주영 외, 서비스 실패와 감동의 순서 효과, 소비자학연구, 27권 3호, 2016.

김진욱 외, 직장생활과 글로벌 매너, 서울: 탑북스, 2015.

김태훈, '책임' 덕목에 관한 연구, 도덕윤리과교육연구, 43집, 2014.

김태훈, 덕교육론, 서울: 양서원, 1999.

김필동, 일본 자본주의 정신의 역사적 전개와 그 특징, 사회과학논총, 제10권, 1999.

김해성 외, 청소년 법의식 지표개발 연구, 서울: 법무부, 2007.

김혜진 외, 청소년 도덕지능 검사도구 타당화, 열린교육연구, Vol.18 No.4, 2010.

남부진로교과연구회, 진로와 직업 인성 교수 · 학습 과정안, 2010.

남승하, 신뢰, 시민참여, 법적 · 윤리적 책임의식에 대한 인식이 지방공기업의 조직효과성에 미치는 영향, GRI연구논총 제16권 제3호, 2014.12.

도로교통공단, 교통사고 통계요약, 2016.

도로교통공단, 신호위반 교통사고 특성분석, 교통사고분석자료집, 2012-1.

도성달, "한국사회의 비합리성에 대한 윤리학적 성찰", 한국정신문화연구원 편, 한국사회의 비합리성과 부패의 구조, 성남: 한국정신문화연구원, 1997.

래리 존슨 · 밥 필립스, 나선숙 역, 윤리경영이 최강 기업을 만든다, 서울: 한스미디어, 2005.

레이몽 아롱, 이종수 역, 사회사상의 흐름, 서울: 기린원, 1988.

류지한, 도덕적 성의 조건 : 책임과 존중 중심의 중도주의 성 윤리, 철학논총, 28집, 2002.

박세아 · 주영애, 한국 여대생의 서비스 매너 교육 요구도, 유라시아연구, 9권 2호, 2012.

박용호 · 박소연, 직업에 대한 대학생의 인식 분석 : Q 방법론을 중심으로, 한국직업교육학회, 직업교육연구, 35권 1호, 2016.

박종균, 레비나스와 본회퍼의 책임윤리, 기독교사회윤리, 16집, 2008.

박종선, 청소년의 법의식에 대한 국가간 비교연구 : 한국과 미국청소년을 대상으로, 평화학연구, 제14권 4호, 2013.

박지병, 현대인의 삶과 직업윤리, 서울: 학문사, 2000.

배영기, 직업윤리교육론, 서울: 배영사, 1990.

손보영 · 윤민지 · 박소현 · 임제희, 부모의 사회적 지지와 대학생 다중역할계획태도와의 관계에서 진로정체감과 일의 의미의 매개효과 : 남녀차이를 중심으로, 상담학연구, 14(2), 2013.

송명자, 정직성의 본질과 정직성 교육에 관한 고찰, 한국청소년연구, 1995.

송성민, 준법의식 유형에 따른 문제중심학습(PBL)의 효과에 관한 연구-노동법 수업을 중심으로, 서울대학교 석사학위논문, 2007.

송재범 · 김현수, 디지털시대의 직업윤리, 서울: 인간사랑, 2001.

신동엽, 일과 놀이가 하나되는 창조경영, Dong-A Business Review, 47호, 2009.12.

양광식 · 서원석, 체계이론을 활용한 지역의 서비스 친절도 평가 연구, 한국지역개발학회지 26(1), 2014.

양광식 · 서원석 · 강병수, 친절요소와 친절인식의 관계분석. 도시행정학보, 26(2), 2013.

오기성 외, 현대사회와 직업윤리, 서울: 양성원, 2011.

유병렬, 도덕교육론, 서울: 양서원, 2004.

유시정 · 강길환, 서비스경영의 이론정립과 교육방향에 대한 논의, 서비스경영학회지, 1, 2000.

율곡학사업단, 새로 읽는 성학집요, 2015.

이규호, 현대인을 위한 10가지 덕성론, 서울: 문우사, 1988.

이상철 · 김대군, 응용 직업윤리, 서울: 정림사, 2001.

이유택, 책임에 관한 철학적 성찰: 레비나스와 요나스를 중심으로. 존재론 연구, 17, 2008.

이이, 김태완 역, 율곡전서, 서울: 청어람미디어, 2007.

이지은, 미모 짱, 서비스 베스트 한국 스튜어디스의 경쟁력, 신동아, 2005. 7.

이진석 외, 한국 청소년의 준법의식 함양을 위한 사회과 교육과정 개선에 관한 연구, 법교육연구, 제5집 1호, 2010.

장홍근 · 한상근, 직업윤리에 대한 인식과 실태, 한국직업능력개발원 개원9주년 기념 심포지엄, 21세기 한국인의 직업의식과 직업윤리, 2006, 10. 17.

장희선, 한국인의 정직과 전통적 가치의 갈등양상 및 해소방식에 관한 연구, 서울대대학원 박사학위논문, 2012.

정종진, 초등학생용 도덕지능검사의 개발 및 타당화, 초등교육연구, 제22집 1호, 2009.

정창우, 인성교육의 이해와 실천, 서울: 교육과학사, 2015.

조은경외, 청소년 성폭력 지피지기면 백전백승, 서울: 한국청소년상담원, 2010.

직업윤리 교재간행위원회 편, 미래사회와 직업윤리, 서울: 교육과학사, 1999.

최병철, 공자가 살아야 나라가 산다, 서울: 사계절, 1999.

최수호, 살며 생각하며/근면성 기르기, 굿뉴스피플, 2006.

최영성, 유가사상에서의 자유와 책임, 가톨릭철학, 통권 제8호, 2008.

한국직업능력개발원, 10년 후 한국의 직업세계 전망 세미나 자료집, 2010. 12. 6.

행안부, 공직자가 꼭 알아야 할 직장예절, 행안부, 2012.

허신구, 친절한 마음가짐, 대한치과의사협회지, 제25집 4호, 1987.

현대호 · 김명아, 2015 국민법의식 조사연구, 한국법제연구원, 2015.

현인규 · 이완영, 서비스 경영전략 이론에 관한 고찰, 순천향 사회과학 연구, 제5권 2호, 1999.

홍승진, 법으로 읽는 영화, 영화로 읽는 법-2009년 중앙행정기관 법제업무 담당자 법률교육 자료집, 2009.

황매향 · 조효진 · 조윤진 · 방지원, 대학생의 일의 의미와 진로 결정과정에서의 경험에 대한 질적연구, 한국심리학회지: 일반, 32(3), 2013.

황영석, 성실성, 자기효능감이 지연행동에 미치는 영향: 메타인지전략의 조절효과, 대구대학교 석사학위논문, 2015.

황필호, 친절론, 학생생활연구, 제6호, 2001.

Baron, M. A., & Boschee, F. B., *Authentic Assesssment: The key to unlocking student success*, Pennsylvanai: Technomic, 1995.

Baron, M. W., Philip Pettit, & Michael Slote, *Three Methods of Ethics: A Dabate*, Massachusetts: Blackwell, 1997

Blasi, A., Moral Character: A Psychological Approach, D. Laplely and C. Power(ed.), *Character Psychology and Character Education*, Notre Dame: Univ. of Norte Dame Press, 2005.

Borba, M., *Building Moral Iintelligence*, San Francisco, C.A.: Jossy-Bass Pub, 2004.

Broad, C. D, *Five Types of Ethical Theory*, London: Routledge and Kagna Paul, 1930.

Brody, Baruch, *Ethics and Its Applications*, 황경식 역, 응용윤리학, 서울: 서광사, 1988.

Chossudovsky, Michel, *The Globalization of Poverty-Impacts of IMF and World Bank Reform*, 이대훈 역, 빈곤의 세계화, 서울: 당대, 1998.

Daniel K. Lapsley Darcia Narvaez, Character Education, W. Damon & R. Lerner(Eds.), *Handbook of Child Psychology*, New York: Wiley, 2006.

Donaldson, Thomas, *Corporations and Morality*, 유장선 역, 기업윤리, 서울: 법문사, 1990.

Goldman, Alen H., *The Moral Foundations of Professional Ethics*, 1982.

Harris, C. E., *Appling Moral Theories*, 김학택 · 박우현 역, 서울: 서광사, 1994.

Harris, C. E., 김학택 · 박우현 역, 도덕 이론을 현실문제에 적용시켜 보면, 서울: 서광사, 1999.

Horosz, W., *The Crisis of Responsibility: Man as the Source of Accountability*, University of Oklahoma Press, 1975.

Immanuel Kant, 백종현 역, 실천이성비판, 서울: 아카넷, 2002.

Johnson, Spencer, *Who Moved My Cheese?*, 이영진 역, 누가 내 치즈를 옮겼을까?, 서울: 진명출판사, 2000.

Kollberg, L., *The Philosophy of Moral Development*, San Francisco: Harper & Row, 1981.

Lickona, Thomas, *Educating for Character*, Bantam Books, 1992.

Martin E. P. Seligman, 김인자 역, 긍정심리학, 서울: 물푸레, 2009.

Mihaly Csikszentmihalyi, 노혜숙 역, 창의성의 즐거움, 서울: 북로드, 2003

Peterson, Christopher and Martin Seligman, *Character Strengths and Virtues: A Handbook and Classification*, Oxford: Oxford University Press, 2004.

Power, F. C., Nuzzi, R. J., Narvaez, D., Lapsley, D. K., & Hunt, T. C., *Moral Education: A Handbook*, Vol. 2, Praeger Publishers, 2008.

Rachles, James, *The Elements of Moral Philosophy*, 김기순 역, 도덕철학, 서울: 서광사, 1989.

Raphael, D. D., 김영철 · 김우영 역, 현대도덕철학, 서울: 서광사, 1981.

Robert Biswas-Diener & Ben Dean, *Positive Psychology Coaching*, 서희연 역, 서울: 아시아코치센터, 2009.

Sackett, P. & M. Harris, Honesty Testing for Personnel Selection: A review and Crique, *Personnel Psychology*, 37, 1984.

Sahakian, W. S., *Ethics: An Introduction to Theories and Problems*, N.Y: Haper & Row, 1974.

Statman, Dinal, "Introduction to Virtue Ethics", Dinal Statman, ed., *Virtue Ethics*, Washington, D.C.: Georgetown Univ. Press, 1999.

Taylor, P. W., *Principles of Ethics*, 김영진 역, 윤리학의 기본원리, 서울: 서광사, 1985.

Thiroux, Jacques P., *Ethics: Theory and Practice*, London: MaCmillian Pub., 1980.

Wlters, Samanta, *Character Education: A Literature Review*, Oakland, C.A.: Temescal Associates, 2004.

■ 신문 자료

김영규, 일과 놀이의 차이, 익산신문, 2013. 5. 27.

김용관, 성실을 무기 삼아라, 기독공보, 2014. 10. 6

나우뉴스, 2010. 5. 25

뉴스엔 사회, 2010. 12. 6
대기업 신입의 덕목, 1위는 '성실성' 대구신문 2016. 4. 6.
데일리경제, 2010. 12. 6
박광태, 서비스 정신이 기업의 경쟁력을 좌우한다, 서울신문, 2016. 10. 21
반영섭, 자녀에게 물려 줄 재산은 바로 근면(勤勉)이다, 음성신문, 2013년 10월 28일
서울경제, 2005. 7. 14
성문제, "No"를 모르는 싱가포르항공에게 배우는 서비스 정신, 이데일리, 2014. 7. 9
손근영, 정직캠페인(13)⑬ 직장에서 신뢰 회복하기, 기독신문, 2000. 4. 19
실직 아픔을 달래주려면, 한국경제신문, 1998. 9. 5.
아하경제, 2013-03-25
안병욱, 성실, 새가정, 1970
윤세경, "지역사회에 '나눔경영' 확산을," 동아일보, 2005. 9. 29
윤영돈, 인맥관리의 첫걸음: 명함 교환 방법 7가지, 한국경제, 2007. 7. 26
이근형, 서비스 정신 망각한 공직사회, 디지털타임즈, 2015. 6. 14
이미혜, 조금만 알면 친절도 쉽다, 대한간호, 45권 1호, 2006
이태영, 위법 부추기는 사회… '나만 안 걸리면 그만' 의식 팽배, 세계일보, 2014. 3. 26.
이석기, 성실이란?, 경남일보, 2013. 4. 29
이석연, '국민만 지켜라'에서 '쌍방통행'으로 거듭나야, 신동아, 667호, 2015. 3. 19
이지영, 초능력 아닌 책임감이 만든 208초의 기적, 중앙일보, 2016. 10. 1
이해준, 부패척결 · 투명성 높여야 한국경제 산다, 헤럴드경제, 2016. 11. 6
조병욱, 당신의 가족이 성희롱 피해자가 될 수 있습니다, 여가부 '2015년 실태조사' 결과, 세계일보, 2016. 4. 5
조선일보, 2005. 6. 20
직장 생활에 중요한 인성 1위는? CEO는 '도덕성', 직원은 '성실성' 서울경제, 2016.6.16.
카스트로 "한국인의 근면성 배우라" 한겨레, :2006. 8. 4
쿠키뉴스, 2007. 9. 16
한국경제, 2008, 3. 31
한국인 장점, 근면성(41.4%)이 1위… 20년前보다는 8%p 줄어, 조선일보, 2015. 3. 5
한국일보, 2001. 1. 19

■ 인터넷 자료

경남과학기술대학교 학생상담센터; http://counsel.gntech.ac.kr/

김문권, 21세기는 서비스 혁명시대, SK Special Report; http://sk.co.kr/mag/mag9811/

김인종, 정직을 포기한 성공은 없다; http://ijkim.pe.kr, 2011. 1. 31.

김재순, 어느 나라 사람이 가장 정직할까? 월간 샘터, 33(3), 2002

김정운 교수의 재미학 강의, 신동아, 2009년 2월; http://www.seri.org/kz/kzBndbV.html?

노드스트롬을 배운 삼성, 매일경제; http://digest.mk.co.kr/Sub/Board/InfoBook.Asp?

매너가 행복한 사무실을 만든다? 직장인이라면 꼭 지켜야할 에티켓 체크리스트, 2016.6.14.; http://fursis.com

방송통신위원회, 일과 놀이의 경계가 무너지는 신세계, 레이버테인먼트, 2011.08.09.; http://blog.daum.net/kcc1335/3735

삼성이야기; http://blog.samsung.co.kr/3415, 3187

서구취업정보센터; http://www.dgs.go.kr/job/02/page.htm?mnu_uid=10518

직업포털 잡코리아(www.jobkorea.co.kr), 2013. 5. 22

원지현 최병권. 직장 내 무례함(Workplace Incivility), 구성원의 민감도 높아졌다', 2012. 5. 29; http://www.lgeri.com

전라북도 생물산업진흥원; http://www.jif.re.kr/main/content.action?

직장에서 남녀간 대화법; http://www.loveject.com/communication/237.html

직장예절; http://www.osondoson.kr/saheye/sahae5.htm

찾기 쉬운 생활법률정보; http://oneclick.law.go.kr/CSP/CnpClsMain.laf

최인철, '절대 정직'은 비니지스 세계를 구원할 것인가?; http://www.seri.org

최종옥(2004), CEO의 책꽂이; http://www.seri.org/bk/bkBookReviewV.html?

한화그룹; http://blog.hanwhadays.com/2844.

저자 소개

■ 오 기 성

경인교육대학교 윤리교육과 교수(교육학박사)

통일부 및 교육부 정책자문위원

민주평화통일자문회의 기획특별위원, 자문위원

한국평화연구학회 편집위원장

University of California Riverside 연구교수

Universidad Nacional de Asuncion 연구교수

〈주요 저서〉

인문학으로 다가가는 통일교육(2016)

통일사회로의 발돋움, 그 성공을 위하여(2008)

통일교육론-사회문화적 접근(2005)

통일시대의 북한학 특강(2007)

새터민 청소년, 현명한 민주시민으로 거듭나기(2009)

도덕 수업의 새로운 지평(2012)

도덕과 교육의 체계적 이해(2014)

현대사회와 직업윤리(2010)

■ 이 치 균

대경대학교 유아교육과 교수

■ 손 혜 신

대경대학교 사회복지과 교수

대경대학교 NCS 센터 운영위원

인성과 직업윤리

1판 1쇄 인쇄 – 2017년 2월 6일
1판 1쇄 발행 – 2017년 2월 10일

저 자 - 오기성 이치균 손혜신

발 행 인 - 강 철 원
발 행 처 - 양 성 원
주 소 - 경기도 파주시 월롱산로 71(야동동)
전 화 - 031-946-3861(代)
팩 스 - 031-946-3864
이 메 일 - tnwpub@naver.com
출판등록 - 2015년 8월 31일 제 2015-000211 호

ISBN 979-11-87118-94-7

정가 14,000원